S. FISCHER

Thilo Bode
Unter Mitarbeit von Stefan Scheytt

Die Diktatur der Konzerne

Wie globale Unternehmen uns schaden
und die Demokratie zerstören

S. FISCHER VERLAG

Redaktionsschluss: 6. Juli 2018

Erschienen bei S. FISCHER
2. Auflage September 2018

© 2018 S. Fischer Verlag GmbH, Hedderichstr. 114,
D-60596 Frankfurt am Main

Gesamtherstellung: CPI books GmbH, Leck
Printed in Germany
ISBN 978-3-10-397362-4

Inhalt

Vorwort

Seit ich als Aktivist für Umweltschutz und Verbraucherrechte tätig bin, treibt mich eine Frage um: Warum trifft die Mehrzahl der Politiker so oft Entscheidungen gegen das Gemeinwohl und zugunsten der Industrie? Was bringt die Politiker dazu: Ist es Nicht-Wissen? Ist es Nicht-Wollen? Oder ist es verborgenes Eigeninteresse? Ich halte diese Frage für das Kernproblem unserer demokratischen Gesellschaft.

Beispiel Klimapolitik: Je sicherer die Erkenntnis wurde, dass die Klimaerwärmung menschengemacht ist, desto schwächer wurden – von Kyoto 1997 bis Paris 2016 – die internationalen Klimaschutzabkommen. Heute stehen wir vor einer gescheiterten Klimapolitik. Verhandelt wird inzwischen nicht mehr darüber, wie wir die Klimaerwärmung verhindern können. Verhandelt wird nur noch darüber, wie wir die Schäden der Klimaerwärmung auf ein bezahlbares Maß beschränken. Und selbst diese Zielsetzung ist umkämpft. Ich bin zutiefst davon überzeugt: Ohne den erbitterten Widerstand der Kohle-, Öl-, Strom- und Autokonzerne wäre es gelungen, dieses Desaster von der Menschheit abzuwenden.

Täglich können wir uns von der destruktiven Macht der Konzerne überzeugen. Fassungslos beobachten wir, wie die Politik es zulässt, dass VW, Daimler & Co. sich auf Kosten ihrer Kunden und der Gesundheit der Bürger bereichern. Wie die Banken auf den Finanzmärkten zocken, als hätte es nie eine Finanzkrise gegeben. Und wie selbstgerecht die Konzerne auftreten, wie sie Desinformation, Unwahrheiten und Betrug zum Teil ihrer Geschäftsmodelle gemacht haben.

Ich kann mich nicht mit der gebräuchlichen Erklärung zufriedengeben, es fehle nur der »politische Wille«, die Konzerne zu regulieren. Vielmehr bin ich überzeugt: Es besteht der politische Wille, *nicht gegen* die Konzerne zu entscheiden. Meine These (Kapitel 1 und 2) lautet: Seit dem Fall der Mauer ist eine neue Qualität des Lobbyismus entstanden aufgrund der dramatisch gewachsenen Markt- und Finanzmacht der Konzerne. Diese Markt-und Finanzmacht ist zu einer politischen Macht geworden. Es hat sich ein industriell-politischer Komplex herausgebildet, in dem Konzerne und Politik zum gegenseitigen Nutzen eine Zweckgemeinschaft bilden, die keine Entscheidungen mehr *gegen* Konzerne trifft. Das hat verheerende Auswirkungen auf die Demokratie und verursacht gewaltige Schäden.

In diesem Buch möchte ich diesen Prozess anhand von vier Sektoren beispielhaft beschreiben: Energie- und Autokonzerne, Banken, Nahrungsmittelindustrie und Digitalkonzerne (Kapitel 3). Das ist eine Auswahl, aber die Schlussfolgerungen lassen sich auf andere Bereiche wie Chemie oder Pharma übertragen.

Im Kapitel 4 lege ich dar, dass die Konzerne so agieren können, weil sie nicht befürchten müssen, für die von ihnen verursachten Schäden zu haften. Ihre zerstörerischen Geschäftsmodelle sind meistens legal. Aber nicht einmal bei eindeutig gesetzeswidrigem Verhalten müssen Konzerne angemessen haften. »Dieselgate« beweist dies eindrucksvoll.

Obwohl dieses Buch in dem Jahr erscheint, in dem sich der Geburtstag von Karl Marx zum zweihundertsten Mal jährt: Es ist kein Buch gegen Unternehmen oder gegen die Marktwirtschaft. Auch nicht gegen Konzerne. Wir brauchen Kon-

8

zerne. Konzernchefs sind auch nicht per se unmoralisch und die »Bösen«, ebenso wie NGOs und ihre Chefs nicht automatisch die »Guten« sind. Auch Konzernchefs arbeiten in einem wirtschaftlichen und rechtlichen Kontext, der ihr Verhalten bestimmt und ihnen kaum Spielraum für abweichendes Verhalten gibt. Sie sind verpflichtet, alles zu tun, um für die Aktionäre den größtmöglichen Gewinn herauszuholen. Das Drama ist, dass dieser Kontext sie – ganz legal – Entscheidungen fällen lässt, die verheerende Wirkungen für die ganze Welt haben. Sie haben nur die Alternative, ihren Job hinzuschmeißen.

Ich halte es für angemessen, es eine Tragödie für die Menschheit zu nennen, dass Konzerne ihr gewaltiges technologisches Potential nicht zum Wohl der Allgemeinheit, sondern zu ihrem Schaden einsetzen. Man nehme nur die phantastischen Fortschritte bei der Minderung des Spritverbrauches von Automobilen. Wären diese Fortschritte nicht ausschließlich dazu genutzt worden, immer schwerere Autos mit noch mehr PS und noch größerem Ausstoß von Treibhausgasen zu bauen, sondern Autos mit effektiv weniger Spritverbrauch, hätten wir heute weit weniger Probleme mit den Klimaschäden des Autoverkehrs – und auch wohnlichere Innenstädte.

Vor mittelständischen Unternehmen habe ich größten Respekt. Ich selber hatte die Gelegenheit, einige Jahre bei einem Mittelständler zu arbeiten. Sie sind der Kern unserer Wirtschaft. Das Schlimme ist aber: Sie werden gegenüber Konzernen gnadenlos benachteiligt. Denn der klassische Mittelständler haftet für das, was er tut oder unterlässt. Er kann sich nicht wie so viele Konzernvorstände mit einer Riesenabfindung aus dem Staub machen.

Es wird kritische Stimmen zu diesem Buch geben, die sagen, Lobbyismus habe es schon immer gegeben. Das ist richtig. Dieses Buch ist auch keine Streitschrift gegen Lobbyismus. Lobbyismus ist unverzichtbar für den Interessenausgleich in liberalen Demokratien. Aber wir haben es hier nicht mehr mit dem herkömmlichen Lobbyismus zu tun, sondern mit einer neuen Qualität des Lobbyismus, der die politische Machtübernahme der Konzerne steuert.

Ich möchte Alarm schlagen: Schleichend, aber unter unser aller Augen verschieben sich die Machtverhältnisse in unserer Gesellschaft in einem Ausmaß, das die Demokratie, die Marktwirtschaft, unsere Selbstbestimmtheit und unsere Freiheit gefährdet.

Wir Bürger müssen uns wehren.

1.
Die neue Macht

Konzerne außer Kontrolle

Als der weltgrößte Onlinehändler Amazon im Spätsommer 2017 bekanntgibt, einen Standort für eine zweite Konzernzentrale in Nordamerika zu suchen, beginnt ein wochenlanges Buhlen von 238 Städten, Regionen, Bundesstaaten und Territorien in den USA, Kanada und Puerto Rico. Amazon lässt die Bewerber wissen, man präferiere ein »wirtschaftsfreundliches Umfeld« und konkretisiert: Eine wichtige Rolle bei der Entscheidung über den Zuschlag spielen die angebotenen »Anreize« – gemeint sind damit Steuervergünstigungen, Umzugszuschüsse, Gebührennachlässe und anderes mehr. Seit dem Jahr 2000 hat der Konzern nach Recherchen von Good Jobs First annähernd 1,4 Milliarden Dollar an staatlichen Subventionen von Städten, Landkreisen und Bundesstaaten dafür eingestrichen, dass er seine Verteil- und Datenzentren bei ihnen und nicht anderswo ansiedelte.[1] Und auch diesmal soll es nach diesem Muster laufen: Investitionen und Arbeitsplätze nur gegen üppige Staatshilfe. »Amazon verkauft seine neue Firmenzentrale meistbietend«, ätzt der U.S. News & World Report und warnt die Politiker: »Beteiligen Sie sich nicht an Amazons Steuersparspiel, der Internetgigant spielt die Bewerber gegeneinander aus.«[2] Tatsächlich verweigern sich manche Städte demonstrativ, aber ausreichend viele beteiligen sich eben doch. Der Bundesstaat New Jersey zum Beispiel und seine größte Stadt, Newark, versprechen, im Fall der Zusage ein Fördergesetz so anzupassen, dass Amazon während der folgenden zwanzig Jahre Steuervorteile bis zu sieben Milliarden Dollar abgreifen kann. Eher putzig – und dennoch vielsagend in seiner Anbiederung – nimmt sich das Angebot einer Kleinstadt aus, einen Ortsteil in »Amazon City« umzubenennen und Konzernchef Jeff Bezos, den reichsten Mann der Welt, zum Bürgermeister auf Lebenszeit zu ernennen.[3] Mayor for sale – Amt zu verkaufen.

Diesel-Deutschland ist keinen Deut besser dran. Mitte 2017 wird bekannt, dass Niedersachsens Ministerpräsident Stephan Weil (SPD) zwei Jahre zuvor den Entwurf einer Regierungserklärung »mit der Bitte um Überprüfung« an den Cheflobbyisten von Volkswagen schickte, bevor er sich in der Lage sah, im Landtag über den VW-Abgasskandal zu sprechen. Die Staatskanzlei muss einräumen, dass sie Pressemitteilungen und andere Veröffentlichungen zum VW-Skandal sogar regelmäßig mit VW abgesprochen hat, um juristische Fakten überprüfen zu lassen – ausgerechnet von jenem Konzern, der mit seinen manipulierten Motoren das Recht millionenfach verletzte. Gibt es, so fragt man sich, in der niedersächsischen Staatskanzlei keine Juristen, die ihre Faktenchecks unabhängig von VW leisten könnten?[4] Wie sich in der Affäre dann noch herausstellt, hat auch die schwarzgelbe Vorgängerregierung Formulierungen mit VW abgesprochen. Wenn gilt, was ein CDU-Oberer über den ertappten SPD-Ministerpräsidenten sagt – der habe sich zum »Handlanger eines VW-Vorstandsvorsitzenden« gemacht –, dann müssen wohl alle Vorgänger in der Hannover'schen Staatskanzlei als »Handlanger« von VW gelten.[5] Inklusive Sigmar Gabriel (SPD), der selbst einmal Ministerpräsident von Niedersachsen war.

Denn nur wenige Wochen nach der aufgeflogenen Abstimmung mit VW, als es in Brüssel um schärfere CO_2-Grenzwerte für Pkw geht,[6] schreibt Sigmar Gabriel, obwohl damals Außenminister, an den EU-Klimakommissar: Er fordert »genügend Freiraum« für die deutsche Automobilindustrie, deren »Innovationskraft« dürfe »nicht durch zu eng gestrickte EU-Gesetzgebung erstickt« werden.[7] Man wusste schon immer, dass für Gabriel die Interessen von VW ganz oben standen. Neu war in diesem Fall, dass er gar nicht mehr wahrzunehmen schien, wie ihm dabei die Metaphorik entglitt: »Freiraum« für die »Innovationskraft« einer Branche zu fordern, die ihre unternehmerische Freiheit für die »Innovation« einer millionenfach eingesetzten Betrugssoftware missbrauchte – darauf musste Gabriel erst mal kommen; und vor Gesetzen zu warnen, die Autobauer »ersticken«, war nur noch geschmacklos, wo es um geschädigte Atemwege und Lungen durch Abgase aus manipulierten Motoren ging.[8]

Politiker, die Konzerninteressen über Bürger- und Verbraucherinteressen stellen, sind leider etwas, woran man sich zu gewöhnen droht. Umso wichtiger ist es, die Hintergründe auszuleuchten, in denen sich Politik und Wirtschaft gefährlich vermengen. Ein weiteres Beispiel: Als es Mitte 2017 um die Übernahme der insolventen Fluggesellschaft Air Berlin geht, bekommt das private Unternehmen nicht nur einen 150-Millionen-Euro-Überbrückungskredit der Bundesregierung, der zu großen Teilen verlorengegangen sein dürfte;[9] zudem sprechen sich zahlreiche Politiker dafür aus, dass der innerdeutsche Beinahe-Monopolist Lufthansa den Zuschlag für die Reste von Air Berlin erhalten solle. Das Argument: Deutschland brauche nun mal einen »nationalen Champion«. Jeder Ökonom weiß, dass das wettbewerbspolitisch blanker Unsinn ist: Kein Fluggast, kein Geschäftspartner wünschen sich einen von der Politik protegierten »nationalen Airline-Champion« – es wäre nur zu ihrem Schaden. Daniel Zimmer, ehemaliger Vorsitzender der Monopolkommission, warnt denn auch mit deutlichen Worten vor einer Komplettübernahme durch Lufthansa, deren enorme Marktmacht dadurch weiter steigen würde: »Ich habe den Eindruck, dass wir in Deutschland eine bedenkliche Nähe mancher führender Politiker zu den Leitungen großer Unternehmen haben (…) Diese Politiker merken vielleicht zum Teil nicht einmal, dass sie gerade der Entstehung eines Monopols das Wort reden, das zur Ausbeutung der eigenen Bevölkerung in diesem Falle durch überhöhte Ticket-Preise führen würde.«[10]

Amazon, VW, Lufthansa – drei fast beliebig herausgegriffene Beispiele aus jüngster Zeit, die als erste Belege für die Entwicklung dienen sollen, die in diesem Buch beschrieben wird: Große transnationale Konzerne sind immer besser in der Lage, ihre wachsende Marktmacht zu instrumentalisieren und in politische Macht zu transformieren. Immer erfolgreicher sind sie darin, ihre eigenen Interessen gegen die Ansprüche der Gesellschaft durchzusetzen. Ein beunruhigender Befund, der es notwendig macht, genauer hinzuschauen.

Zum Beispiel auf internationale Handels- und Investitionsschutzabkommen, die solchen transnationalen Unternehmen das Sonderrecht einräumen, vor privaten Schiedsgerichten Schadensersatzklagen gegen Regierungen des Gastlandes anzustrengen. Auf diese Weise halten sie den Staat von Regulierungen für das Allgemeinwohl ab, wie es im gescheiterten Freihandelsabkommen TTIP vorgesehen war und im CETA-Abkommen zwischen der EU und Kanada realisiert wurde. Allein die Androhung von Schadensersatzklagen hat Regierungen oder Kommunen schon einknicken und von Regulierungsvorhaben Abstand nehmen lassen. In einer Studie[11] von 2016 zeigen zwei kanadische Wissenschaftler, dass in 214 untersuchten Investor-Staat-Klagen »extra große« Unternehmen (Jahresumsatz über 10 Mrd. US-Dollar) und große Unternehmen (zwischen 1 und 10 Mrd. US-Dollar Umsatz) von den beklagten Staaten Entschädigungen in Höhe von 7,5 Milliarden Dollar erhielten und »superreiche« Einzelpersonen weitere rund 1,1 Milliarden Dollar. Demgegenüber erstritten Firmen und Einzelpersonen von geringerer Größe »nur« eine Entschädigungssumme von insgesamt rund 600 Millionen Dollar. Bitter daran ist, dass für die höchst fragwürdigen privaten Schiedsgerichte stets mit dem Argument geworben wird, sie würden Rechtssicherheit gerade für kleinere Firmen herstellen. Tatsächlich liest sich die Liste in der Studie jedoch wie ein »Who is who« der internationalen Großkonzerne: Occidental Petroleum (USA) gegen Ecuador (Entschädigung plus Zinsen: 2,4 Mrd. Dollar), Mobil (Niederlande) gegen Venezuela (2,1 Mrd.), EDF (Belgien, Frankreich) gegen Argentinien (205 Mio.), Siemens gegen Argentinien (278 Mio.), Cargill (USA) gegen Mexiko (86 Mio.), Deutsche Bank gegen Sri Lanka (70 Mio.) …

Eigene Interessen über die Ansprüche der Gesellschaft zu stellen – das kennt man auch von der Finanzbranche. Bei ihr handelt es sich zweifellos um eine Macht im Staat, die diese Macht weidlich auslebt – Finanzkrise hin oder her. Kaum beachtet feierte sie im Herbst 2017 einen großen Erfolg: »Heimlich und verschämt«, notierte das Handelsblatt, zog die EU-Kommission ihren Entwurf für ein Trennbanken-Gesetz zurück – es hätte große Geldhäuser gezwungen, riskante Manöver im Wertpapierhandel vom klassischen Bankgeschäft mit Einlagen und Krediten zu trennen. Damit sollte eine Lehre aus der Finanzkrise 2008 gezogen werden, als zockende Banken durch viele Steuermilliarden mit der Behauptung gerettet wurden, sie seien »too big to fail« – zu groß, zu »systemrelevant«.[12] Zeitgleich jubelte auch die Finanzbranche in den USA, diesmal, weil der US-Senat Sammelklagen gegen Banken und Kreditkartenunternehmen verbot. Seither müssen ihre Kunden im Streitfall vor privaten Schiedsstellen verhandeln anstatt vor ordentlichen Gerichten. »Ein großer Rückschlag für jeden Kunden in diesem Land. Die Wall Street hat gewonnen, normale Menschen stehen als Verlierer da«, kommentierte der inzwischen ausgeschiedene Chef der US-Verbraucherschutzbehörde CFPB.[13]

Oft sind derlei politische Entscheidungen, die negative Konsequenzen für Millionen von Menschen haben, nicht das Ergebnis öffentlich ausgetragener Debatten. Sie werden in vertraulichen Gesprächen vorbereitet, die nur durch Leaks ans Licht kommen oder wenn zivilgesellschaftliche Organisationen ihre Veröffentlichung einklagen. So wie die US-Organisation American Oversight, die Ende 2017 den Terminkalender von Scott Pruitt öffentlich machte.[14] Scott Pruitt war der Chef der US-Umweltschutzbehörde E.P.A., bis er Anfang Juli wegen Korruptionsvorwürfen zurücktrat. Pruitt ist ein ausgewiesener Freund und Spendenempfänger der Öl- und Gasförderer, der im Auftrag von Donald Trump den umweltpolitischen Rollback im Land organisierte.[15] Er hat kritische Wissenschaftler seiner Behörde entlassen, Führungspositionen mit Leugnern des Klimawandels besetzt und viele Umweltstandards abgeschafft oder eingefroren;[16] so unterzeichnete er etwa die formelle Ankündigung zum Ausstieg aus Barack Obamas Klimaschutzplan.[17] Wie Pruitts Terminkalender zeigt, traf er sich in den ersten Monaten seiner Amtszeit so gut wie nie mit Umwelt- und Verbraucherschützern, dafür umso öfter mit Wirtschaftsvertretern aus Branchen, die er regulieren sollte – Pruitt galt als ihr oberster Lobbyist. Zu seinen Gesprächspartnern gehörten fast täglich die Manager großer Kraftwerks- und Kohleminenbetreiber, von Chemie- und Pestizidfirmen, darunter das deutsche Unternehmen Bayer CropScience.

Doch auch die internationale Automobilindustrie lieh sich mehrfach Pruitts Ohr. Gleich nach seinem Amtsantritt forderte sie ihn in einem Brief auf, die geplanten strengeren Abgasregeln zurückzuziehen, andernfalls seien 1,1 Millionen Arbeitsplätze bedroht.[18] Zwei Monate später sprachen die Absender persönlich bei ihm vor, darunter laut Pruitts Terminkalender die Chefs von Ford, General Motors, Toyota, Mercedes Benz, VW, BMW und Porsche. Der BMW-Vorstandsvorsitzende Harald Krüger bekam sogar einen weiteren Exklusivtermin.

Im Fall des Anti-Umweltschützers Pruitt war der Hinweis auf die angeblich bedrohten Arbeitsplätze sicher unnötig. Aber die offene Demonstration des Erpressungspotentials gehört zum strategischen Repertoire der Konzerne. Wenn der frühere VW-Chef Matthias Müller sein Unternehmen als »systemrelevant« bezeichnet – also bewusst jenen Begriff verwendet, mit dem während der Finanzkrise die Rettung maroder Banken durch Steuergelder gerechtfertigt wurde –, dann baut er unverfroren eine Drohkulisse auf, mit der die Autobosse in Sachen Dieselgate die deutsche Politik seit Jahren höchst effektiv vorführen.

Schon diese wenigen, schlaglichtartigen Beispiele legen die Fragen nahe: Wer regiert uns eigentlich? Sind es noch unsere Regierungen? Oder sind es einige zehntausend transnationale Unternehmen, die sich im Zuge der Globalisierung in allen Erdteilen ausgebreitet haben? Wie kommt es, dass diese Konzerne so viel Macht haben und die Regierungen offensichtlich zu wenig? Und wie funktioniert diese Macht und welche Folgen erwachsen daraus?

Das Ende der Systemkonkurrenz

Es ist gerade mal 26 Jahre her, dass der US-amerikanische Politikwissenschaftler Francis Fukuyama nach dem Zusammenbruch der Sowjetunion das »Ende der Geschichte« ausrief: eine nun anbrechende goldene Zeit, in der Demokratie und Marktwirtschaft wie ein Zwillingspärchen auf globaler Werbetour Land für Land für das westliche Werte- und Fortschrittsmodell gewinnen würden, mit den Konzernen als ihrer Vorhut. Nicht bedacht ist in Fukuyamas Großentwurf, dass mit dem Ende der Systemkonkurrenz zwischen Ost und West der Kapitalismus förmlich explodierte. Erst nach 1989 nahm die Globalisierung richtig Fahrt auf und ermöglichte den Konzernen eine beispiellose Expansion, angetrieben vom Siegeszug des Shareholder-Value-Prinzips, das die Interessen der Aktionäre über alles stellt. Die Umsätze und Gewinne der Konzerne wachsen seither rapide und weltweit, ebenso ihre Vernetzung und ihre Macht. So bildet sich seit Jahren ein zunehmend autoritärer Kapitalismus heraus, repräsentiert durch global agierende Konzerne, die ihre Vorteile, die ihnen die Globalisierung bietet, rücksichtslos ausspielen: von der Steuervermeidung bis hin zur Androhung von Standortverlagerungen und Arbeitsplatzabbau. Die demokratischen Prozesse und Regeln liberaler Gesellschaften sind ihnen dabei ebenso lästige Hindernisse wie der Wettbewerb selbst. Die Demokratie, die Marktordnung, die gesamte Gesellschaft erleiden unter dieser Macht der Konzerne massive Schäden, die in diesem Buch anhand ausgewählter Branchen untersucht werden.

Der in Harvard forschende[19] Publizist Evgeny Morozov spricht im Zusammenhang mit den übermächtigen Internetkonzernen bereits von einer »Rückkehr des Feudalismus«: Die Frage sei, »welche Art von politischer, ökonomischer und sozialer Zukunft in einer Welt möglich ist, in der die Bedingungen dieser Zukunft nicht mehr von Nationalstaaten, sondern von Technologiekonzernen festgelegt werden.« Mit ihrem einzigartigen Schatz an Daten und mit ihrer Infrastruktur könnten die Digitalkonzerne »jedem ihre Bedingungen diktieren – auch den Regierungen«, die ihre »technologische Souveränität« längst eingebüßt hätten. »Kein anderer Akteur«, schreibt Morozov, »kann es mit der Macht aufnehmen, die von jenen Plattformen ausgeübt wird (…) Die Pfeiler der Politik halten kaum noch. Wir treten in ein neues Zeitalter des Feudalismus ein, in dem eine Handvoll amerikanischer Technologiefirmen den Rest von uns in das undemokratischste Projekt in der Geschichte der Menschheit hineinzieht.«[20]

An der Universität in Chicago, ausgerechnet dort, wo berühmte Ökonomen der »Chicago School« in den 1970er Jahren predigten, dass großmächtige Unternehmen keine Gefahr für den Wettbewerb und die Demokratie darstellten,[21] treffen sich im Frühjahr 2017 Wissenschaftler zu einer Konferenz mit dem Titel »Hat Amerika ein Konzentrationsproblem?«. Einer von ihnen beginnt seinen Vortrag mit einer Erzählung, die vielen nur allzu bekannt vorkommen dürfte:[22] Auf dem Weg nach Chicago habe er in New York ein Taxi des Plattform-Dienstleisters Uber benutzt, der dort einen Marktanteil von 50 Prozent habe; das Uber-Taxi habe er mit einem iPhone von Apple gerufen, das in den USA 40 Prozent des Marktes beherrsche; er sei mit United Airlines geflogen, einer der vier großen Fluggesellschaften, die zusammen mehr als 80 Prozent des Marktes[23] auf sich vereinen; während des Flugs habe er Direct TV geschaut, ein Medienunternehmen, das vor einiger Zeit vom Telekom-Giganten AT&T, einem ehemaligen Monopolisten, übernommen wurde; dann sei er im Hotel Interconti abgestiegen, das zu einer Branche gehöre, die sich wie viele andere immer weiter konsolidiere. Er hätte auch sagen können: Vor den Multis ist kein Entkommen.

Derlei Zahlen zeigen die strukturelle Misere. Es gibt sie in fast jeder beliebigen Branche, jedem Markt, jedem Land:[24]

- In der Europäischen Union entfallen fast 50 Prozent des Lebensmitteleinzelhandels auf die zehn größten Branchenunternehmen, darunter vier deutsche, vier französische und zwei britische.[25] In Deutschland teilen sich diese vier Großkonzerne – Aldi, Edeka, Rewe und die Schwarzgruppe mit Lidl und Kaufland – 85 Prozent des Lebensmittelmarktes.[26] In Berlin gibt es Stadtteile, in denen zwei große Supermarktketten auf 70 Prozent Marktanteil kommen.[27] Zu den 85 Prozent Marktanteil von Aldi, Edeka, Rewe, Lidl und Kaufland sagt der Präsident des Bundeskartellamts, Andreas Mundt: »Das ist schon viel. Aber das heißt nicht, dass es nicht auch in Zukunft zu kleineren Übernahmen kommen kann. (...) Es bleibt natürlich bei der hohen Konzentration, die weder für Lieferanten noch für Kunden gut ist.«[28] In Erinnerung ist die Ministererlaubnis im Fall Edeka und Kaiser's/Tengelmann, mit der Ende 2016 der damalige Wirtschaftsminister Sigmar Gabriel das Urteil des Bundeskartellamts aushebelte und der weiteren Marktkonzentration die Tür öffnete.[29]

- 2016 fusionierten die weltweiten Nr. 1 und Nr. 2 im Biermarkt, die fünf größten Brauereien teilen sich rund 50 Prozent des Marktes.[30]

- Beim Tee kontrollieren drei Konzerne – Unilever, der indische Konzern Tata und Associated British Foods – rund 80 Prozent des globalen Handels.[31]

- Im globalen Fischgeschäft vereinen die zehn größten Firmen 38 Prozent des Umsatzes auf sich. Die Europäische Umweltagentur EEA warnt: »Die Konzentration von wirtschaftlicher Macht und Kontrolle über mehrere Stufen in der Lieferkette erhöht die Fähigkeit dieser Firmen, Produktionsstandards und Preise zu bestimmen, so gewinnen sie einen unverhältnismäßig starken Einfluss auf das globale marine Ökosystem.«[32]

- 60 Prozent der Babynahrung weltweit werden von nur vier Herstellern produziert, in Westeuropa macht ihr Stück vom Kuchen 74 Prozent des Marktes aus, in Australien 92 Prozent.[33]

- Mitte 2016 referierte die US-Senatorin Elizabeth Warren über »Amerikas Monopoly-Problem«: Wenige Jahre nach der Finanzkrise sind drei der vier größten Banken größer als vor der Krise; in den vergangenen zehn Jahren sank die

Zahl der großen Fluglinien von neun auf vier, und diese vier stellen insgesamt mehr als 80 Prozent der Kapazitäten, zuletzt fuhren sie zusammen Rekordgewinne von 22 Milliarden Dollar ein; eine Handvoll Versicherungen beherrscht zu 83 Prozent den Markt für Krankenversicherungen; drei Drogerieketten haben zusammen 99 Prozent des Marktes vereinnahmt; vier Firmen stehen für fast 85 Prozent des Rindfleischmarkts; drei Schlachtunternehmen produzieren fast die Hälfte aller Schlachthühner; mehr als 50 Prozent aller Kabelnetz- und Internetnutzer sind Kunden von Comcast, das im Vorjahr sein bestes Geschäftsjahr seit zehn Jahren feierte;[34] vier Firmen wickeln 90 Prozent des Eisenbahn-Frachtgeschäfts ab;[35] im Leihwagengeschäft kommen drei Anbieter auf einen Marktanteil von zusammen 90 Prozent.[36]

- In einer Studie über den US-Pharmamarkt warnt die Wettbewerbsökonomin und Kartellrechtsexpertin Fiona Scott Morton von der Yale University: »In den vergangenen 10 bis 15 Jahren ist es Branchenteilnehmern gelungen, viele Wettbewerbsmechanismen auszuschalten und Nischen zu schaffen, in denen Medikamente ohne oder fast ohne Wettbewerb verkauft werden können.«[37] Es gebe immer mehr Studien, die zu dem Ergebnis kommen, »dass wir zu wenig Wettbewerb haben.«[38]

- Google hat bei den Suchmaschinen einen weltweiten Marktanteil um die 90 Prozent.[39] In den USA laufen 43 Prozent aller Onlineverkäufe und 50 Prozent aller Suchanfragen zum Internetkauf über Amazon.[40] Die Plattformen profitieren dabei vom Netzwerkeffekt: Indem die Nutzer einkaufen, Suchanfragen starten oder mit anderen Menschen kommunizieren, erhöhen sie die Attraktivität der Plattform für neue Nutzer, die wiederum neue Teilnehmer generieren. Je mehr Kunden, Teilnehmer und Daten eine Plattform hat, desto attraktiver wird sie für zusätzliche, noch nicht teilnehmende Akteure. Das Wachstum einer Plattform schafft damit weiteres Wachstum und gleichzeitig mächtige Monopole.

Die Grenzen der Kartellpolitik

Die Fusionswelle der vergangenen Jahrzehnte war gigantisch. In den USA hat sie dazu geführt, dass zwei Drittel bis drei Viertel der rund 900 Wirtschaftsbereiche heute eine höhere Marktkonzentration aufweisen als in den 1990er Jahren.[41] Und wenig deutet darauf hin,[42] dass die Welle abebbt – das Gesetz der wachsenden Unternehmensgrößen scheint so unumkehrbar wie die Schwerkraft. Allein in der Europäischen Union wurden im Jahr 2017 Firmenfusionen und -übernahmen im Wert von mehr als 200 Milliarden Dollar abgewickelt, der höchste Wert seit zehn Jahren.[43] In den USA gaben die Unternehmen seit 2008 zehn Billionen Dollar aus, um andere Firmen zu schlucken.[44] Die täglichen Meldungen in den Medien über den nächsten »großen Deal«, über die neueste »Mega-Fusion« irgendwelcher in- und ausländischer Unternehmen sind nichts anderes als Nachrichten über die Verwandlung der Marktwirtschaft, wie sie einmal gedacht war, in eine Machtwirtschaft.

Allein diese Entwicklung ist alarmierend genug. Doch den Konzernen reichen ihr Markt- und damit ihr Machtzuwachs nicht aus. Davon zeugen unzählige Kartellverfahren, die offenlegen, wie sehr selbst große mächtige Unternehmen den Wettbewerb, der sie groß und mächtig gemacht hat, aushebeln. »Früher ist man davon ausgegangen, dass es bei gleichartigen Massengütern wie zum Beispiel Transportbeton öfter zu Preisabsprachen kommt«, sagt Bundeskartellamtschef Andreas Mundt,»aber allein in den vergangenen Jahren hatten wir es auch mit Absprachen auf so unterschiedlichen Märkten wie Süßwaren, Bahnschienen, Dekorpapier, Bier, Wurst, Brillen oder Betonpflastersteinen zu tun.«[45] Die Liste ließe sich schier endlos verlängern mit Kartellen bei Reißverschlüssen, Druckknöpfen, Autoscheiben,[46] Onlinereiseportalen[47] oder bei den drei großen deutschen Zuckerherstellern Pfeifer & Langen, Nordzucker und Südzucker.[48] Zum Schaden ihrer Kunden und des Marktes sprachen sich Fluggesellschaften über Treibstoff- und Sicherheitszuschläge ab (darunter Lufthansa),[49] Banken über die internationalen Interbank-Zinssätze Libor und Euribor (darunter die Deutsche Bank),[50] Konsumgüterriesen wie Procter&Gamble,[51] Unilever[52] und Henkel[53] über Waschpulverpreise. Und 14 Jahre lang sprachen sich Lkw-Hersteller wie Daimler, MAN und Volvo/Renault über Preise und die Kostenweitergabe für die Einhaltung von Umweltnormen ab,[54] was die EU-Wettbewerbskommissarin Margrethe Vestager so kommentierte:»Mir scheint, dass es in dieser Branche nichts gibt, woraus sich nicht ein Kartell formen ließe.«[55]

Weil Löhne und Gehälter ebenfalls der Preisbildung unterliegen, gibt es auch hier Arbeitgeberkartelle. Apple, Google, Adobe, Intel und weitere Hightechfirmen im Silicon Valley etablierten ab 2005 ein solches Kartell. Die Konzerne, die zu den reichsten Unternehmen der Welt gehören, vereinbarten, sich generell gegenseitig keine Mitarbeiter abzuwerben. »Wenn ihr nur einen einzigen dieser Leute anstellt, bedeutet das Krieg«, warnte der damalige Apple-Chef Steve Jobs in einer E-Mail an Google. Lohnwettbewerb? – Lieber nicht, no thanks![56] Gegenüber dem US-Justizministerium verpflichteten sich Apple & Co. schließlich, diese Praxis zu beenden. 2015 stimmten sie im Rahmen einer zivilen Sammelklage von 64 000 Mitarbeitern einem Vergleich zu und zahlten 415 Millionen Dollar.[57] Den jüngsten großen Fall über ein mögliches

Kartell enthüllte Mitte 2017 der Spiegel, wonach die Dieselaffäre auch das Ergebnis jahrelanger Absprachen zwischen Audi, BMW, Daimler, Volkswagen und Porsche war. Seit den 1990er Jahren sollen sie sich in rund 60 Arbeitskreisen in mehr als 1000 Besprechungen über Technik, Lieferanten und Märkte abgestimmt haben.[58]

Wenig bringt das Selbstverständnis und die faktische Macht der Konzerne besser zum Ausdruck als ihre Neigung zur Kartellbildung: Sie fühlen sich über den Gesetzen stehend, sie attackieren mit hohem organisatorischen Aufwand die Marktordnung und die Rechte ihrer Kunden. Das ist Verrat an der Marktwirtschaft – von der die Konzerne leben. Die Absicht der Väter der Marktwirtschaft war es gerade, Machtbildung durch Wettbewerb zu verhindern; sie verstanden Wettbewerb als das wirtschaftliche Pendant zur Demokratie. Dass nationale Kartellbehörden und in jüngster Zeit vor allem die EU-Kommission Bußgelder in Millionen- und Milliardenhöhe gegen die Konzernkartellanten ausgesprochen haben, zeigt zwar, dass die Aufseher durchaus Mut und Zähne haben, auch gegen die ganz Großen vorzugehen. Andrerseits entfalten selbst höchste Bußgelder offensichtlich wenig abschreckende Wirkung. Sie scheinen schon eingepreist zu sein ins kriminelle Handeln und eine lösbare Aufgabe durch den berühmten Griff in die Portokasse. VW jedenfalls, das für seine Machenschaften in den USA rund 25 Milliarden Dollar bezahlte, fährt Rekordgewinne ein und zahlt seinen Vorständen Millionengehälter. Das Geschäftsmodell, es funktioniert unverändert.

Zu relativieren ist die Arbeit der Kartellwächter auch deshalb, weil sie Marktmacht ausschließlich anhand *ökonomischer* Kriterien messen. Die politische Macht der Konzerne, die sich aus der Marktkonzentration ergibt, liegt *außerhalb* ihres ökonomischen Prüfauftrags. Die Kartellämter sind von Amts wegen blind für derlei Fragen, wie jüngst die Megafusion des deutschen Chemiekonzerns Bayer mit dem US-Saatgut-

und Glyphosathersteller Monsanto zeigte. Die europäischen Aufseher prüften mehr als 2000 einzelne Produktmärkte und kamen zum Schluss, dass der neue Konzerngigant – unter Auflagen – den Wettbewerb in keinem Einzelmarkt in schädlicher Weise beeinträchtigen würde.[59] Das mag so sein. Doch lässt diese Wertung das Druckpotential des neuen Mega-Konzerns auf politische Entscheidungen über Landwirtschafts-, Ernährungs- und Umweltfragen vollkommen außer Acht. Zumal durch zwei andere Großfusionen in jüngerer Zeit nur noch drei Konzerne zusammen mehr als 60 Prozent der Märkte für kommerzielles Saatgut und Agrarchemikalien beherrschen[60] – in den 1960er Jahren gab es noch rund 40 Wettbewerber.[61] »Die EU-Kommission hat die Fusion Bayer/Monsanto nur unter der Auflage freigegeben, dass milliardenschwere Geschäftsbereiche abgegeben werden, damit die Marktmacht auf den kritisch beurteilten Produktmärkten nicht steigt«, sagt Kartellamtschef Andreas Mundt. Die Beschränkung von Marktmacht sei ein entscheidendes Ziel der Fusionskontrolle, und indirekt sorge dies dafür, dass auch ganz allgemein die Macht von Unternehmen beschränkt wird, behauptet Mundt. Er muss aber einräumen:»Politische Macht als solche ist allerdings kein eigener Maßstab, den die Kartellbehörden bei ihrer Bewertung heranziehen können.«

Supermächte

Die Grenzen der Kartellpolitik werden vollends sichtbar, wenn man den Blick weitet und zur Kenntnis nimmt, welche qualitativ neue, volkswirtschaftliche und gesellschaftliche Verwerfungen aus der Marktmacht der Konzerne resultieren. Wissenschaftler finden dafür immer deutlichere Hinweise. Weltweites Aufsehen erregte etwa eine Studie von 2017 des Ökonomieprofessors David Dorn von der Universität Zürich und vier Kollegen der Harvard-Universität und des Massachusetts Institute of Technology (MIT) mit dem Titel »The Fall of the Labor Share and the Rise of Superstar Firms«.[62] Bislang galt, so die Studie, dass der Anteil der Löhne und der Anteil der Kapitaleigner am Bruttosozialprodukt eines Landes relativ stabil sind. Doch nun zeigen die Daten der Wissenschaftler, dass dieses Verhältnis ins Rutschen geraten ist: So sank der Lohnanteil am Bruttosozialprodukt in den USA zwischen 1980 und 2010 von 66 auf 60 Prozent, in Deutschland von 72 auf 66 Prozent. »In den letzten drei Jahrzehnten hat sich die Verteilung des volkswirtschaftlichen Einkommens deutlich zu Gunsten der Kapitalbesitzer und zu Lasten der Arbeitnehmer verschoben«, sagt Dorn. Eine entscheidende Rolle spielen dabei Konzerne, denen es gelingt, aus der wachsenden Marktkonzentration überproportional Kapital zu schlagen – die Wissenschaftler nennen sie deshalb »Superstarfirmen«.

Die Erklärung für die sinkende Lohnquote (labor share) ist nicht, dass die Superstarfirmen ihre Mitarbeiter besonders schlecht bezahlten, im Gegenteil, häufig zahlen sie sogar besser als viele kleine und mittlere Unternehmen (wenn sie nicht durch Absprachen mit Wettbewerbern das Lohnniveau zu drücken versuchen). Doch durch ihre enormen Marktanteile verdienen die Superstars auf den globalisierten Märkten im Vergleich zu anderen so außerordentlich gut – es herrscht das Prinzip »The Winner takes most, if not all«, »(fast) alles für den Gewinner« –, dass nach Abzug der Löhne und anderer Ausgaben immer noch ein riesiger Ertrag für die Unternehmensbesitzer übrigbleibt. Google zum Beispiel wies 2016 einen Gewinn von 20 Milliarden Dollar aus, das sind 335 000 Dollar pro Mitarbeiter, woraus sich eine Lohnquote von weniger als 20 Prozent errechnet.[63] Wenn viele andere Superstarfirmen in vielen Branchen ähnlich niedrige Lohnquoten erzielen, weil sie mit relativ wenigen Mitarbeitern riesige Gewinne einfahren, sinkt die Lohnquote in der gesamten Volkswirtschaft.

Der Konzentrationsprozess auf Märkten für Flugtickets, Lebensmittel und viele andere Produkte findet gewissermaßen seine Fortsetzung in der Gesellschaft, die immer ungleicher wird – die oben werden reicher, die unten stagnieren oder werden ärmer.[64]

Von einer anderen Seite näherten sich zwei Ökonomen aus Princeton dem veränderten Marktgeschehen. In ihrer Untersuchung »The Rise of Market Power«[65] von 2017 zeigen sie, dass Unternehmen immer erfolgreicher darin sind, ihre Produkte zu Preisen zu verkaufen, die weit über den Herstellungskosten liegen. Dieser Gewinnaufschlag war nach dem Zweiten Weltkrieg bis 1980 relativ konstant und stieg seitdem von 18 auf 67 Prozent im Jahr 2014. Der enorme Zuwachs zeige die gewachsene Macht der Unternehmen, denn in einem Markt mit starker Konkurrenz würde es ihnen kaum gelingen, ihren Kunden derart hohe Gewinnaufschläge abzuverlangen. »Superstars haben exzessive Marktmacht, durch die sie Preise erhöhen können, ohne viele Kunden zu verlieren«, sagt die Ökonomieprofessorin Dalia Marin von der Münchener Ludwig-Maximilians-Universität.[66]

Nach den ökonomischen Lehrbüchern müssten dort, wo die Preise und Gewinne derart explodieren, eigentlich viele kleine neue Firmen auftauchen, um sich in den lukrativen Märkten ein Stück vom Kuchen abzuschneiden. Doch das Gegenteil ist der Fall. In den USA, deren Start-ups so oft gefeiert und bewundert werden, ist die Rate der Unternehmensgründungen tatsächlich seit dreißig Jahren rückläufig,[67] sie ist jetzt so niedrig wie in den 1970er Jahren.[68] Seit etwa 2000 erlahmt die Gründerlust selbst in der Hightechbranche, die gemeinhin als Eldorado für Existenzgründer gilt. In Europa und in Deutschland ist die Entwicklung ähnlich besorgniserregend.[69] Offenbar ist es für neue Unternehmen immer schwieriger, gegen die Macht der etablierten Konzerne zu bestehen. Und wenn sich die Gründerfirmen doch länger behaupten als erwartet, werden sie einfach aufgekauft. Allein die fünf Digitalgiganten Google, Amazon, Apple, Facebook und Microsoft haben im letzten Jahrzehnt mehr als 500 Firmen geschluckt,[70] teilweise kaufen sie Firmen im Wochentakt auf.[71] »Geschickt haben die Fünf ein Ökosystem kreiert, das sie selbst dann noch reicher macht, wenn andere die besseren Ideen als Erste hatten«, schreibt die New York Times, »sie lieben Start-ups, aber in der Weise, wie Killerwale Robbenbabys lieben.«[72]

Für die Volkswirtschaften ist das ein verheerender Effekt, denn gerade kleine Newcomer schaffen überdurchschnittlich viele Arbeitsplätze und bringen Innovationen hervor. Doch allzu gern würgen ihre übermächtigen Konkurrenten die gesellschaftlich erwünschte Marktdynamik ab.[73] Eines der bekanntesten Beispiele dafür ist Microsoft, dessen Internet Explorer lange Zeit einen Marktanteil von 90 Prozent hatte. »In dieser quasi-Monopolzeit hat Microsoft den Browser über fünf Jahre nicht ein einziges Mal einem Update unterzogen«, beklagt Bundeskartellamtschef Andreas Mundt. »Eines der innovativsten Unternehmen der Welt hat eines der damals innovativsten Produkte im Internet völlig vernachlässigt – einfach, weil es keinen Wettbewerbsdruck gab.«[74]

Wirtschaftliche Macht wird politische Macht

Wo Konkurrenz fehlt – also die Uridee des fairen Marktes –, wachsen die Gewinne. 2015 berichtete das McKinsey Global Institute auf der Datengrundlage von 28000 Firmen in 42 Ländern mit mehr als 200 Millionen Dollar Umsatz von einer »nie dagewesenen« Bonanza: »Die größten Firmen der Welt sind auf einer drei Jahrzehnte während Welle wachsender Gewinne, expandierender Märkte und fallender Kosten geritten.« Zwischen 1980 und 2013, so die Studie, öffneten sich weltweit neue Märkte, während gleichzeitig die Unternehmenssteuern sanken, ebenso die Kosten für Kredite, Arbeitskräfte, Ausrüstung und Technologien. Das Resultat: »Die Betriebsergebnisse der weltgrößten Unternehmen konnten sich real von zwei auf 7,2 Billionen Dollar mehr als verdreifachen.« In Branchen wie Pharma, Medien, Finanzen und Informationstechnologie sei eine »Winner-take-all-Dynamik« entstanden, die die Gewinner mit weitem Abstand zu allen anderen platzierte.[75] Noch nie seit der Zeit der Carnegies, Rockefellers und Vanderbilts, schrieb der britische Guardian unter Berufung auf den Reichtums-Report 2017 der Schweizer Großbank UBS, hätten so wenige so viel besessen: 1542 Dollar-Milliardäre steigerten ihr Vermögen innerhalb nur eines Jahres um fast ein Fünftel auf sechs Billionen Dollar.[76]

In solchen Studien taucht sie auf, die absurd hohe Finanzkraft der Superkonzerne und Superreichen, aber die Zahlen sind nicht wirklich zu begreifen. Sie lassen allenfalls erahnen, welche Macht den Konzernen und Eigentümern durch diese Mittel zuwächst. Es ist eine neue Macht, die weit darüber hinausgeht, sich Heerscharen hochbezahlter Lobbyisten leisten zu können, die Regierungen auf allen Ebenen bearbeiten und beeinflussen und sich als hochspezialisierte Berater scheinbar unentbehrlich machen. Eine neue Macht, die umfassender wirkt als je zuvor, die unzählige sichtbare und unsichtbare, direkte und indirekte Facetten hat und über die verschiedensten Kanäle wirkt:

- die Macht, Regierungen mit dem Argument der »Systemrelevanz« zu erpressen;

- die Macht, Wettbewerb auszuschalten und Märkte abzuriegeln;

- die Macht, Strafen und Bußgelder in Milliardenhöhe aus der Portokasse zu bezahlen und danach »business as usual« zu betreiben;

- die Macht, mit Millionenbeträgen die »besten« Anwaltskanzleien der Welt darauf anzusetzen, Gesetze nicht nur zu entschärfen, sondern unscharfe Begriffe und Halbsätze einzuschleusen, die später Milliardengewinne generieren;

- die Macht, spezialisierte Anwälte zu beauftragen, Milliardenprofite auf Steueroasen zu parken;

- die Macht, mit kostspieligen Klagen vor privaten Investitionsgerichten Regierungen einzuschüchtern und Schadensersatz für unliebsame Regulierungen einzufordern;

- die Macht, Lehrstühle, Forschung und eigene Universitäten zu finanzieren und damit wissenschaftlichen und technologischen Fortschritt an Konzerninteressen auszurichten;

- die Macht, scheinbare neutrale Think Tanks und Stiftungen zu gründen, die öffentliche Debatten befeuern und dadurch die Geschäftsmodelle der Konzerne propagieren – etwa um Privatisierungen von Autobahnen, Schulen oder Rentensystemen als gesellschaftlich vorteilhaft erscheinen zu lassen;

- die Macht, mit hohen Geldbeträgen gegnerische und kritische Organisationen zu unterstützen und damit gefügig zu machen;

- die Macht, PR-Agenturen und Medien zu »kaufen«, um den öffentlichen Diskurs in ihrem Sinne zu lenken, Kritiker zu diskreditieren und widerspenstigen Politikern die Grenzen aufzuzeigen;

- und schließlich die Macht und die Mittel, einerseits Konzernlenker in entscheidende politische Positionen zu hieven, anderseits hochrangige Politiker nach Ende ihrer Amtszeit als »Berater« einzukaufen und damit einen industriell-politischen Komplex zu schaffen, in dem politische und wirtschaftliche Macht zu einer interessenkonformen, neuen Elite verschmelzen (siehe nächstes Kapitel).

Die Wenigen, die so viel besitzen und so viel Macht ausüben wie noch nie, befinden sich in einer Spirale, die sie automatisch immer weiter nach oben spült, während der Abstand zu denen »unten« immer größer wird. Der Ökonom Luigi Zingales von der Universität Chicago hat diesen Mechanismus als »Medici vicious circle« beschrieben, als Teufelskreis à la Medici: Geld schafft politische Macht, die dazu benutzt wird, noch mehr Geld zu horten, das wiederum zusätzliche politische Macht erzeugt.[77] Gemeinsam schaffen die Mächtigen in Wirtschaft und Politik Regeln, die den ungerechten Status quo schützen und fortschreiben und damit auch die in diesem Buch beschriebenen, massive Schäden anrichtenden Geschäftsmodelle der Konzerne. Es ist, als würde beim Brettspiel Monopoly die Regel eingeführt, dass der Besitzer der teuren Schlossstraße, wenn er über Los zieht, jedes Mal doppelt oder viermal so viel Geld von der Bank bekommt wie die Besitzer aller anderen billigeren Straßen.

Man könnte dieses »Spiel« auch Amazon-Spiel taufen, aber die Namen sind austauschbar. Im Mai 2018 überlegte die Stadt Seattle, eine neue Steuer einzuführen. Für jeden Mitarbeiter sollten große Arbeitgeber pro Jahr 540 Dollar bezahlen, mit den Einnahmen würden Sozialwohnungen gebaut, um der grassierenden Obdachlosigkeit und Wohnungsnot Herr zu werden. Die Steuer träfe vor allem Amazon, das dort seinen Hauptsitz hat und größter Arbeitgeber der Stadt ist; Unternehmenschef Jeff Bezos gilt mit einem geschätzten

Vermögen von 130 Milliarden Dollar als reichster Mann der Welt. Aber Amazon, dessen Mitarbeiter maßgeblich zu steigenden Mieten beitragen, hält nichts von der Obdachlosen- und Armensteuer. Der Konzern stoppte die Planungen für den Bau eines neuen Büroturms und drohte, ein weiteres Hochhaus, das bereits gebaut wird, gar nicht erst in Betrieb zu nehmen.[78] Prompt knickte die Stadt ein und halbierte die Steuer auf 275 Dollar pro Arbeitsplatz, die jährliche Steuerlast für Amazon liegt damit bei etwa 10 Millionen Dollar. Zu viel, fand Amazon und teilte mit, dass nun die Zukunft des Standorts überhaupt in Frage stehe.

2.
Der industriell-politische Komplex

Was hat den Mann nur geritten, wem fühlte er sich verpflichtet? Als der damalige Bundeslandwirtschaftsminister Christian Schmidt (CSU) Ende 2017 in Brüssel dafür stimmt, das höchst umstrittene Ackergift Glyphosat für weitere fünf Jahre bis 2022 in der EU zuzulassen, muss ihm – nach der Riesenkontroverse um das Unkrautvernichtungsmittel in den vergangenen Jahren – bewusst sein, welche Verwerfungen seine Entscheidung auslösen würde. Denn Schmidt ignoriert damit nicht nur eine überwältigende Mehrheit von 73 Prozent der Deutschen, die ein Glyphosat-Verbot fordern.[1] Sein Alleingang löst auch Streit in der Koalition aus und zieht den Ärger der französischen Regierung auf sich, die Glyphosat bis in spätestens drei Jahren national verbieten will. Dabei überdeckt der politische Streit fast den inhaltlichen Skandal: Mit seinem Votum macht Schmidt den Weg frei für ein Totalherbizid, das im Verdacht steht, krebserregend zu sein, und mitverantwortlich ist für das Massensterben von Pflanzen, Insekten, Vögeln, Amphibien, Pilzen, für die Vergiftung von Böden, Grundwasser und Menschen.[2]

Zweifellos hat Christian Schmidt insofern als Lobbyist gehandelt,[3] als er jenen Konzernen, die Pestizide mit dem Wirkstoff Glyphosat herstellen und vertreiben, ein ernsthaft bedrohtes Milliardengeschäft für weitere fünf Jahre rettete. Er hat zudem – noch gravierender – eine hohe Hürde aus dem Weg geräumt für die rund 62 Milliarden Dollar schwere Übernahme des US-Multis und Glyphosat-Herstellers Monsanto durch den deutschen Chemieriesen Bayer.[4] Denn ohne den Umsatzschlager Glyphosat wäre Monsanto wohl weit weniger wert.

Warum tut ein Minister so etwas? Welche Kräfte müssen auf ihn gewirkt haben, dass er sich so heftige politische Prügel zumutete und mal eben das in der EU geltende Vorsorgeprinzip abräumte? Bekommt er etwas dafür, und wenn ja, wie viel?

Wenn Politiker konzerndienliche Entscheidungen treffen, müsse nicht zwangsläufig Bargeld fließen, meint der aus Italien stammende Ökonom und führende US-Kartellrechtler an der Universität Chicago, Luigi Zingales, und zieht einen Vergleich zum organisierten Verbrechen:[5] »Niemand würde auf die Idee kommen, den Einfluss der Mafia daran zu messen, wie viel Bestechungsgeld sie zahlt.« Die Macht eines Mafiabosses beruhe vielmehr auf seiner Fähigkeit, Angebote zu machen, die niemand ausschlagen kann. Dabei, so Zingales, sei besonders jener Mafiosi erfolgreich, der kaum je damit droht, Gewalt anzuwenden. Auf die Macht der Konzerne gemünzt: »Die Drohung, die von Seiten wirtschaftlicher Interessen eingesetzt werden kann, ist die Ausgrenzung aus der Wirtschaftswelt am Ende einer Amts- oder Mandatszeit.« Demnach besteht die Belohnung, die ein Konzern für das erwünschte Handeln in Aussicht stellen kann, nicht in einem gutgefüllten Briefumschlag, sondern darin, dass der Politiker auch nach dem Ausscheiden aus seiner politischen oder behördlichen Funktion noch im Geschäft bleibt. Zingales illustriert seine Analyse mit dem Beispiel von Robert Rubin, Finanzminister unter Bill Clinton: Rubin habe seine Parteifreunde bei den Demokraten so lange bearbeitet, bis diese einer Gesetzesänderung zustimmten, wodurch die Großbank Citicorp 1998 mit dem Versicherungskonzern Travelers im damals größten Deal aller Zeiten zur Citigroup fusionieren konnte. Nach dem Glass-Steagall-Act war dies bis dato nicht erlaubt – doch am Tag nach der Gesetzesänderung verließ Rubin das Finanzministerium und heuerte nur drei Monate später als Berater bei der neugeformten Citigroup an, wo er in den folgenden Jahren 126 Millionen Dollar verdiente (später, während der Finanzkrise, wurde die Bank mit Milliarden Steuergeldern vor der Insolvenz bewahrt).[6]

Es wird also zu beobachten sein, wie Christian Schmidts Karriere, der jetzt wieder einfacher Bundestagsabgeordneter ist, verlaufen wird. Überraschend wäre es jedenfalls nicht, wenn er irgendwann in der weitläufigen Agrarchemie-Industrie einen Direktorenposten, einen Berater- oder Lobbyistenvertrag bekäme – als späte Anerkennung seiner vorauseilenden Dienste für die internationale Agrochemie im Allgemeinen und für die Fusion zweier Marktgiganten im Besonderen.

Der »Drehtüren«-Mechanismus

Anschlusskarrieren für ehemalige Politiker in der Wirtschaft sind inzwischen so gang und gäbe, dass ihre grundsätzliche Problematik kaum noch wahrgenommen wird. Heute Minister, Staatssekretär oder hochrangiger Behördenmitarbeiter, morgen Konzernvertreter – das ist zum »new normal« geworden. Man hat sich an Meldungen wie jene Mitte 2017 gewöhnt, dass die frühere Ministerpräsidentin von Nordrhein-Westfalen, Hannelore Kraft (SPD), wenige Monate nach ihrer verlorenen Landtagswahl, Aufsichtsratsmitglied des Steinkohlekonzerns RAG wurde; oder – zur gleichen Zeit – der ebenfalls abgewählte Ministerpräsident von Schleswig-Holstein, Torsten Albig (ebenfalls SPD), der als Lobbyist zur DHL-Gruppe in Brüssel wechselte (vor seiner politischen Karriere war er Konzernsprecher der Dresdner Bank gewesen).[7] Die »Drehtüren« zwischen Politik und Wirtschaft laufen auf Hochtouren:[8] Der frühere Grüne Außenminister Joschka Fischer: berät Siemens, BMW und den Energiekonzern RWE; sein einstiger Chef, Exkanzler Gerhard Schröder: Aufsichtsratschef beim größten russischen Ölkonzern Rosneft;[9] Sigmar Gabriel (SPD), ehemals Wirtschafts- und Außenminister sowie Vizekanzler: strebte nur wenige Monate nach seinem Ausscheiden aus dem Ministeramt in den Verwaltungsrat von Siemens Alstom, bleibt aber Bundestagsabgeordneter;[10] der weniger prominente frühere Staatssekretär im Bundeswirtschaftsministerium und »Chefökonom« von Angela Merkel, Bernd Pfaffenbach: erhielt nach seiner Pensionierung einen Beratervertrag bei der US-amerikanischen Bank JPMorgan Chase; Dirk Niebel (FDP), der als Entwicklungshilfeminister über alle wichtigen Rüstungsgeschäfte abstimmte:[11] lobbyiert heute für den Rüstungskonzern Rheinmetall; in dessen Aufsichtsrat sitzt – welch eine Überraschung: der frühere Verteidigungsminister Franz Josef Jung (CDU);[12] der ehemalige Bundesbankchef Axel Weber: wechselte aus der Rolle des Bankenaufsehers zur Schweizer Großbank UBS; die Mutter aller Drehtürler in der jüngeren Vergangenheit: Matthias Wissmann (CDU), Duzfreund der Kanzlerin und fünf Jahre lang Verkehrsminister, der unmittelbar nach seinem Abschied aus dem Bundestag Präsident des Deutschen Automobilverbands wurde, was er bis Anfang 2018 war.[13] Wissmann und der frühere Staatsminister im Kanzleramt, Eckart von Klaeden, inzwischen Cheflobbyist beim Autobauer Daimler, nutzten im Zuge der Dieselaffäre ausgiebig ihre direkten Drähte ins Kanzleramt.[14]

Noch schneller drehen sich die Türen zwischen Politik und Wirtschaft in Brüssel, wie eine Analyse der Antikorruptions-Organisation Transparency International (TI) von 2017 zeigt.[15] Laut TI-Report wechselte jeder Dritte der 171 EU-

Abgeordneten, die seit der Europawahl 2009 aus dem Parlament ausgeschieden sind und nicht in Ruhestand gingen, zu einer im Lobbyregister der EU verzeichneten Organisation. Etwa der frühere FDP-Abgeordnete Holger Krahmer, der kein Jahr nach seinem Abschied aus Brüssel, wo er sich im Umweltausschuss auch mit der Regulierung der Autoindustrie beschäftigte, Direktor für Europäische Angelegenheiten bei Opel wurde.[16]

Bei den post-politischen Karrieren von 27 früheren EU-Kommissaren beträgt die Lobbyistenquote laut der TI-Studie sogar 55 Prozent: Prominentester Seitenwechsler, der sein Insiderwissen nach zehn Jahren Amtszeit in Brüssel mit einem hochdotierten Vertrag vergoldete, war der frühere Kommissionspräsident Manuel Barroso, der bei der US-Investmentbank Goldman Sachs anheuerte (deren langjähriger Topmanager Steven Mnuchin heute US-Finanzminister ist).[17] Der frühere Handelskommissar Karel de Gucht, der als Chefverhandler des Freihandelsabkommens TTIP aggressiv Industrieinteressen vertrat, sitzt inzwischen in den Aufsichtsräten des belgischen Telekomkonzerns Proximus, des weltgrößten Stahlkonzerns Arcelor-Mittal und des Vermögensverwalters Merit Capital, des Weiteren im Beirat der Kapitalanlagegesellschaft CVC Capital Partners in Luxemburg.[18] Andere Exkommissare nahmen Angebote der Bank of America an, während Volkswagen nach dem Bekanntwerden des Dieselskandals die frühere Klimaschutzkommissarin Connie Hedegaard in seinen neugegründeten Nachhaltigkeitsbeirat holte – wofür es keine Vergütung gebe, nur Spesenerstattungen, wie VW versicherte.[19] Und die ehemalige Wettbewerbs- und Digitalkommissarin Neelie Kroes, die in ihrer Amtszeit als Fürsprecherin des Taxivermittlers Uber aufgefallen war, wurde bei dem US-Unternehmen später Mitglied eines beratenden Strategiegremiums (u. a. neben dem früheren US-Verkehrsminister Ray LaHood).[20]

Die Gegenprobe auf der anderen Seite der Drehtür – also die Analyse der Herkunft von Lobbyisten in Brüssel – ergibt ein strukturell ähnliches Bild: Von 134 akkreditierten Lobbyisten der zehn einflussreichsten Lobbyorganisationen in Brüssel hatten laut TI-Report mindestens 20 Prozent zuvor für die EU gearbeitet – und noch mehr für nationale Regulierungsbehörden in den EU-Ländern. Google stach dabei besonders hervor, TI bezeichnet den Konzern als »den einflussreichsten Lobbyisten in Brüssel«, der eine »aggressive Abwerbepolitik durch die Drehtür« betreibe: 57 Prozent seiner akkreditierten Lobbyisten in Brüssel standen zuvor auf den Gehaltslisten europäischer Behörden. Kein anderes Unternehmen habe annähernd einen so guten Zugang zu höchsten EU-Stellen: Allein in den vergangenen zwei Jahren hätten sich Google-Lobbyisten 124 Mal mit EU-Kommissaren und deren engsten Mitarbeitern getroffen, im Schnitt also mehr als einmal wöchentlich. Für Wechsel zwischen Google und nationalen EU-Regierungen kommt das Google Tranparency Project (eine Initiative der Wächterorganisation Campaign for Accountability) sogar auf mindestens 80 Personen während der vergangenen zehn Jahre.[21] (Die Blaupausen dafür lieferten unter anderem Tim Chatwin, Chefkommunikator des früheren britischen Premiers David Cameron, der 2011 zu Google wechselte, sowie der langjährige Google-Chef und Multimilliardär Eric Schmidt, der zwischen 2009 und 2015 Camerons Wirtschaftsbeirat angehörte.)[22]

In seinem Stammland hat sich der Internetkonzern selbstredend eine noch größere Präsenz in der Politik verschafft. Dort dokumentierte das Google Transparency Project allein in der Ära Obama 258 Drehtür-Karrieren zwischen dem Konzern einerseits und der US-Regierung und dem Kongress andererseits.[23] Doch auch in den USA steht Google nur als ein herausragendes Beispiel für einen dramatischen Trend, wie eine Untersuchung des Politologen Jeffrey Lazarus von der

Georgia State University ergab:[24] Lazarus fand heraus, dass noch während der 1970er Jahre nur rund fünf Prozent der 435 Abgeordneten und 100 Senatoren nach ihren politischen Ämtern ins Lobbyfach wechselten; in den 1980er Jahren stieg der Prozentsatz auf acht Prozent (bei den Abgeordneten) bzw. 17 Prozent (bei den Senatoren); »während der 1990er Jahre beschleunigte sich dieser Trend dramatisch«, schreibt Lazarus, die Prozentsätze stiegen auf 35 bzw. 45 Prozent; bei den Kongressabgängern 2012 schließlich lag der Anteil der Volksvertreter, die fortan lobbyierten, bei 45 bzw. 57 Prozent (für die EU gibt es keine vergleichbaren Daten über den Drehtürlobbyismus im Zeitverlauf).[25] Dasselbe Bild ergibt die umgekehrte Analyse: Am liebsten sind den Konzernen Lobbyisten mit einschlägigen Verbindungen zur Macht, deshalb stellen frühere Kongressabgeordnete und Mitarbeiter von US-Behörden heute 44 Prozent aller Lobbyisten, 1998 waren es nur knapp 18 Prozent, schreibt der US-Politologe Paul Pierson.[26]

Der Drehtürmechanismus zwischen Politik und Wirtschaft funktioniert inzwischen absolut reibungslos und in größter Selbstverständlichkeit. Irgendwie hat man sich daran schon gewöhnt. Einzelne Aufschreie bei prominenten Wechslern wie Sigmar Gabriel, das war es dann auch schon. Doch diese Selbstverständlichkeit beschreibt genau, dass die gestiegene Quantität der Drehtürenwechsler in eine neue Qualität umgeschlagen ist. Der routinemäßige Übergang hochrangiger Expolitiker ins Konzernlager läuft jedoch deren Kernauftrag in der Demokratie diametral entgegen. Wenn es für EU-Kommissare und EU-Abgeordnete völlig selbstverständlich geworden ist, ihre politischen Karrieren mit lukrativen Anschlussposten in der Wirtschaft zu versilbern, wer wollte dann noch behaupten, dass zuvor das Gemeinwohl ihr zentrales Anliegen war? Und wie ist es um das Gemeinwohl bestellt, wenn die politische Laufbahn zum Sprungbrett ins höher dotierte Lobbylager verkommt?

»Die Regierung in die Tasche stecken«

Der international verbreitete Drehtürmechanismus ist eine Komponente im großen Strategiekalkül: Die alte Welt des Lobbyismus, in der Wirtschaftsvertreter in der Lobby eines Parlaments die Abgeordneten abpassten, um sie in ihrem Sinne zu bearbeiten, ist definitiv untergegangen. In der neuen modernen Lobbywelt sind Wirtschaft und Politik aufs engste zu einem industriell-politischen Komplex verflochten, oft eins geworden in ein- und derselben Person, die nur die Seiten gewechselt hat. Die Lobbyelite ist mit der politischen Elite in einem Ausmaß verschmolzen, dass Wirtschaftsinteressen informell mitregieren und die Interessensgegensätze von Industrie und Politik zu einer Interessenkoalition mutieren. Die vom Bürger an Abgeordnete delegierte Macht wird unter aller Augen sukzessive an marktbeherrschende Interessengruppen abgetreten.

»Lobbying hat sich in den vergangenen dreißig Jahren bedauerlicherweise gewandelt«, sagt der US-Ökonom Luigi Zingales:[27] »Ging es früher darum, Forderungen der Regierung irgendwie abzuwehren, ist das Ziel der Lobbyisten heute, die Regierung in die Tasche zu stecken.« Zwar ist Zingales Aussage auf die USA gemünzt, sie ist aber angesichts der Lobbypräsenz gerade der mächtigen transnationalen Konzerne ein globales Problem. So untermauert Zingales seine These vom alles durchdringenden Lobbyismus mit dem Beispiel des milliardenschweren Unternehmers und ehemaligen italienischen Ministerpräsidenten Silvio Berlusconi: »Er hat demonstriert, wie gefährlich es werden kann, wenn sich politische und wirtschaftliche Macht zu sehr vermischen.«

Das Paradebeispiel für die Verstrickung von Politik und Wirtschaft liefert die deutsche Automobilindustrie. Ihr ist es gelungen, sich als quasi staatstragende Branche zu etablieren, gegen die politisches Agieren nicht mehr vorstellbar erscheint. Es passiert selbst dann kaum etwas, wenn die Autokonzerne im großen Stil betrügen und täuschen. Kein einziger Arbeitsplatz würde vernichtet, müssten VW, Daimler und all die anderen ihre manipulierten dreckigen Autos auf eigene Kosten nachrüsten. Die Firmen fahren Rekordgewinne ein (VW verdoppelte seinen Nettogewinn 2017 auf 11,4 Milliarden Euro),[28] dennoch speist der Konzern seine Kunden mit billigen Software-Updates ab. Und die Politik weigert sich, das Geld bei den Firmen einzutreiben. Eher verrät sie Millionen Autobesitzer.

VW & Co. sind sakrosankt, unangreifbar, so wie früher die großen deutschen Energieversorgungskonzerne, so wie die Waffenbranche in den USA. Ihr Schicksal wird – wirtschaftlich oder ideell – zum Schicksal des ganzen Landes erklärt. Das Wohlergehen der Konzerne ist Staatsräson. Die Verkehrsminister jeglicher Coleur: lupenreine Autominister. Die Wirtschaftsminister aller Parteien: reden gern über den »kleinen Handwerker« und »den Mittelstand«, aber kämpfen vor allem für Konzerninteressen und »nationale Champions«. Die Kanzlerin: eine Bankenretterin, die 2009, nach dem Ausbruch der Finanzkrise, im Kanzleramt auf Steuerzahlerkosten eine Geburtstagsparty für den damaligen Deutsche-Bank-Chef Josef Ackermann ausrichtete.[29] Das ehemalige Vorstandsmitglied eines Autokonzerns berichtete mir einmal, es sei völlig normal, dass der Vorstandschef die Kanzlerin im Zweifelsfall persönlich anruft.

Die Vermischung von Interessen einzelner Konzerne und jenen der Allgemeinheit ist inzwischen so alltäglich, dass sie von den Regierenden (und den Regierten) gar nicht mehr als problematisch wahrgenommen wird, sondern als hilfreich, ja sogar als notwendig verteidigt wird mit dem Argument, man benötige den Sachverstand der Experten aus Wirtschaftsverbänden und Unternehmen. Die Konzerne werden eingeladen, sich die Welt zu schaffen, die vor allem ihren eigenen Interessen dient. »In der Finanzwirtschaft etwa konnte ein Bankenaufseher früher noch nachvollziehen, was ein Institut wie die Deutsche Bank tut«, sagt der Finanzexperte der Grünen, Gerhard Schick. »Heute sind die regulatorischen Vorgaben und die Finanzprodukte derart komplex, dass die Bankenmanager oft selber nicht mehr alles überblicken – und noch weniger die Beamten in der Finanzaufsicht.« Umso plausibler kann dann begründet werden, warum Konzernvertreter wie selbstverständlich in Prozesse der Gesetzgebung eingebunden werden. Wie bei der 2018 in Kraft getretenen EU-Finanzmarktrichtlinie, die Transparenz in den Wertpapierhandel bringen und den Verbraucherschutz verbessern soll. Tatsächlich, so kommentierte selbst die bankenfreundliche Frankfurter Allgemeine Zeitung, schaffe die 20 000 Seiten starke Richtlinie »mehr Unübersichtlichkeit«, die den Banken »Schlupflöcher« und »Hintertüren« eröffne«[30] – Schlupflöcher und Hintertüren, die just von den Branchenlobbyisten mit ersonnen wurden. Ein grandioser Erfolg für die Finanzkonzerne.

Der Know-how-Vorsprung der Konzerne, das Erpressungspotential durch ihre schiere Marktmacht, das Belohnungssystem durch die Drehtüren, die personellen Verflechtungen bis hinauf in höchste Staatsämter – all das sind Bausteine einer neuen Form des Lobbyismus, der weit über das Politische im engeren Sinn hinausreicht, wie in diesem und den folgenden Kapiteln noch gezeigt wird. Dieser neue Lobbyismus, ermöglicht durch die explodierende Finanzkraft der Konzerne, die mitunter größer ist als die ganzer Staaten, erschöpft sich nicht in der Abwehr und Beeinflussung von Regulierungsvorhaben des Staates. Der Lobbyismus der Gegenwart bearbeitet strategisch und aggressiv gesellschaftliche Strukturen, um die Konformität von Konzerninteressen und Gemeinwohlinteressen zur allgemein akzeptierten Erzählung zu machen und den politisch-industriellen Komplex zu legitimieren. Am Ende soll alles erlaubt sein, was den Konzernen dient. Auch der Kauf von Präsidentenplänen.

So soll der persönliche Anwalt von US-Präsident Trump Medienberichten zufolge Millionen Dollar von globalen Großkonzernen kassiert haben, um ihnen »Einblick« in Trumps Regierungsgeschäfte zu liefern. Befüllt wurde die schwarze Kasse unter anderem von Unternehmen wie dem Telekommunikationskonzern AT&T (600 000 Dollar), der eine kartellrechtlich heikle Fusion mit dem Medienmulti Time Warner plant, und vom Schweizer Pharmakonzern Novartis (1,2 Millionen Dollar). Auf seiner Website verpflichtet sich Novartis unter der Überschrift »unsere Verantwortung« einer »ethisch einwandfreien Geschäftsführung« und »Transparenz im Gesundheitswesen« – es sind leere Versprechungen, Lügen, wie man jetzt feststellen muss. Denn für Novartis widersprach es offensichtlich nicht seiner »ethisch einwandfreien Geschäftsführung«, auf das Verkaufsangebot eines dubiosen Anwalts einzugehen. Wie der Pharmakonzern nach der Enthüllung selbst erklärte, habe man die Zusammenarbeit mit Trumps Anwalt eingestellt, weil der »unfähig« gewesen sei, »die erwarteten Dienste zu leisten«. Zur Sache selbst – sich mit Millionen heimlich Zugang zu einem Präsidenten über dessen Vertrauten zu kaufen – sagte der Konzern: nichts.[31]

Davos: Konzernideologie auf der Weltbühne

Aufschlussreich ist auch der Hinweis von Novartis, Medienberichte seien falsch, wonach es eine Verbindung gebe zwischen dem Millionenhonorar für Trumps Anwalt und einem Abendessen von Trump mit dem Novartis-Chef beim World Economic Forum (WEF) Anfang 2018 in Davos. Im exklusiven Schweizer Wintersportort treffen sich jedes Jahr im Januar seit 1971 etwa 3000 Staats- und Regierungschefs, Konzernlenker, Wissenschaftler, Währungshüter und Medienschaffende, um – so die großspurige Selbstverpflichtung – »den Zustand der

Welt zu verbessern.« Von Bill Clinton bis zum chinesischen Staatschef und Angela Merkel, von Sergey Brin (Google)[32] bis zu Martin Winterkorn (damals noch Audi-Chef)[33] und eben zum Novartis-Chef waren alle schon da und kommen immer wieder. Davos ist ein einziges mehrtägiges Geschäftsessen von und für Millionäre und Milliardäre, und es ist letztlich unerheblich, was der Novartis-Chef dort im Detail mit Trump besprach. Wichtig ist, dass sie sich trafen und sich ihrer gemeinsamen Interessen versicherten, dass sie den Davos-Konsens der Eliten bekräftigten, die Welt nach ihren Vorstellungen zu gestalten.

Bei diesem Treffen, finanziert vor allem durch Beiträge der Partnerunternehmen (von Alibaba bis Volkswagen, von Facebook bis Dow Chemical, von der Deutschen Bank bis Goldman Sachs),[34] verschwinden die Grenzen zwischen Wirtschaft und Politik, zwischen Regulierern und Regulierten, verflüchtigt sich das Primat der Politik. Die exklusiven Gäste in Davos repräsentieren das oberste eine Prozent der Weltbevölkerung. Kein Setting ist ungeeigneter, dem Expansionsdrang dieser Männer (es sind nur wenige Frauen) und ihrer Konzerne Grenzen zu setzen oder ihnen auch nur den Gedanken nahezubringen, dass der beklagenswerte Zustand der Welt und die Lage der anderen 99 Prozent die Folge just ihres Handelns sind. In Davos wird erfolgreich die weitgehende Konformität von Konzerninteressen und Gemeinwohlinteressen propagiert: Wenn es den Konzernen gutgeht, geht es auch ihren Mitarbeitern, ihren Ländern, der Welt gut; je ungehinderter von irgendwelchen Regulierungen sie agieren und Profite einstreichen können, umso wahrscheinlicher fällt auch etwas ab für alle anderen. Davos, das ist die offizielle Bühne des industriell-politischen Komplexes, der Welt-Standort für globale Ideologieproduktion. Auf seinen Podien ist zu besichtigen, wie sich wirtschaftliche Macht in konkrete politische Macht verwandelt hat, wie sich die Idee vom souveränen Staat mit demokratischen Regeln schleichend in Konzerninteressen auflöst.

Übertrieben? 1999 traf sich der deutsche WEF-Gründer Klaus Schwab in einem Bostoner Restaurant mit einem Journalisten des Wirtschaftsmagazins Forbes. Der erste Satz des Artikels führt Schwab so ein:»Heute treffen wir uns zum Mittagessen mit einem Premierminister. Ok, er ist nicht wirklich ein Premierminister, aber er strahlt diese Art von Macht aus.« Im weiteren Verlauf des Textes weist Schwab weit von sich, eine»Weltregierung« installieren zu wollen; es gehe ihm allein darum, weltweite Allianzen zu schmieden und globale Entscheidungsprozesse für die großen Probleme der Welt voranzutreiben. Dabei ist Klaus Schwab, wie er dem Reporter sagt, überzeugt:»The sovereign state has become obsolete« – der souveräne Staat ist überflüssig geworden.[35] Das ist mehr als bemerkenswert: Ein durch keine Wahl legitimierter, zu keiner Rechenschaft verpflichteter, den meisten Menschen unbekannter Privatmann wird von einem international bekannten Wirtschaftsmagazin zum»gefühlten« Premierminister der Welt ausgerufen, der umgehend den souveränen Staat für überfordert und zum Auslaufmodell erklärt.

Der Anspruch der Davoser ist tatsächlich umfassend. 2010 trug die Jubiläumsschrift zum vierzigjährigen Bestehen des WEF den Titel»The World Economic Forum – A Partner in Shaping History«. Im gleichen Jahr[36] legte das WEF einen 600 Seiten dicken Report vor, sein Titel:»Global Redesign Initiative«, kurz GRI.»Diese Initiative spiegelt am besten wider, wie sich Unternehmen und andere Eliten die zukünftige Steuerung der Welt vorstellen«, schreibt Harris Gleckman von der University of Massachusetts in Boston.[37] Die Global Redesign Initiative sei»die kohärenteste Präsentation eines postnationalstaatlichen, globalen Steuerungssystems«.

Im Zentrum der neuen Weltordnung à la WEF stehen – wie zu erwarten – Konzerne, um die herum diverse Inter-

essengruppen (»stakeholder«) angeordnet sind: »Kunden«
und »Gläubiger«, »Eigentümer« und »Lieferanten«, auch
»Regierungen« und die »Gesellschaft« werden als Anspruchs-
gruppen erwähnt. Die dahinter stehende Idee: Je weniger sich
Nationalstaaten um Lösungen für die drängenden globalen
Probleme und Konflikte bemühen, desto mehr sollten sich sogenannte Multi-Stakeholder-Gruppen dieser Probleme annehmen – einberufen, geführt und finanziert von jenen großen
Konzernen, die sich dazu legitimiert fühlen. Im GRI-Report
werden diese Multi-Stakeholder-Gruppen auch als »Koalitio-
nen der Willigen und Fähigen« bezeichnet.

Seit Jahrzehnten diskutiert der Millionärs- und Milliar-
därsclub in Davos Lösungsvorschläge für praktisch alle Probleme dieser Welt und gießt sie anschließend in Strategiepa-
piere und dicke Reports über Themen, Länder, Kontinente.
Von der Überfischung der Meere bis zum Klimawandel, vom
Umbau der Gesundheitssysteme und Landwirtschaften bis zur
Elektromobilität, von der globalen Ungleichheit bis zur neuen
Rolle der Frauen in der Welt – die Davoser lassen kein Thema
unbearbeitet. Und stets sind die Rezepte so, dass sie den beteiligten Konzernen dicke Geschäfte versprechen: Nestlé & Co.
geloben, die wachsende Weltbevölkerung zu ernähren; die
Finanzindustrie beteuert, überfällige innovative Geschäftsmodelle in Entwicklungsländern mit Kapital zu versorgen; und
die Internetkonzerne erzählen, wie sie den Bürgern der Welt
durch Vernetzung ein besseres, leichteres, schöneres Leben ermöglichen.[38]

Wie der industriell-politische Komplex regiert

Die Davoser meinen es ernst, sie produzieren keine folgenlosen
Hochglanzbroschüren. Was beim WEF lanciert, erdacht, be-
sprochen, abgestimmt wird, hat konkrete Folgen, es greift tief

in die Realität von Menschen auf der ganzen Welt ein. Beim Treffen 2018 stellte das WEF beispielsweise ein Konzept vor, das Flugreisende zu einem »zentralen Akteur der öffentlichen Sicherheit« mache. Erarbeitet wurde es unter Mitarbeit von Google, Interpol, Visa, SAP, den Hotelketten Marriott und Accor und dem US-Heimatschutzministerium. Das WEF-Konzept läuft darauf hinaus, Reisende in zwei Klassen einzuteilen: diejenigen, die bereit sind, vor der Reise ihre »digitale Identität« freiwillig mit den Behörden zu teilen, dazu gehören biometrische Daten, Reisehistorie, Bankdaten, Hotelübernachtungen, Mietwagenbuchungen, Dokumente von Universitäten, Ämtern, Impfdaten usw.; und diejenigen, die ihre persönliche Digital-Datenbank nicht »freiwillig« füttern. Das WEF stellt klar, welcher Typ Traveller erwünscht ist: »Die Reisenden müssen die Gelegenheit bekommen, die passive Rolle zu verlassen und eine aktive Partnerschaft im Sicherheitsprozess zu spielen. Wer sich entscheidet, seine digitale Identität zu teilen (…) wird durch eine stärker personalisierte und reibungslose Reise belohnt.« Im Klartext: Wer sich digital auszieht, wird schneller abgefertigt. Wer bockt, muss Schlange stehen und weckt staatliches Misstrauen.

Das Konzept ist kein Sandkastenspiel. In Davos gab das WEF bekannt, dass die Grenzbehörden Kanadas und der Niederlande 2018 einen Pilotversuch starten. Der Wirtschaftsautor Norbert Häring kommentierte das so: »Selbst die Verkündung des Pilotprojekts übernahm das WEF und nicht die beteiligten Regierungen. Es klänge ja auch nicht gut, wenn die niederländische Regierung verkünden würde: ›Wir haben uns bereit erklärt, unsere Bürger, die nach Kanada reisen, als Versuchskaninchen für ein totalitäres Überwachungssystem anzubieten, das sich die amerikanischen Technologiekonzerne und Datenkraken zusammen mit der Homeland Security für uns ausgedacht haben.‹« Wenn der Versuch zur freiwilligen Selbstüberwachung beim Reisen erfolgreich verlaufe, könne das Plattformkonzept sein »großes Potential« auch in anderen Bereichen entfalten, verlauten das Heimatschutzministerium, Google & Co. in ihrem Konzept: Gesundheit, Bildung, Erziehung, Wahlen, Bankenwesen … Das soll schon ab 2020 geschehen.[39]

Das Beispiel ist kein Einzelfall: 2013 diente das WEF auch als Bühne für die Präsentation der frisch etablierten Better Than Cash Alliance, deren Ziel es ist, Bargeld abzuschaffen und durch digitales Bezahlen zu ersetzen. Die Gründer der »Bewegung«, wie sie sich selber nennt, sind unter anderem Visa, Mastercard und das Netzwerk des eBay-Gründers Pierre Omidyar sowie die Stiftungen von Ford, Citibank und Bill und Melinda Gates (Microsoft). Dass eine UN-Institution als Schirmherrin fungiert und staatliche Entwicklungshilfeagenturen und Regierungen Mitglieder sind, dient der Antibargeld-Allianz als Deckmantel. Hilfreich für die erfolgreiche Expansion der Tech- und Bankenmultis in Afrika, Asien und Lateinamerika ist auch das Argument, elektronisches Bezahlen verhelfe dort Millionen von Menschen, vor allem den Ärmeren, zu »finanzieller Inklusion«. Das ist nicht per se falsch, aber richtig ist auch, dass die beteiligten Konzerne ein massives Profitinteresse treibt, das sich – wie beim Reisen mit »digitaler Identität« – unheilvoll mit staatlichen Kontroll- und Überwachungsinteressen verknüpft. In Indien, das Mitglied der Anti-Bargeld-Allianz ist, löste der Premierminister Ende 2016 ein Chaos aus, als er ohne Vorwarnung die beiden am meisten verbreiteten Banknoten aus dem Verkehr zog. Wer sein Geld nicht verlieren wollte, musste es auf die Bank bringen und ein Konto eröffnen. Dass dadurch, wie behauptet, das Land in Zukunft gegen Korruption und Schwarzgeld gefeit ist, kann niemand ernsthaft glauben. Sicher ist indes, dass den Banken und Internetkonzernen von Staats wegen neue Kunden zugetrieben werden, mit deren Transaktionsgebühren und Daten private Profite erzeugt werden.[40]

»Drecksforschung«

Der Gestaltungsanspruch der Konzerne ist grenzenlos. Die Beispiele aus Davos zeigen den neuen Lobbyismus, der sich rücksichtslos so fundamentaler gesellschaftlicher Fragen bemächtigt wie Grenzkontrollen und Bargeldversorgung. Da ist es nur konsequent, dass die Konzerne auch Forschung und Wissenschaft längst ins Visier genommen haben. Zu den obszönsten Enthüllungen gehört zweifellos jene aus dem vergangenen Jahr, als bekannt wurde, dass Affen im Labor stundenlang Auspuffgase einatmen mussten – so sollten die Gesundheitsgefahren durch Dieselschadstoffe verharmlost werden. Forscher machten auch Tests mit Menschen, die in geringen Mengen Stickstoffdioxid einatmeten. Hinter den Versuchen stand die von BMW, Daimler, VW und Bosch gegründete »Forschungseinrichtung für Umwelt und Gesundheit im Transportsektor« (EUGT), eine Lobbyvereinigung für die Dieseltechnologie. Die ertappten Autobosse zeigten sich pflichtgemäß »erschüttert«, die Vorgänge seien »unethisch und abstoßend«. Das bezog sich allerdings auf die Abgastests an den Affen und Menschen – nicht auf den Missbrauch der Wissenschaft. Doch genau davon muss man sprechen, wenn selbstproduzierte Forschungsergebnisse für PR-Zwecke verwendet und Wissenschaftler unter Druck gesetzt werden. Denn wie die Süddeutsche Zeitung damals berichtete, versuchte der inzwischen aufgelöste Autolobbyverein, die Weltgesundheitsorganisation, die Dieselabgase schon früher als krebserregend eingestuft hatte, von einer weiteren Untersuchung abzuhalten.[41]

Unabhängige Wissenschaftler passen nicht zur interessengeleiteten Konzernwelt, auch sprachlich ist man deshalb nicht zimperlich. »Drecksforschung« – so nannte etwa der frühere Vorstandschef des US-Konzerns Monsanto kritische Arbeiten von Wissenschaftlern über das Pestizid Glyphosat. Für den Glyphosatentdecker und -hersteller Monsanto, der jetzt im deutschen Bayer-Konzern aufgeht, ist die Wissenschaft zwangsläufig eines der großen Kampffelder. Und der Konzern zieht sämtliche Register.

Eine nicht unerhebliche Rolle im Kampf um das umstrittene Ackergift spielt der industrienahe Toxikologe Helmut Greim, über den das ARD-Magazin Monitor bereits Ende 2016 berichtete. Als »unabhängiger Sachverständiger« im Bundestag, in Expertengremien der EU und vor Gericht referiert der Wissenschaftler seit Jahrzehnten zu Themen wie Stickoxide in Dieselabgasen oder PCB in Holzschutzmitteln. Er brachte dabei stets zum Ausdruck, dass die Gefahren beherrschbar seien und schärfere Grenzwerte im Grunde unangebracht. Der emeritierte Professor der TU München leitete auch den wissenschaftlichen Beirat jenes Autolobbyvereins, der die Abgasstudie mit Affen und Menschen beauftragte. Über Glyphosat, das die Krebsforschungsagentur (IARC) der Weltgesundheitsorganisation 2015 einstimmig als »wahrscheinlich krebserregend« einstufte, sagte Helmut Greim im Landwirtschaftsausschuss des Bundestags: »Ich habe eigentlich überhaupt kein Verständnis über die ganze Aufregung. Es ist nicht krebserzeugend.« Das ist auch der Tenor einer Studie von ihm, deren Koautor ein Monsanto-Mitarbeiter war. Dass er für seine Expertise vom Glyphosathersteller bezahlt wurde, gab er freimütig zu: »Würden Sie vielleicht irgendwas tun, ohne dass Sie bezahlt werden? Nur für die freundlichen Augen?« Er räumte auch ein, für eine Veröffentlichung einmal 3000 Euro von Monsanto erhalten zu haben, außerdem »etwa das Doppelte« für die Teilnahme an einem Expertenpanel, und zwar auf Umwegen von einer von Monsanto beauftragten Agentur.[42] Beeinflusst worden sei er dadurch aber nicht; wenn sein Urteil mit dem Monsantos übereinstimme, dann sei das eben Zufall, aber nicht Ausdruck seiner Abhängigkeit.[43]

Kommen Wissenschaftler zu Ergebnissen, die Monsantos

Geschäftsinteressen schaden könnten, reagiert der Konzern mit aller Macht. In einem Fall verzichtete ein Fachmagazin auf die Veröffentlichung eines Glyphosat-kritischen Beitrags, nachdem es die Einschätzungen »unabhängiger« Wissenschaftler zu dem eingereichten Beitrag eingeholt hatte; zu diesen »Unabhängigen« gehörte auch ein Monsanto-Mitarbeiter, der erwartbar urteilte, die Studie solle »sofort abgelehnt werden«. In einem anderen Fall bekam der französische Toxikologe Gilles-Eric Séralini die Macht von Monsanto zu spüren, nachdem er 2012 eine kritische Studie zu Glyphosat publiziert hatte. Kurz danach trafen bei dem Fachmagazin 25 Leserbriefe von Glyphosat-freundlichen Wissenschaftlern aus 14 Ländern ein – offenbar eine von Monsanto konzertierte Aktion. In der E-Mail eines Monsanto-Mitarbeiters (es ist derselbe, der dem deutschen Toxikologen als Koautor diente) heißt es, der Chefredakteur brauche dringend Leserbriefe, um etwas unternehmen zu können, er selbst habe »erfolgreich mehrere Sachverständige dazu gebracht, Briefe an den Herausgeber« zu schicken. Ein halbes Jahr später berief das Fachblatt einen früheren Monsanto-Mitarbeiter in seinen Beirat, und ein weiteres halbes Jahr später zog das Blatt die kritische Veröffentlichung wieder zurück.

Ginge es nicht um ein so ernsthaftes Thema wie ein möglicherweise krebserregendes Ackergift, könnte man es als kurios bezeichnen, dass einige dieser Leserbriefe Jahre später wieder im Rang von »Studien« auftauchten, und das ausgerechnet bei der für Glyphosat wichtigsten europäischen Behörde. Die Rede ist vom Bundesinstitut für Risikobewertung (BfR), das zum Geschäftsbereich des Landwirtschaftsministeriums gehört und mehrfach zum Ergebnis kam, Glyphosat sei nicht gefährlich. Bei einer erneuten Bewertung im Auftrag der EU kam ans Licht, dass das BfR bei der Auswertung von Glyphosatstudien auch 14 jener Leserbriefe an das Fachjournal berücksichtigt hatte – das BfR führt sie in einer Tabelle als »Studien« auf. Und zehn der 14 als »Studien« eingestuften Leserbriefe stammen von Monsanto-Mitarbeitern oder von Absendern, die dem Umfeld des Konzerns zugeordnet werden können.

Viele dieser Details sind als »Monsanto Papers«[44] in Gerichtsverfahren bekannt geworden, in denen sich der Konzern in den USA wegen seines Unkrautvernichtungsmittels Roundup (mit dem Wirkstoff Glyphosat) gegen Sammelklagen zur Wehr setzt. Die Kläger, von denen viele in der Landwirtschaft arbeiten, behaupten, Roundup habe bei ihnen Lymphdrüsenkrebs ausgelöst. Tatsächlich scheint Monsanto seit langem selbst zu wissen, wie gefährlich das Unkrautgift sein könnte. So taucht in den »Monsanto Papers« die E-Mail einer Konzern-Toxikologin auf, in der sie schreibt: »Man kann nicht sagen, dass Roundup nicht krebserregend ist. Wir haben nicht die nötigen Tests durchgeführt, um diese Aussage zu machen.« In anderen E-Mails wird – offenbar in Vorahnung der Krebswarnung der Krebsforschungsagentur IARC – davon gesprochen, man sei auf mehreren Gebieten »verwundbar«, man habe »keine direkten Tests« zur »krebserregenden Wirkung« von Roundup durchgeführt; weitere Studien wären »zu riskant«; oder: »Möchte nicht die Aufmerksamkeit auf die Toxizität unseres Produkts lenken«; oder: »Glyphosat ist OK, aber das formulierte Produkt (gemeint ist das Endprodukt Roundup, in dem noch andere gefährliche Chemikalien stecken; Anm. d. Autors) verursacht den Schaden«. In ihren E-Mails diskutieren die Monsanto-Wissenschaftler auch, ob das Unternehmen als Ghostwriter Artikel schreiben soll, die dann von bekannten Wissenschaftlern – darunter auch der deutsche Sachverständige Helmut Greim – nur noch editiert und unterschrieben werden. Und schließlich zeigen die »Monsanto Papers«, wie der Konzern ein Team von Wissenschaftlern und Lobbyisten engagierte, die einen »orchestrierten Aufschrei« gegen die Aussage der Krebsforschungsagentur entfachen sollten; die IARC sollte als eine Organisation diskreditiert werden, die »fragwürdige und politisch aufgeladene Entscheidungen« trifft.[45]

Der Fall Monsanto-Bayer-Glyphosat erinnert fatal an die schon legendäre Geschichte der Tabakindustrie, die im vergangenen Jahrhundert die Gefahren des Rauchens jahrzehntelang bestritt und an die Auseinandersetzungen um die Ursachen des Klimawandels (siehe folgendes Kapitel 3). Das Buch »Merchants of Doubt« (»Die Machiavellis der Wissenschaft«)[46] beschreibt die Mittel, mit denen »Big Tobacco« früher und »Big Oil« heute gegen den wissenschaftlichen Konsens agitieren: wie sie – angeleitet durch ein regelrechtes »Playbook« – die öffentliche und wissenschaftliche Meinung manipulieren durch bestellte Studien und bestochene Wissenschaftler, wie sie Netzwerke angeblich unabhängiger Thinktanks steuern und Gegenpublikationen organisieren, wie sie kritische Wissenschaftler persönlich angreifen und auf emotionale Bilder setzen. So wie jener US-Senator, der am Rednerpult im Kongress mit einem Schneeball in der Hand sprach, als Beweis dafür, dass der Klimawandel doch irreal sein müsse, wenn es draußen noch schneie.[47]

Im Kampf um die Deutungshoheit setzen die Konzerne darauf, dass Forschung ein ergebnisoffener und prinzipiell unabgeschlossener Prozess ist. Seriöse Naturwissenschaft kann deshalb bei komplexen Fragestellungen keine hundertprozentigen Belege vorweisen. Dieser Grundsatz wird argumentativ verdreht in die gebetsmühlenartig vorgetragene Forderung: »The sciene is not settled«, »We need more research«[48] – es müsse noch mehr geforscht werden, bevor die Politik Entscheidungen treffen könne.

Man kann zu dieser Argumentation auch salopp sagen: »Zuerst muss die Leiche da sein, bevor gehandelt wird.« Das Gegenteil dieser fälschlich genannten »science based« Vorgehensweise ist das Vorsorgeprinzip, auf das sich die Völkergemeinschaft zum Beispiel auf der UN-Konferenz in Rio de Janeiro geeinigt hat und das auch im Europäischen Primärrecht (Vertrag von Lissabon) verankert ist. Danach sollen bei wissenschaftlicher Unsicherheit und nach einer Zweck-Mittel-Abwägung potentiell gefährliche Substanzen eben nicht zugelassen werden, bevor deren Unschädlichkeit nicht bewiesen ist. Die Konzerne versuchen seit Jahren auf allen Ebenen – gerade auch in den internationalen Handelsabkommen –, dieses Prinzip zu verwässern oder zu eliminieren. Sollte ihnen das gelingen, würden eine weitere Errungenschaft für das Gemeinwohl wegbrechen und die Herrschaft der Konzerne gestärkt.

Konzerne kaufen Wissenschaft

Die systematischen Versuche der Konzerne, sich des lästigen Vorsorgeprinzips zu entledigen, ist Teil einer logischen Strategie. Die Konzerne beschränken sich nicht mehr darauf, externe Wissenschaftler zu beeinflussen und gegebenenfalls zu diskreditieren, sondern dringen tiefer ein in den Wissenschaftsbetrieb, in die Universitäten selber, um Einfluss von innen zu nehmen. Weil dort Erkenntnisse erarbeitet werden, die hochrelevante gesellschaftliche Entscheidungen beeinflussen können, von der Energieversorgung bis zur Gesundheits- oder Verkehrspolitik. Universitäten sind deshalb zunehmend Zielobjekte des neuen Lobbying, das sich auf enorme Finanzmittel stützen kann. In Frage gestellt wird so die im Grundgesetz verbriefte Unabhängigkeit und Freiheit von Forschung und Lehre. Wie sehr diese gefährdet sind, zeigen unzählige Hörsäle an deutschen Hochschulen, die nach ihren Geldgebern aus der Wirtschaft benannt sind und deren Logos tragen. Immer mehr Beispiele zeugen davon, wie die notwendige Distanz zwischen privaten Unternehmen und öffentlichen Bildungseinrichtungen verschwindet. So wirbt das Karlsruher Institut für Technologie (KIT) auf seiner Internetseite:»Benennen Sie einen Hörsaal/Seminarraum oder sogar ein ganzes Gebäude nach dem Namen Ihres Unternehmens! (…) Profitieren Sie von einem positiven Imagetransfer als Unternehmen mit gesellschaftlichem Engagement sowie durch Veranstaltungen im ›eigenen Hörsaal‹. Platzieren Sie sich als Arbeitgeber und Partner des KIT und erreichen Sie unsere rund 25 000 Studierenden. Wir kommunizieren den Namen Ihres Unternehmens über unsere Kommunikationskanäle.«[49]

1,4 Milliarden Euro[50] »investiert« die Wirtschaft heute in die deutschen Hochschulen, eine weitere halbe Milliarde kommt von Stiftungen. Diese privaten »Drittmittel«[51] sind unverzichtbare Einnahmequellen für die Hochschulen und seit 2006 kräftig gestiegen. Gestiegen ist auch die Zahl der von Stiftungen und Unternehmen gespendeten Lehrstühle, laut amtlicher Statistik seit 2010 um mehr als dreißig Prozent auf 806 im Jahr 2016; insgesamt dürfte es in Deutschland rund 1000 Stiftungsprofessoren geben.[52] Die Volkswagen-Stiftung und Volkswagen, Bayer, Siemens und Novartis, die Wirtschaftsberater von PricewaterhouseCooper und der Atom-Konzern Vattenfall, Deutsche Telekom und Deutsche Bank, der Verband der Automobilindustrie e.V. – alle sind oder waren schon beim Lehrstuhl-Kaufen dabei. An der TU Berlin bezahlte die Stiftung der Zuckerindustrie einen Lehrstuhl für Lebensmittelverfahrenstechnik, an der Uni Erlangen-Nürnberg finanziert Nestlé eine Professur für klinische und experimentelle Ernährungsmedizin. Audi unterstützt Lehrstühle in Ingolstadt, Friedrichshafen, Dortmund und Heilbronn. In Erlangen-Nürnberg bezahlte der Autobauer fünf Jahre lang die Professur für Personalmanagement und Arbeitsorganisation in technologieorientierten Unternehmen, deren Inhaber der langjährige Personalvorstand und Arbeitsdirektor der Audi AG ist. Sein Gehalt bezahlt inzwischen zwar der Staat, doch der Ex-Audi-Mann hält immer noch seine sogenannten

»Audi-Vorlesungen«, gemeinsam mit amtierenden Audi-Managern.[53]

So gewinnen die Konzerne, weithin unbemerkt, Einfluss auf das, wonach geforscht und was gelehrt wird. Etwa an der Uni Potsdam, wo der Mitgründer und langjährige Vorstandssprecher des Softwarekonzerns SAP, der Multimilliardär Hasso Plattner, mehr als 200 Millionen Euro für ein Softwareinstitut stiftete.[54] Oder in München und in Heilbronn, wo die Stiftung eines anderen Multimilliardärs, des Discounter-Königs Dieter Schwarz (Kaufland, Lidl),[55] in den nächsten Jahren 20 Professoren im Bereich Wirtschaftswissenschaften bezahlt. Die Presse schätzte den Wert des Engagements auf 100 bis 200 Millionen Euro, weil die Schwarz-Stiftung die Lehrstühle nicht wie üblich nur für fünf bis acht Jahre finanziert, sondern bis zur Emeritierung der Wissenschaftler, Pensionsrückstellungen inklusive. Der Präsident der TU München hat die Großspende ein »gigantisches Kaliber« genannt, 20 Stiftungsprofessuren auf einen Schlag, »das hat es unseres Wissens bisher überhaupt nicht gegeben«.[56] Eine weitere Million Euro hat die TU München jüngst auch vom »Exzellenzpartner« Google zugesagt bekommen. Der Internetriese unterstützt Nachwuchswissenschaftler, die sich mit Robotik und künstlicher Intelligenz beschäftigen.[57]

Der Anteil der Lidl-, Audi- oder Deutsche-Bank-Professoren an allen deutschen Hochschullehrern liegt erst bei gut zwei Prozent.[58] Gleichwohl verschaffen die Lehrstühle den Unternehmen einen exklusiven neuen Zugang zu einem einst exklusiv staatlichen Bereich. Wie problematisch das werden kann, illustriert das Beispiel der Universität Mainz in Rheinland-Pfalz, die einen Kooperationsvertrag mit der Boehringer-Ingelheim-Stiftung, ebenfalls in Mainz, einging. Die »gemeinnützige« Stiftung wurde von einem Gesellschafter des Pharmakonzerns Boehringer Ingelheim errichtet, in dessen Beirat – Achtung »Drehtür« – bis Mitte 2017 der ehemalige rheinland-pfälzische Ministerpräsident Kurt Beck (SPD) saß.[59] Der Kooperationsvertrag mit der konzernnahen Boehringer-Stiftung garantiert der Universität einen Zuschuss von weit über 100 Millionen Euro für die biologische Forschung und war und ist hochumstritten. Als ein Journalist auf Herausgabe des Kooperationsvertrags klagte, verabschiedete Rheinland-Pfalz 2016 ein neues Transparenzgesetz, das ausgerechnet die Wissenschaft vor allzu tiefen Einblicken der Öffentlichkeit schützt. Das sei schlicht perfide, klagte der Anwalt Carl Christian Müller in einer Verfassungsbeschwerde gegen das Transparenzgesetz: »Zuge-spitzt formuliert: Milliardenschweren Unternehmen wie Boehringer und Co. wurde ein privatnüziges Gesetz serviert. Zudem geht mit der Beschränkung der Informationsfreiheit auch eine Gefährdung der Wissenschaftsfreiheit einher.« Müller argwöhnt, dass der »klandestin verhandelte« Drittmittelvertrag zwischen Uni und Stiftung und das Verfahren auf Herausgabe der Vertragskopien der wahre Grund für die massive Einschränkung der Informationsfreiheit waren. Zudem musste der Universitätspräsident einräumen, dass die Vereinbarung mit der Stiftung dieser de facto ein Vetorecht bei der Berufung von Professoren einräume. Nach öffentlichem Druck und scharfer Kritik auch durch den Deutschen Hochschulverband wurden die Verträge überarbeitet und schließlich auch veröffentlicht, dennoch werden der Stiftung weiterhin gewisse Mitwirkungsrechte bei der Personalauswahl eingeräumt und damit Einflussmöglichkeiten auf die Forschungsausrichtung der Universität. Als eine der maßgeblichen Figuren hinter diesen Vorgängen gilt der frühere Vorstandschef von Boehringer Ingelheim, Andreas Barner. Er gehört dem Vorstand der Stiftung an und ist: Vorsitzender des Hochschulrats der Mainzer Uni. Er sitzt also praktischerweise auf beiden Seiten des Tischs.[60]

Die Grenzen zwischen Wirtschaft und Wissenschaft zerfließen. Der Staat gibt Raum frei, er gibt es auf, einen neutralen Rahmen zu schaffen für ergebnisoffene Forschung und unabhängige Wissenschaft, die diesen Namen verdienen. Er schützt »die letzte Instanz der modernen Gesellschaft« (Peter Weingart) immer weniger davor, zum Instrument und Dienstleister der Konzerne zu werden. Wie viel Einfluss nehmen die privaten Stifter auf die Auswahl der Professoren, auf Forschungsfelder, auf Forschungsergebnisse? Werden die Lidl-Professoren auch über die schädliche Marktmacht von Discountern forschen, über deren Prägekraft für die Ernährung von Millionen Menschen? Wagen sich Professoren auf Banken-Lehrstühlen auch an die Frage, wie die Zocker-Banken der Finanzkrise ohne Haftung davonkamen? Gibt es noch eine Pluralität von Meinungen, wenn Stiftungsprofessoren die Mehrheit eines Fachbereichs stellen? Das Geschäftsmodell der Konzerne unterläuft sukzessive das öffentlich-staatliche Modell der Hochschulen.

Nicht nur zwischen Konzernen und Politik, auch zwischen Konzernen und Universitäten etabliert sich somit eine gefährliche Allianz. Finanzielle Anreize zur Forschung, die sich mit der Stärkung des Umwelt-, Verbraucher- und Gesundheitsschutzes beschäftigen, existieren kaum. Vielmehr richten sich sehr viele Forschungsaktivitäten an den von der Industrie zur Verfügung gestellten »Drittmitteln« aus.

Wohin es führen kann, wenn unabhängige Wissenschaftler bedrängt und bezahlt werden, wenn Universitäten auf Millionen aus Konzernkassen angewiesen sind, zeigt eine Tragödie, die sich seit einigen Jahren in den USA abspielt. Die Hauptschuld schreiben Experten dem Pharmaunternehmen Purdue und dessen Schmerzmittel OxyContin zu. Sein Wirkstoff ist ein Verwandter von Heroin und bis zu zweimal so stark wie Morphin. Dennoch drückte das Pharmaunternehmen Purdue das gefährliche Produkt mit aggressivem Marketing, Anreizen für Ärzte und bezahlten Studien in den Markt, so dass es auch Millionen von Menschen verschrieben bekamen, bei denen es nicht angezeigt war, etwa bei harmlosen Sportverletzungen, Arthritis oder Rückenschmerzen. Purdues Verkäufer vermarkteten das Medikament zeitweise als »to start with and to stay with«, als ein Medikament also, das man sorglos fast unbegrenzt einnehmen könne. Unzählige Patienten rutschten allerdings bei nachlassender Wirkung in die Sucht und landeten bei Heroin, das oft billiger zu haben ist. Nach offiziellen Angaben starten vier von fünf Heroinkonsumenten ihre Suchtkarriere mit verschreibungspflichtigen Schmerzmitteln wie OxyContin; mehr als zweieinhalb Millionen Amerikaner gelten als Opioid-Geschädigte, man geht davon aus, dass täglich 145 Amerikaner an Opioid-Überdosen sterben.

Das Marketing zielte vor allem auf Ärzte – durch Anzeigen in Fachmagazinen, durch bezahlte Reisen zu Schmerzkongressen, durch wissenschaftliche Studien. Einem hohen Beamten der Federal Drug Administration wurden einmal 300 000 Dollar bezahlt; ein anderer, der die Zulassung des Medikaments beaufsichtigt hatte, bekam später einen Job bei Purdue; der Konzern sponserte medizinische Weiterbildung, bundesstaatliche Aufsichtsgremien und dubiose Patientenorganisationen. Seit 2007 habe das Unternehmen »eine Armee von Lobbyisten versammelt, um jegliche gesetzliche Regulierung zu bekämpfen«. Zwischen 2006 und 2015 gaben Purdue und andere Schmerzmittelhersteller zusammen mit ihren gemeinnützigen Organisationen fast 900 Millionen Dollar für Lobbying und Wahlkampfspenden aus. Im Heimatmarkt USA jetzt unter politischem und juristischem Druck, verstärkt das Unternehmen – wie die Tabak- und die Lebensmittelkonzerne – nun seine Verkaufsaktivitäten in Asien, Lateinamerika und im Mittleren Osten, wo die Gefahren noch nicht so erkannt werden.

Der Familienclan hinter Purdue ist unendlich reich geworden, sein Vermögen wird auf 13 Milliarden Dollar geschätzt. Die Sacklers gehören zu den großen philanthropischen Dynastien der USA: Nach ihnen sind Flügel im Metropolitan Museum of Art in New York und im Louvre benannt, Museen und Galerien in Washington und Harvard tragen ihren Namen, ebenso ein Dutzend Einrichtungen an Universitäten, wo die Sacklers viele Lehrstühle stifteten. Unter anderem in Yale. Dort hat die Unileitung angekündigt, ein College umzubenennen, weil es den Namen eines Befürworters der Sklaverei im 18. Jahrhundert trägt – der Mann war immerhin Vizepräsident der Vereinigten Staaten. Warum, so fragte sich der Autor des Magazins New Yorker, das den Fall recherchierte, gibt es in Yale nun nicht auch die Absicht, die Sackler-Professur oder das Raymond und Beverly Sackler Institut umzubenennen? Seine Antwort: »Vielleicht weil die Sacklers immer noch Geld spenden können.«[61]

3.
Schaden ohne Verantwortung
Beispiele

3.1. Der Klimawandel: die Energie- und Autokonzerne

Im Januar 2016 kündigte das US-Ministerium für Wohnungs-
bau und Stadtentwicklung an, 48 Millionen Dollar für die
Isle de Jean Charles bereitzustellen. Auf der Insel im sump-
figen Küstengebiet im Bundesstaat Louisiana, 70 Kilometer
südwestlich von New Orleans, wohnen Angehörige des Bi-
loxi-Chitimacha-Choctaw-Stammes und der United Houma
Nation; Generationen von ihnen lebten vom Fischfang, von
der Jagd und der Landwirtschaft. Viele ihrer Häuser stehen
längst auf Stelzen, und jeden Morgen, wenn sie ins 40 Kilometer entfernte Städtchen Houma zur Arbeit fahren wollen,
zum Einkaufen, in die Kirche, zur Schule, ist ihre bange Frage,
ob die schmale Straße zum Festland überspült ist. Das Salz-
wasser ließ ihre Pekannussbäume, kleinen Maisfelder und das
Gemüse in ihren Gärten absterben, ebenso die Zypressen, die
zum Wahrzeichen einer untergehenden Region wurden: Die
Isle de Jean Charles versinkt im Golf von Mexiko. Während
der vergangenen 60 Jahre hat er 98 Prozent der Insel weg-
gespült. Die 48 Millionen Dollar sollen nun den Umzug jener
99 Menschen finanzieren, die Ende 2016 noch auf der Isle de
Jean Charles lebten. Sie sind die ersten Klimaflüchtlinge der
Vereinigten Staaten.

Und nicht die letzten. Die 48 Millionen Dollar waren nur
ein kleiner Teil eines Ein-Milliarden-Budgets, das das Minis-

terium damals zur Verfügung stellte:[1] für den Bau von Uferbefestigungen und Dämmen, für Entwässerungskanäle, für die Reparatur weggespülter Straßen in 13 US-Bundesstaaten an der amerikanischen Küste. Während dort noch mit Sand und Beton gegen das Meer angekämpft werden soll, hat man die Isle de Jean Charles aufgegeben. Und viele weitere Orte sind vom gleichen Schicksal bedroht: Cocodrie, Delacroix, Dulac, Kraemer, Leeville, Paradis, Pointe-aux-Chênes; oder die Gemeinde Jean Lafitte, nur 30 Kilometer südlich von New Orleans, die errechnete, dass zum Schutz allein ihrer 7000 Einwohner mehr als eine Milliarde Dollar nötig wären.

Ein Viertel der Sumpfgebiete Louisianas sind bereits verschwunden, ein großer Teil davon in den Jahren 2005 bis 2008, als die Küste von den Hurrikanen Katrina, Rita, Gustav und Ike heimgesucht wurde. Bereits 2011 tilgte die Bundesregierung die Namen von 35 Inseln, Buchten, Wasserpassagen und Bassins – weil es sie nicht mehr gibt. Alle 100 Minuten verschwindet in der Region um New Orleans eine Fläche von der Größe eines Fußballfeldes, ein Tempo, wie es nur an wenigen Küsten in der Welt gemessen wird. 2017 erklärte der Gouverneur von Louisiana die Küste zum Krisengebiet: »Wir befinden uns in einem Rennen gegen die Zeit.« Die Bewohner der Isle de Jean Charles haben dieses Rennen schon verloren, für sie sind die Folgen der Erderwärmung keine wissenschaftliche Theorie mehr, sie sind bittere Realität.[2]

Der wärmer werdende Planet lässt nicht nur den Meeresspiegel steigen. Korallenriffe sterben. Hitzewellen belasten Menschen, Tiere und Pflanzen, vor allem ältere und kranke Menschen sind gefährdet. Dürren zerstören Ernten, in vertrocknenden Wäldern wüten Brände. Millionen Menschen in ärmeren Ländern, für die es keine staatlichen Umzugsprogramme gibt wie auf der Isle de Jean Charles, machen sich als Klimaflüchtlinge auf den Weg. Kraftwerke müssen im Sommer – ausgerechnet dann, wenn Strom für Klimaanlagen benötigt wird – abgeschaltet werden, weil sie kein Kühlwasser mehr aus Flüssen mit Niedrigwasser pumpen können. Das Artensterben wird beschleunigt. Schmelzende Berggletscher lösen Bergrutsche aus. Starkregen verursachen Überschwemmungen. Krankheitserreger breiten sich schneller aus. Straßen, Häuser, Gleise, Industrieanlagen – darunter besonders gefahrenträchtige Chemiefirmen – werden überflutet. Aus auftauenden Permafrostböden steigt das Treibhausgas Methan und beschleunigt den Klimawandel zusätzlich. Ozeane werden wärmer und saurer – mit unwägbaren Konsequenzen für den Fischfang als wichtige Nahrungsquelle. Trinkwasser wird knapp wie Ende 2017 in der südafrikanischen Metropole Kapstadt.[3]

Subventioniertes Treibhaus

Die bereits eingetretenen Zerstörungen und zukünftigen Risiken in Höhe von Hunderten Milliarden und Billionen Dollar durch das Verbrennen von Kohle, Öl und Gas in Kraftwerken, Industrieanlagen, Häusern und Fahrzeugen haben biblische Ausmaße. Und dennoch ist die Politik gewillt, dieses im wahrsten Sinne des Wortes fossile Geschäftsmodell zu schützen. Mehr noch: Regierungen auf der ganzen Welt füttern dieses Geschäftsmodell massiv mit Geld, auch darin ist der industriell-politische Komplex wiederzuerkennen. Der Internationale Währungsfonds (IMF) errechnete, dass Kohle, Öl und Gas im Jahr 2015 weltweit mit rund 5300 Milliarden Dollar subventioniert wurden – mehr als alle staatlichen Ausgaben für Gesundheit. Fast 90 Prozent dieser Subventionen (rund 4600 Milliarden) sind Kosten, die Ökonomen als »externalisierte« Kosten bezeichnen; gemeint ist damit, dass die Verursacher Schäden herbeiführen, für die andere bezahlen müssen – zum Beispiel Steuerzahler, mit deren Geld Klimaflüchtlinge umgesiedelt und Dämme gegen den steigenden Meeresspiegel gebaut werden wie an den Küsten der USA. Der britische Wirtschaftswissenschaftler und ehemalige Chefökonom der Weltbank, Nicholas Stern, der bereits 2006 eine aufsehenerregende Studie zu den Kosten des Klimawandels vorgelegt hatte, kommentierte die Studie über die obszönen Subventionen für die fossilen Energien so: »Diese sehr wichtige Analyse (des Währungsfonds) zerstört den Mythos, dass fossile Brennstoffe billig sind, weil die tatsächlichen Kosten riesig sind. Es gibt keine Rechtfertigung für diese enormen Subventionen.«[4]

Auch die unmittelbaren Subventionen, die direkt an die Empfänger gehen, sind astronomisch, wie das Overseas Development Institute (ODI) in London 2015 publizierte. Danach unterstützten die G-20-Länder 2013 und 2014 ihre Öl-, Gas- und Kohlekonzerne mit jährlich 444 Milliarden Dollar in Form von Investitionen oder Steuererleichterungen (70 Milliarden), durch Investitionen in staatseigene Konzerne (286 Milliarden) und durch Finanzierungen von Staatsbanken (88 Milliarden). Für Deutschland summierten die ODI-Autoren die Subventionen für Stein- und Braunkohleunternehmen zwischen 1970 und 2014 auf gigantische 538 Milliarden Dollar, während die erneuerbaren Energien im gleichen Zeitraum nur geschätzte 130 Milliarden erhielten. Die ODI-Autoren schreiben, die Subventionspraxis in den G-20-Ländern komme einem »bailout« gleich, also einem staatlich finanzierten Rettungspaket für einige der weltgrößten CO_2-emittierenden Firmen: »So schaffen die Länder ein ›lose-lose-Szenario‹: Sie lenken riesige Summen in die Kohlenstoffwirtschaft (…) und verhindern damit Investitionen in kohlenstoffarme alternative Energie aus Sonnen-, Wind- und Wasserkraft.« Das Ausmaß der Subventionen in fossile Energien stelle die ehrgeizigen Ziele der Regierungen im Kampf gegen den Klimawandel in Frage.[5]

In der Tat ist die Geschichte der UN-Klimakonferenzen eine Geschichte der großen Pläne und der noch größeren Enttäuschungen, eine Geschichte der uneingelösten Absichtserklärungen – letztlich eine Geschichte der Niederlagen. Seit 46 Jahren wird nun international über das Weltklima verhandelt, immer mehr Teilnehmer reisen zu den Konferenzen an, aber am Ende bleibt stets wenig Konkretes. 1972 Stockholm. 1992 Rio. 1995 Berlin, der Kanzler heißt damals Helmut Kohl, und als seine Umweltministerin – Angela Merkel – ankündigt, die staatlichen Subventionen für Flugbenzin zu überprüfen, lässt Kohl umgehend dementieren.[6] 1997 in Kyoto wird der Ausstoß an Treibhausgasen erstmals verbindlich geregelt, aber nur drei Jahre später scheitert der Gipfel in Den Haag, dessen Protokoll der neugewählte US-Präsident George W. Bush mit den Worten kommentiert:»Ich werde nichts akzeptieren, was unsere Wirtschaft schädigt und den amerikanischen Arbeitern wehtut.«

Es folgen noch viele weitere Gipfel von Kopenhagen (2009) bis Paris (2015) und Bonn (2017), wo Angela Merkel, inzwischen Bundeskanzlerin, den Klimawandel als»Schicksalsfrage für die Menschheit« bezeichnet. »Wir wissen«, sagt sie,»dass Deutschland als ein Land, das noch in hohem Maße Kohle verwendet, insbesondere Braunkohle, einen wesentlichen Beitrag leisten muss, um die Ziele zu erreichen.« Im September 2017, zwei Wochen vor der Bundestagswahl, bekräftigt sie in der Fernsehsendung »Klartext«: »Wir werden Wege finden, wie wir bis 2020 unser 40-Prozent-Ziel einhalten (40 Prozent weniger Treibhausgasemissionen im Vergleich zu 1990 [Anm. d. Autors]).« Und fügt hinzu:»Das verspreche ich Ihnen.«[7] Kein Jahr später muss die neue Umweltministerin beim Petersberger Klimadialog vor internationalen Gästen einräumen: »Es ist bitter für mich, Ihnen sagen zu müssen, dass wir unsere selbstgesteckten Ziele für 2020 verfehlen werden.« Statt 40 Prozent weniger Treibhausgase als 1990 werden es 2020 wohl nur 32 Prozent sein.[8] Jetzt heißt es, man wolle aber die Marke für 2030 – 55 Prozent weniger Treibhausgase im Vergleich zu 1990 – ganz fest in den Blick nehmen. Dies sei nichts anderes als eine »politische Kreditverlängerung«, schreiben Ottmar Edenhofer und Hans Joachim Schellnhuber vom Potsdam-Institut für Klimafolgenforschung: »Wer einen Kredit nicht fristgerecht bedienen kann, versucht ihn zu strecken und verspricht noch höhere Tilgungsraten in der geschenkten Zeit.«[9]

Konzern- und Kohlekanzlerin Merkel

Dass Angela Merkel lange Zeit als »Klimakanzlerin« galt, ist das Resultat einer großen politischen Inszenierung. Dazu gehörte Merkels berühmter Besuch in Grönland 2007, wo sie sich mit einem auffälligen roten Anorak im Eis fotografieren ließ und bedeutende Sätze über die Dringlichkeit politischen Handelns von sich gab; dazu gehörte der von ihr überfallartig eingeleitete Atomausstieg, der das Signal aussendete: Deutschland ändert seine Energiepolitik radikal; und dazu gehörte der – von der Vorgängerregierung initiierte – Ausbau von Wind- und Solarenergie, der Deutschland als weltweiten Vorreiter im Kampf gegen die Erderwärmung positionierte.[10] Der Ausbau der Erneuerbaren nahm zwar Tempo auf, doch der Strom aus den Kohlekraftwerken wird jetzt exportiert. Seine Emissionen werden weiterhin Deutschland zugerechnet.

Tatsächlich ist Angela Merkel keine Klimakanzlerin, sondern eine Konzern- und Kohlekanzlerin. Wirtschaftsinteressen genießen bei ihr stets Vorrang. In ihrer Regierungszeit ist der Abbau der Treibhausgase praktisch zum Erliegen gekommen, 2016 stiegen sie im Vergleich zum Vorjahr sogar wieder leicht an.[11] Die Kohlekonzerne erhalten Milliardenhilfen für den Teilausstieg aus der Braunkohle, obwohl sie der schädlichste aller fossilen Energieträger ist. Deutschland fördert immer noch mehr Braunkohle als jedes andere Land der Welt.[12] Und einen konkreten Ausstiegsplan aus der Kohle, wie ihn andere europäische Länder beschlossen haben, gibt es in Deutschland bis heute nicht.[13] Nur eine erst 2018 eingesetzte Kohlekommission, die nun – 26 Jahre nach der Konferenz von Rio – einen »Masterplan« für den Ausstieg erarbeiten soll. In ihrer Aufgabenbeschreibung ist viel von Vollbeschäftigung und Strukturwandel in den Braunkohleregionen die Rede und wenig von Klimaschutz.[14]

Zweifellos sind auch hier der im vorangegangenen Kapitel beschriebene Lobbyismus und seine »Drehtüren« kräftig am Werk. Eine Kleine Anfrage des SPD-Bundestagsabgeordneten Marco Bülow von 2013 ergab, dass sich die Regierungschefin in ihrer zweiten Amtsperiode zwischen 2009 und 2013 13 Mal mit Energiemanagern zu vertraulichen Einzelgesprächen traf, hinzu kamen ein Dutzend Gruppengespräche mit Branchenvertretern und regelmäßige Treffen mit Hildegard Müller.[15] Hildegard Müller war von 2005 bis 2008 Staatsministerin im Bundeskanzleramt und galt als »Merkels Mädchen«;[16] dann wechselte die Frau aus dem Kohleland Nordrhein-Westfalen durch die »Drehtür« als Cheflobbyistin zum Bundesverband der Deutschen Energie- und Wasserwirtschaft (in dieser Funktion traf sie Merkel im Kanzleramt wieder) und gehört seit 2016 dem Vorstand der RWE-Tochter innogy an.[17] Eine weitere Kleine Anfrage von Linken-Abgeordneten brachte Ende 2017 ans Licht, dass sich in den vergangenen drei Jahren Lobbyisten von Gasunternehmen und -verbänden mindestens 62 Mal mit Vertretern der Bundesregierung trafen. Ihr Anliegen ist es dabei stets, Erdgas als Brückenenergie darzustellen, die trotz des Aufschwungs der Erneuerbaren noch möglichst lange als Baustein deutscher Energiepolitik dienen soll – obwohl bei der Ergasförderung das besonders schädliche Klimagas Methan emittiert wird.[18]

Wie viel sich die Gasunternehmen ihre Lobbyarbeit in Berlin kosten lassen, ist vollkommen unklar, weil es in Deutschland kein Lobbyregister gibt [19]

In Brüssel, das ergaben Recherchen von Corporate Europe Observatory (CEO), stellte die internationale Gaslobby allein im Jahr 2016 mehr als 100 Millionen Dollar bereit, um mit mehr als 1000 Lobbyisten die Erzählung vom Erdgas als »sauberem Energieträger« und »Partner« von Wind- und Sonnenenergie aufrechtzuerhalten. »Ihre Absicht ist es, dass Europa weiterhin von fossilen Brennstoffen abhängig ist, damit ihr Geschäftsmodell noch einige Jahrzehnte fortbestehen kann«, schreibt CEO. Konzerne von BP bis Statoil und von Shell bis ExxonMobil drängen in Brüssel deshalb seit Jahren mit Macht darauf, dass die EU ihre Gasinfrastruktur mit Pipelines und Terminals massiv ausbaut. Mit neuen Milliarden-Investitionen sollen Fakten geschaffen werden, die den Einsatz von klimaschädlichem Erdgas auf Jahrzehnte zementieren und Wind- und Sonnenenergie behindern. Zwischen Ende 2014 und Mitte 2017 zählte CEO 460 Treffen von Fossillobbyisten mit den zwei für Klimaschutz und Energie zuständigen EU-Kommissaren. Einer von ihnen ist Miguel Arias Cañete. Er war jahrelang Präsident einer spanischen Erdölfirma, förderte als spanischer Landwirtschaftsminister Fracking und kündigte erst nach dem Widerstand gegen seine Ernennung im Europaparlament an, seine Anteile an zwei Ölunternehmen zu verkaufen. So schaffte er es durch die »Drehtür«, die diesmal von der Wirtschaft in Europas Machtzentrale führte. Für die Deutsche Umweltstiftung ist der Spanier schlicht ein »Lobbyist der Erdölindustrie«, gegen seine Ernennung unterschrieben damals fast 600 000 Europäer eine Petition.[20] In den Konzernetagen der fossilen Branche müssen die Sektkorken geflogen sein, als ausgerechnet Miguel Arias Cañete Europas oberster Klimaschützer wurde.

Klima-Lügen als Strategie

Noch schlimmer ist es in den USA. Der Präsident: steigt aus dem Pariser Klimavertrag aus;[21] der Energieminister: leugnet den Klimawandel; der (inzwischen ersetzte) Außenminister Rex Tillerson: früher Chef von ExxonMobil, des weltgrößten privaten Öl- und Gaskonzerns;[22] der Innenminister: ein Förderer der Gas-, Kohle- und Ölindustrie; der Umweltminister: kassierte Obamas »Clean Power Plan«, der fossile Kraftwerke sauberer machen sollte.[23] »Seit Donald Trump im Amt ist, regiert die fossile Energieindustrie die USA«, sagt Claudia Kemfert, Energieökonomin und Leiterin des Bereichs Energie, Verkehr und Umwelt beim Deutschen Institut für Wirtschaftsforschung (DIW), die im Sachverständigenrat für Umweltfragen die Bundesregierung berät.[24] Doch auch in Europa und Deutschland sieht Kemfert politische Fürsprecher der fossilen Energien am Werk, darunter Sigmar Gabriel (SPD): »Einst engagierter Vorreiter der Energiewende, ist er im Lauf seiner Amtszeit als Bundeswirtschaftsminister zum Klassensprecher der fossilen Industrie geworden. Vor seinem Abschied aus dem Ministerium für Wirtschaft und Energie schindete er mit seinen Entscheidungen – wie den Abwrackprämien für alte Kohlekraftwerke – immer wieder wertvolle Zeit für die fossile Energiewirtschaft heraus. Daran erkennt man, dass die Politiker den Lobbyisten des fossilen Imperiums auf den Leim gehen.«

Dass Kohle, Öl und Gas nach wie vor deutlich stärker gefördert werden als die erneuerbaren Energien, dass Gesetze gemacht werden, die die Energiewende durch massive Umverteilung staatlicher Fördergelder zugunsten der fossilen konterkarieren – Kemfert schreibt dies einer »großen Industriehörigkeit« zu und einem weltweiten »erbitterten Krieg um die Macht am Energiemarkt«: »Die mächtigen Vertreter von Öl, Kohle, Gas und Atom schauen ausschließlich auf ihren eigenen Vorteil.« Die alte Energiewelt einer sterbenden Industrie kämpfe erbittert um jeden Tag: »Jeder Tag, an dem diskutiert und nicht gehandelt wird, ist für die Lobbyisten der Vergangenheit ein gewonnener Tag. Denn jeder Tag, den die fossilen und atomaren Kraftwerke weiterlaufen, spült Millionengewinne in ihre Kassen.«

Von Anfang an bäumten sich die Kohle- und Ölkonzerne gegen die neue Energiewelt auf. In Kampagnen beschworen sie, die Lichter würden ausgehen, Deutschland würde deindustrialisiert, Menschen würden verelenden durch unbezahlbaren Strom aus Wind und Sonne. Sie benutzten dieselbe Abwehrrhetorik, die alle in diesem Buch untersuchten Branchen einsetzen: Sie behaupten, die neuen Lösungen funktionierten nicht, der Verbraucher wolle sie nicht, er könne sie sich nicht leisten. Nichts davon war und ist berechtigt, nichts davon ist eingetreten. Umso aggressiver setzen die fossilen Konzerne ihre wirtschaftlichen Interessen durch, sie wehren sich mit allen Mitteln.[25]

Eines davon ist die Energiecharta (Energy Charter Treaty, ETC), ein 1998 in Kraft getretener internationaler Vertrag, der es Energiekonzernen ermöglicht, Staaten vor internationalen Schiedsgerichten zu verklagen – so können sie die Energiewende hin zu erneuerbaren Energien zu Lasten der Steuerzahler ausbremsen. Laut einer Studie der Organisationen Corporate Europe Observatory (CEO) und Transnational Institute (TNI) vom Juni 2018 hat kein anderes Handels- und Investitionsschutzabkommen mehr Investor-Staat-Klagen ausgelöst. Die Studie zählt mindestens 114 Klagen, darunter jene des Energiekonzerns Vattenfall wegen des deutschen Atomausstiegs auf mehr als fünf Milliarden US-Dollar. Insgesamt wurden Regierungen zu rund 51 Milliarden Dollar Schadensersatz verurteilt oder erklärten sich in Einigungen bereit, dieses Geld zu zahlen; weitere ausstehende Klagen haben einen Wert von 35 Milliarden Dollar.« »Derzeit wird der Vertrag um neue Mitglieder erweitert«, heißt es in der Studie,»und droht somit, noch mehr Länder auf konzernfreundliche Energiepolitiken zu verpflichten.«[26]

Die Branche schreckt vor nichts zurück, wie auch im Dossier»Die Klimatäuschung« der US-Organisation Union of Concerned Scientists nachzulesen ist.[27] Anhand interner Dokumente von Konzernen und ihren Verbänden gewährt das Dossier einen Einblick in das neue Lobbying, dessen Zielobjekte nicht mehr nur einzelne Politiker oder Parteien sind, sondern die Gesellschaft als Ganzes, ihre öffentlichen Debatten, ihre Medien, ihre Forschungseinrichtungen, ihre Bürger:

- An US-Politiker wurden im Auftrag der Kohleindustrie gefälschte Briefe unter den Briefköpfen realer Verbraucher-, Senioren- oder Minderheitenorganisationen verschickt, in denen Bürger ihre Abgeordneten vor einer Abstimmung zur CO_2-Regulierung aufforderten, nicht durch ein»Ja« ihre Stromrechnungen in die Höhe zu treiben.

- Ölkonzerne initiierten und finanzierten mit Millionen Dollar Bürgerinitiativen mit Namen wie»Kalifornier gegen höhere Steuern«,»Die Schnauze voll an der Zapfsäule«, »Kalifornische Autofahrer-Allianz« oder»Bürger Oregons für eine vernünftige Kraftstoffpolitik«; in Radiospots, auf Werbeplakaten und auf Facebook riefen diese Bürgerinitiativen zum Kampf auf gegen»aggressive Anti-Öl-Bewegungen« und Klimagesetze und machten so öffentlich Druck auf Behörden und Politiker.

- In einer»Roadmap« des American Petroleum Institute (dem unter anderem BP, Chevron, Shell und ExxonMobil angehören), steht, der»Sieg« könne errungen werden,

- »wenn der Durchschnittsbürger die Unsicherheiten in der Klimawissenschaft ›versteht‹ und die Anerkennung dieser Unsicherheit Teil der gängigen Meinung wird« – »wenn die mediale Berichterstattung so ausbalanciert ist, dass auch Standpunkte anerkannt werden, die den aktuellen ›Wissensstand‹ bestreiten«;

- »wenn diejenigen als realitätsfern dastehen, die den Klimavertrag von Kyoto auf der Basis der herrschenden wissenschaftlichen Meinung unterstützen«.

- Dokumente zeigen, dass der Raumfahrtingenieur Willie Wei-Hock Soon zwischen 2001 und 2012 1,2 Million Dollar von der Fossilbranche dafür erhielt, dass er mit seinen Beiträgen in Fachmagazinen Zweifel an der globalen Erderwärmung säte.[28]

- Interne Memos eines Thinktanks der Kohlekonzerne von 1991 geben die »Strategie« aus: »Neu-Positionierung der Erderwärmung als Theorie (nicht als Faktum)«; in einem anderen Papier heißt es, zugänglich für derlei Botschaften seien vor allem »ältere Männer mit geringem Bildungsstand, die (…) typischerweise nicht aktiv nach Informationen suchen (…)«

Das Lobbying auf allen Kommunikationskanälen tief in die Gesellschaft hinein geschieht wider besseres Wissen, wie unter anderem eine 2017 veröffentlichte Studie der Harvard-Universität[29] zeigt. Die Autoren verglichen Fachartikel und interne Berichte zum Klimawandel von ExxonMobil-Forschern mit den Aussagen von 36 bezahlten Zeitungsanzeigen, die der Ölkonzern zwischen 1989 und 2004 im Stile von Meinungsbeiträgen in der New York Times veröffentlicht hatte. In den Anzeigen stand zum Beispiel 1997, Wissenschaftler könnten

»nicht mit Sicherheit vorhersagen, ob Temperaturen steigen, wie stark und wo Veränderungen stattfinden«; man wisse immer noch nicht, welche Rolle die vom Menschen verursachten Treibhausgase bei der Erderwärmung spielen könnten, konkrete Maßnahmen seien deshalb nicht hilfreich. Nach der Auswertung von insgesamt 187 ExxonMobil-Quellen aus den Jahren 1977 bis 2014 kommen die Harvard-Forscher zum Ergebnis: »ExxonMobil täuschte die Öffentlichkeit über den Stand der Klimawissenschaft und ihre Schlussfolgerungen. Die vorliegenden Dokumente zeigen eine systematische und messbare Diskrepanz zwischen dem, was Wissenschaftler und Führungskräfte von ExxonMobil privat und in akademischen Kreisen über den Klimawandel äußerten, und dem, was das Unternehmen nach außen darstellte.«[30]

Die jüngste Enthüllung dazu lieferte Anfang 2018 ein niederländischer Journalist, der auf www.climatfiles.com einen verschollen geglaubten internen Report des niederländisch-britischen Mineralölkonzerns Shell veröffentlichte. Danach verfassten Shell-Wissenschaftler bereits vor 30 Jahren einen vertraulichen Bericht, der die Ursachen und katastrophalen Folgen des Klimawandels in klaren Worten beschreibt: steigender Meeresspiegel, häufigere Extremwetter, absterbende Korallenriffe, schmelzendes Polareis … Noch sei die Erderwärmung nicht nachweisbar, und wenn es in einigen Jahren oder Jahrzehnten so weit sei, könne es schon zu spät sein für Gegenmaßnahmen. Die Shell-Wissenschaftler berechneten sogar den eigenen Anteil an den weltweiten CO_2-Emissionen durch das Verbrennen von Öl, Gas und Kohle; er lag damals bei vier Prozent. Doch Shell legte den Report zur Seite, machte weiter wie zuvor und gründete mit anderen Ölkonzernen wie Exxon, BP und Chevron 1989 die mächtige Lobbyorganisation »Global Climate Coalition«, die den Klimawandel öffentlich in Zweifel zog.

In einer Antwort auf die Veröffentlichung des internen

Reports verwies Shell darauf, dass es inzwischen das Pariser Klimaschutzabkommen und die Transformation in eine kohlenstoffarme Zukunft unterstütze. Der Konzern mag den Klimawandel jetzt anerkennen, und die Lobbyorganisation »Global Climate Coalition« ist inzwischen aufgelöst. Aber die braucht es auch gar nicht mehr, sie hat ihre Mission erfüllt: Die USA sind aus dem Pariser Klimaschutzabkommen ausgestiegen, im Präsidentenamt sitzt ein Mann, den viele gewählt haben, weil sie seine Meinung teilen, dass der Klimawandel eine Erfindung hysterischer Klimaforscher sei. So haben die Fossilkonzerne Jahre und Jahrzehnte gewonnen, in denen ihr zerstörerisches Geschäftsmodell weiter Profit abwerfen kann.[31]

Die Sprit-Lüge

Fassungslos nimmt die Öffentlichkeit seit Jahren zur Kenntnis, wie auch das Geschäftsmodell der europäischen Autobauer, namentlich das der deutschen Konzerne, von der Politik geschützt wird, zum Schaden aller. Und dabei geht es nicht nur um manipulierte Dieselmotoren, deren Stickoxid-Emissionen mit dem Sauerstoff in der Luft zu giftigem Stickstoffdioxid reagieren und jährlich Tausende Menschen erkranken und vorzeitig sterben lassen.[32] Es geht auch um das klimaschädliche CO_2, das Dieselfahrzeuge in geringerem Ausmaß ausstoßen als vergleichbar motorisierte Benziner. Politiker lobten den Diesel deshalb jahrelang als besonders umweltfreundliche Alternative,[33] aber das war so verlogen wie die Werbesprüche der Konzerne. Denn die machten den CO_2-Vorteil der Dieselfahrzeuge zunichte, indem sie immer größere, schwerere und stärker motorisierte Autos mit pervers hohen PS-Zahlen bauten. Nach Angaben des Statistischen Bundesamtes stieg die Motorleistung neuzugelassener Pkws zwischen 2008 und

2015 um fast zehn Prozent auf durchschnittlich 105,7 Kilowatt oder 144 PS. Dies führte innerhalb von nur sieben Jahren zu einem rechnerischen Mehrverbrauch von 3,7 Milliarden Litern Kraftstoff und zu 9,3 Millionen Tonnen zusätzlichen Kohlendioxidemissionen. Zwar führten die gesunkenen Durchschnittsverbräuche zu einer rechnerischen Absenkung des Kraftstoffverbrauchs, die konnte jedoch die Verbrauchssteigerungen aufgrund der gestiegenen Fahr- und Motorleistungen nicht kompensieren. Der Mehrverbrauch, so das Statistische Bundesamt, gehe vor allem auf das Segment der Sport Utility Vehicles (SUV) und Geländewagen zurück, die besonders starke Motoren und hohe Verbräuche haben.[34] Heute ist jedes vierte in Deutschland neuzugelassene Auto ein SUV.[35]

Die Fahrer PS-starker Wagen mögen die unnötig in die Luft geblasenen CO_2-Emissionen wenig interessieren. Doch sie vergessen, dass auch sie von den Autokonzernen hintergangen werden. Denn wie eine Studie des International Council on Clean Transportation (ICCT) ergab, liegt die Abweichung zwischen den offiziellen Spritverbrauchswerten der Hersteller, die unter Laborbedingungen ermittelt werden, und dem Realverbrauch im Alltagsbetrieb bei neuen Pkw-Modellen in Europa heute im Durchschnitt bei unglaublichen 42 Prozent (!), bei einigen Fahrzeugen von Mercedes, Audi und BMW sogar bei bis zu 50 Prozent. Um die CO_2-Werte im Prüflabor zu schönen, nutzen die Autobauer – wie beim giftigen Stickoxid – zahlreiche technische Tricks bis hin zu verbotenen Abschalteinrichtungen, worauf die Deutsche Umwelthilfe (DUH) seit Jahren hinweist. Deren Bundesgeschäftsführer Jürgen Resch sagt: »Das verantwortliche Kraftfahrt-Bundesamt hat in der Vergangenheit die Angaben der Hersteller ungeprüft übernommen und so den Betrug billigend in Kauf genommen.« Er fordert deshalb behördliche Nachmessungen und wirksame Sanktionen bei dokumentierten Verstößen. Durch diese amtlich geduldete Praxis ergeben sich für die Autobesitzer bis zu 7000 Euro höhere Tankkosten bei einer Laufleistung ihrer Fahrzeuge von 200 000 Kilometern. Dem Bundesfinanzministerium entgingen so seit der Umstellung der Kfz-Steuer auf die CO_2-Emissionsangaben im Jahr 2009 über zehn Milliarden Euro an Kfz-Steuern, allein 2017 waren es nach Berechnungen der Deutsche Umwelthilfe Mindereinnahmen von 2,4 Milliarden Euro. Und eine Studie im Auftrag der Grünen im Europaparlament kam auf europaweite Steuerausfälle aufgrund falscher CO_2-Angaben zwischen 2010 und 2016 von mindestens 46 Milliarden Euro.

Doch der Steuerschaden lässt die Kanzlerin offenbar so kalt wie die drohende Klimakatastrophe. Angela Merkel persönlich hat sich mehrfach dafür eingesetzt, Pläne der Europäischen Union für niedrigere Spritverbräuche zu verwässern; »… einzelne Hersteller oder einzelne Fahrzeugsegmente« dürften nicht benachteiligt werden, schrieb sie einmal in einem Brief an den Kommissionschef in Brüssel.[36] Es war ein Kanzlerbrief unmissverständlich pro SUV und andere große Pkws. Und wo Merkel nicht selber eingreift, agieren zum Schutz der deutschen Autokonzerne und ihrer klimaschädlichen Protzautos andere Figuren des industriell-politischen Komplexes, wie bereits in Kapitel 2 beschrieben. Die bittere Wahrheit ist: Der Dieselskandal hat am Einfluss der Konzerne auf die Politik rein gar nichts verändert, und manchmal hat man den Eindruck, dass er die beiden Sphären sogar noch enger aneinanderbindet: Der Schutz der Automobilwirtschaft hat in Europa und Deutschland oberste Priorität, Menschen und Natur folgen erst auf den Plätzen. Abzulesen ist das auch an der deutschen Klimabilanz, die seit Jahren auf der Stelle tritt, wo große Schritte zur Reduktion nötig wären: Sogar der Energiewirtschaft und der Landwirtschaft gelang es 2016, ihre Treibhausgasemissionen im Vergleich zum Vorjahr zurückzufahren, wenn auch nur minimal; der Verkehrssektor hingegen: legte um 3,4 Prozent zu.[37] Und im Vergleich zum wichtigen

Referenzjahr 1990 konnten alle Bereiche von der Industrie bis zu den Gebäuden und zur Energiewirtschaft ihren CO_2-Ausstoß deutlich zweistellig reduzieren, nur der Verkehrssektor produzierte zwei Prozent mehr CO_2. Mit anderen Worten: 30 Jahre deutsche Verkehrspolitik waren dank deutscher Autokanzler und Autominister 30 verlorene Jahre im Kampf gegen den Klimawandel.[38]

Peruanischer Bergbauer gegen deutschen Stromkonzern

1988 warnte der damalige NASA-Wissenschaftler und führende Klimaexperte James Hansen bei einer Anhörung im US-Kongress vor den Gefahren der Erderwärmung. Sein Bericht damals gilt als einer der wichtigen Meilensteine – von da an galt als hinreichend begründet, dass der Mensch der entscheidende Verursacher des Klimawandels ist. Heute sagt James Hansen: »Die Gesetzgebung wird nicht funktionieren, weil dort die Lobbyisten herrschen. Das Rechtssystem stellt die einzige Möglichkeit dar, an die Geldmittel zu kommen, die benötigt werden, um mit dem Klimawandel fertig zu werden.«[39]

Tatsächlich werden immer häufiger Gerichte angerufen. Es sind Hilferufe gegen das Versagen der Politik und der Wirtschaft. Den Präzedenzfall schuf die Stiftung Urgenda in den Niederlanden, das den steigenden Meeresspiegel besonders fürchten muss. Zusammen mit 900 Nebenklägern gewann die Stiftung 2015 im weltweit ersten Klimaprozess gegen einen Staat: Ein Gericht in Den Haag verurteilte die niederländische Regierung, die CO_2-Emissionen des Landes bis zum Jahr 2020 im Vergleich zu 1990 um mindestens 25 Prozent zu reduzieren.[40] Eine Maßnahme auf dem Weg dorthin ist der Plan, bis 2030 nur noch abgasfreie Autos zuzulassen.[41] Viele andere Länder in und außerhalb Europas haben ebenfalls den Abschied vom Verbrennungsmotor angekündigt.

Zwei Landkreise und eine Stadt an der vom steigenden Meeresspiegel bedrohten Küste Kaliforniens verklagten 2017 Exxon, Shell und 35 weitere Öl-, Gas- und Kohlefirmen. Den Unternehmen, so die Begründung, sei die schädliche Wirkung von Treibhausgasen seit Jahrzehnten bewusst, dennoch hätten sie die Gefahren vertuscht, Regulierungen untergraben und massive Kampagnen gefahren für die Fortführung ihres Geschäftsmodells. Vier kanadische Stadtgemeinden forderten Ende 2017 Chevron, Exxon und Shell auf, sich an den Kosten für Schutzmaßnahmen zu beteiligen.[42] Auch New York, das vor wenigen Jahren während des Hurricans Sandy überflutet wurde, reichte Anfang 2018 gegen fünf Ölkonzerne Klage ein: Sie hätten die Öffentlichkeit aus Profitgier über die Folgen des Klimawandels getäuscht und müssten nun zahlen für die Milliarden, die New York für Klimaschutzmaßnahmen investieren müsse.[43] Wissenschaftler kalkulierten, dass der Hurrikan Sandy bei normalen Klimaverhältnissen 83 000 weniger Häuser in New York und im angrenzenden Bundesstaat New Jersey geflutet hätte.[44]

Seit November 2017 wird der Klimawandel auch in Deutschland auf juristischer Bühne ausgetragen. Vor dem Oberlandesgericht Hamm[45] klagt der Bauer und Bergführer Saúl Luciano Lliuya gegen den Energiekonzern RWE aus Essen, Umsatz 46 Milliarden Euro (2016).[46] Der erste Zivilprozess dieser Art in Deutschland soll klären, ob ein großer CO_2-Emittent wie RWE für die Folgen der Erderwärmung haften muss. Der Bauer und seine Familie wohnen in 3000 Metern Höhe in der peruanischen Stadt Huaraz am Fuße der Anden. Infolge der Klimaerwärmung schmelzen in den höheren Lagen die Gletscher, das Wasser sammelt sich in einem See, der von einem maroden Damm gehalten wird. Wenn er bricht, sind Bauer Lliuya und viele tausend Menschen in der tiefer gelegenen Stadt in Lebensgefahr. Bauer Lliuya ist überzeugt: »Es ist nur noch eine Frage des Wann und nicht des Ob.«

Schon einmal, vor fast 80 Jahren, tötete eine Flutwelle womöglich mehrere tausend Menschen, nachdem ein Eisblock in den See gestürzt war.

Die Stein- und Braunkohlekraftwerke von RWE – Letztere erzeugen bei der Verstromung besonders viele CO_2-Emissionen pro Kilowattstunde – stehen zwar auf der anderen Seite der Erde, rund 10 000 Kilometer entfernt. Aber Lliuya und die Umweltorganisation Germanwatch argumentieren, dass das Kohlendioxid aus den Kraftwerken in Deutschland das Eis in den Anden schmelzen und den Pegel des Sees ansteigen lässt. Weil RWE als größter Einzelemittent Europas zu 0,47 Prozent zu den weltweiten CO_2-Emissionen beitrage, solle der Stromkonzern auch einen 0,47-prozentigen Anteil an den Kosten für den Dammschutz übernehmen, 17 000 Euro. Lliuyas Anwältin, Roda Verheyen, sagt, RWE allein trage so viel zur globalen Erwärmung bei wie etwa die Niederlande; Forscher bestätigten, dass der Klimawandel ohne die Emissionen von RWE messbar geringer ausfallen würde. Das Oberlandesgericht Hamm steigt nun in die Beweisaufnahme ein. Um einen zivilrechtlichen Anspruch zu begründen, müssten Sachverständige eine Kausalkette herstellen können von den Kohlekraftwerken von RWE in Deutschland zum weltweiten Temperaturanstieg, zur Gletscherschmelze in den peruanischen Anden bis zur Flutgefahr für das Haus von Saúl Luciano Lliuya. Bis ein Urteil ergeht, dürften Jahre vergehen

Solche Prozesse sind ein wichtiges politisches Signal, denn sie machen transparent, dass das Geschäft der Konzerne darauf beruht, die wahren Kosten anderer aufzubürden. Doch selbst wenn der peruanische Bauer – und all die anderen Kläger weltweit – irgendwann entschädigt werden sollten, es wären nur völlig unbefriedigende, weil nachsorgende Eingriffe. Dabei hilft nichts anderes – wenn überhaupt noch – als Vorsorge durch harte politische Regulierung im Interesse der Menschheit.

Für den Energiekonzern RWE ist klar,»dass es zivilrechtlich nicht möglich ist, einen einzelnen Emittenten für etwas
haftbar zu machen, wozu unzählige menschliche und natürliche Quellen überall in der Welt beitragen.« In diesem Satz
steckt eine unerträgliche Ignoranz. Und die Erwartung, das
zerstörerische Geschäftsmodell mit fossilen Energien noch
möglichst lange betreiben zu können.[47]

3.2. Bürger müssen zahlen: die Banken

Bei der Fußballeuropameisterschaft 2016 in Frankreich und
bei der Weltmeisterschaft 2018 in Russland kamen Erinnerun-
gen hoch an die Anfänge der Weltfinanzkrise 2007. Wenn die
kernigen Kicker der isländischen Nationalmannschaft nach
Spielende vor die Tribüne traten und rhythmisch die Hände
über den Köpfen zusammenschlugen, synchron begleitet von
archaischen»Huh!«-Schreien im ganzen Stadion, bekräftigten
sie die Erzählung von den Fußball-Underdogs von der kleinen
Insel im Atlantik, die es furchtlos auch mit übermächtigen
Gegnern aufnehmen. Sie brachten damit jene Bilder zurück,
als 2008 Zehntausende Isländer in der Hauptstadt Reykjavík
so lange mit Kochtöpfen, Pfannen und Trommeln vor dem
Parlament wütend Krach schlugen, bis die Regierung und die
obersten Bankenaufseher des Landes aus ihren Ämtern gejagt
waren.[48] Mehr noch: Das furchtlose Völkchen, das nur 330 000
Menschen zählt, schickte in den folgenden Jahren die erstaun-
liche Zahl von mindestens 27 Bankern dafür ins Gefängnis,
dass sie das Land an den Rand des Ruins gebracht hatten.[49]
Und weil sich die Insel nach dem tiefen Fall aufrappelte und
heute wieder ganz gut dasteht, gilt Island vielen als Vorbild für
einen erfolgreichen, weil harten und konsequenten Umgang
mit Zocker-Banken und Zocker-Bankern.

Island wurde, man hat das fast schon vergessen, zum Inbegriff der globalen Finanzkrise und zum Paradebeispiel dafür, welche Schäden Banken anrichten können, wenn man sie unkontrolliert agieren lässt. Nach der Privatisierung der drei führenden isländischen Staatsbanken im Jahr 2003 verwandelten die neuen Privatbanker das Land innerhalb kürzester Zeit in ein internationales Casino. Fünf Jahre genügten ihnen, um die Bilanzsummen dieser drei Banken so mit fremdem Geld aufzublasen, dass sie zusammen fast zehnmal größer waren als das Bruttoinlandsprodukt (BIP) Islands: 115 Milliarden Euro. »Das war, relativ zum BIP, der größte Bankensektor der Welt, sogar größer als der Bankensektor der zweitplatzierten Schweiz, wo der Aufbau der achtfachen Bilanzsumme allerdings drei Jahrhunderte dauerte«, kommentiert mit ironischem Unterton eine aktuelle Fallstudie der Yale-Professorin Sigridur Benediktsdottir, die Mitglied einer Untersuchungskommission zur Aufarbeitung des isländischen Bankenskandals war.[50]

Es lohnt sich, den Fall Island, der ein Fall ins Bodenlose war, noch einmal in Erinnerung zu rufen. Denn er ist kein Einzelfall und auch kein Gruselmärchen aus längst vergangenen Zeiten: Bis heute kämpfen Länder, Unternehmen, Menschen mit den Folgen der Finanzkrise, und eine neue ist jederzeit möglich, weil sich an der hochriskanten Statik des Bankensektors nichts grundsätzlich verändert hat. Er ist so instabil und krisenanfällig wie zuvor.

Die Praxis der drei Pleitebanken war atemraubend: Sie gaben sich zum Beispiel gegenseitig ungesicherte Kredite bis in dreistelliger Millionenhöhe und benutzten vielfach ausländische Offshorefirmen als Tarnung für isländische Investoren; mit abstrus hohen Zinsversprechungen lockten sie Einlagen deutscher, britischer und holländischer Kleinsparer an, und als dieser Geldstrom ins Stocken geriet, liehen sie sich Kapital von der Isländischen und der Europäischen Zentralbank; »... dazu hatten sie praktisch unbegrenzten Zugang, in gewisser Weise war es wie Gelddrucken«, heißt es dazu in der Studie. Zudem umgingen die Banken auch das Verbot, Käufe der eigenen Aktien durch gegenseitige Kredite zu finanzieren.[51]

Damit gelangt man zum Kern der Finanzkrise – dem viel zu geringen Eigenkapital der Banken. Es ergibt sich – vereinfacht ausgedrückt – aus der Differenz zwischen dem Vermögen einer Bank und ihren Schulden. Zum Vermögen der Geldinstitute zählen etwa Wertpapiere und Barvermögen, vor allem aber Forderungen an Kreditnehmer. Die Schulden bestehen vor allem aus den Einlagen von Kunden sowie aus Krediten, die die Bank zum Beispiel von anderen Banken erhalten hat. Ergibt sich nach Abzug der Schulden vom Vermögen ein negativer Saldo, also ein negatives Eigenkapital, ist die Bank überschuldet und insolvent. Das Eigenkapital schmilzt immer dann, wenn die Bank in eine Schieflage gerät, etwa weil Kunden ihre Kredite nicht zurückzahlen können oder weil Wertpapiere dramatische Kursverluste erleiden. Je mehr Eigenkapital die Bank in solchen Krisenfällen zur Verfügung hat, desto sicherer sind auch die Konten, Sparbücher und andere Einlagen der Kunden.

Es ist wie beim Hauskauf: Hat das Gebäude einen Wert von 600 000 Euro und ist mit einem Kredit von 480 000 Euro finanziert, beträgt das Eigenkapital 120 000 Euro, die Eigenkapitalquote also 20 Prozent; sinkt der Wert des Hauses aufgrund allgemein fallender Immobilienpreise um 60 000 Euro oder 10 Prozent, reduziert sich das Eigenkapital des Hauseigentümers von 120 000 auf 60 000 Euro – es reicht also noch gut aus, um ihn vor der Insolvenz zu bewahren. Hätte er jedoch nur 10 Prozent Eigenkapital eingesetzt, also 60 000 Euro, wäre es bei gleichem Wertverlust des Hauses völlig aufgezehrt. Banken setzen sich selbst – und ihre Kunden – derselben Gefahr aus, wenn ihre Eigenkapitaldecke zu gering ist.[52]

In ihren offiziellen Berichten gaben die drei isländischen Banken jahrelang Eigenkapitalquoten im Bereich von 15 bis

12 Prozent an, selbst wenige Monate vor dem Kollaps lagen sie mit offiziell elf Prozent noch weit über der damals vorgeschriebenen Achtprozentmarke. Wie jedoch aus der Island-Studie hervorgeht, betrug der Kapitalpuffer in Wahrheit nur acht Prozent: »Das Eigenkapital der Banken war zu einem großen Teil von ihnen selbst finanziert und damit fiktives Eigenkapital.«

Für ihre *illegalen* und *halblegalen* Praktiken, zu denen offenbar auch gehörte, irreführende Angaben zur Eigenkapitalquote zu machen, wurden die isländischen Zocker-Banker zur Rechenschaft gezogen. Viel entscheidender und problematischer aber ist der *legale* Teil des Geschäftsmodells nicht nur der isländischen Banken damals, sondern aller Banken bis heute: Höchst problematisch ist, dass sie völlig legal mit sehr wenig Eigenkapital und sehr viel Fremdkapital ein viel zu großes Rad drehen dürfen. Die isländischen Banken erfüllten stets die gesetzlichen Eigenkapitalvorgaben – und stürzten dennoch das ganze Land in seine schwerste Krise.

Bis zur Halskrause verschuldet

Jeder Bankkunde kann nachvollziehen, dass das Risiko, seine Einlagen durch fahrlässiges Bankenhandeln zu verlieren, umso größer ist, je weniger eigenes haftendes Kapital seine Bank vorhält. Oder umgekehrt: Je mehr die Bank mit fremdem Geld jongliert, umso höher das Risiko für den Sparer, sein Guthaben in einer Bankenkrise zu verlieren. Was viele Bankkunden jedoch nicht wissen: Banken ist es erlaubt, ihre Geschäfte mit extrem wenig Eigen- und sehr viel Fremdkapital zu tätigen. Im Vorfeld der Finanzkrise finanzierten zahlreiche große Banken ihre Geschäfte zu 97 Prozent über Schulden. Die deutsche Pleitebank Hypo Real Estate etwa, die den Steuerzahler einen zweistelligen Milliardenbetrag kostete, wirtschaftete mit Eigenkapital zwischen einem und zwei Prozent.[53] Für die Banken selbst stellen geringe Eigenkapitalquoten beziehungsweise eine hohe Verschuldung einen großen Anreiz dar. Eine hohe Verschuldung ist für sie attraktiv, weil dadurch die Rendite auf das Eigenkapital steigt: Je geringer das Eigenkapital, umso höher ist bei gleichem Gewinn die Rendite. Wer eine Investition von einer Million Euro tätigt, davon 900 000 Euro mit Kredit und 100 000 Euro mit eigenem Kapital finanziert (also einer Eigenkapitalquote von zehn Prozent) und einen Gewinn von 10 000 Euro erzielt, erreicht eine Rendite von zehn Prozent auf sein Eigenkapital; hätte er die Investition hingegen mit 960 000 Euro geliehenem Geld und mit einem Eigenkapital von lediglich 40 000 Euro getätigt, betrüge seine Eigenkapitalrendite bei gleichem Gewinn 25 Prozent (10 000 Euro bezogen auf 40 000 Euro). Allerdings, nichts ist umsonst! Das Risiko einer Insolvenz ist unvergleichlich höher, weil der Eigenkapitalpuffer schneller aufgezehrt wäre. Sinkt im genannten Beispiel der Wert der Eine-Million-Euro-Investition nur um 4,1 Prozent, also um 41 000 Euro, ist das Eigenkapital aufgebraucht und der Unternehmer insolvent.

Dieser Hebeleffekt – je höher der Schuldenanteil, desto höher die Eigenkapitalrendite – steckt auch hinter den legendären 25 Prozent Eigenkapitalrendite, mit denen der damalige Deutsche-Bank-Chef Josef Ackermann nach der Jahrtausendwende[54] prahlte. Und da auch die Boni der Bankmanager an die Eigenkapitalrendite gekoppelt sind, war und ist das schuldenfinanzierte Geldverdienen das alles beherrschende Ziel der Banken. Damit steigt aber nicht nur das Risiko einer Überschuldung der Bank immens; mit der Ausrichtung auf eine maximale Eigenkapitalrendite erhöhen die Banken wissentlich auch das Risiko für ihre Kunden und die Gesellschaft. Dabei würde keine Bank einem Unternehmen einen Kredit geben, das nur wenige Prozent Eigenkapital aufbringen kann. Eine Quote von 30 Prozent und blendende Geschäftsaussichten –

so viel machen Banker oft zur Voraussetzung, bevor sie überhaupt an eine Kreditvergabe denken. Doch die Banken haben es geschafft, der Öffentlichkeit einzureden, bei ihnen sei das geringe Eigenkapital gar kein Problem.

Und noch etwas macht die Geschäfte der Banken riskant: ihre hohe Vernetzung untereinander. Banken leihen sich gegenseitig hohe Geldsummen, die kurzfristig fällig werden. Gerät ein Geldinstitut in Not, sind viele andere sofort in Gefahr, sich anzustecken. Diese Ansteckungsgefahr wiederum ist der Grund, warum der Staat bei den Banken – anders als bei Unternehmen – schnell als Retter einspringt. Diese Bereitschaft gibt Bankern und Banken ein Gefühl der Sicherheit: Man gilt ja als »too big to fail«, zu groß und zu vernetzt, um fallengelassen zu werden.

Die drei isländischen Banken, die wie bereits erwähnt die gesetzlich geforderte Eigenkapitalausstattung erfüllten, überlebten die Folgen der Pleite der New Yorker US-Investmentbank Lehman Brothers im Herbst 2008 nur wenige Tage. Ihr Sicherheitspuffer durch eigenes Kapital war zu schwach, ihre Vernetzung zu hoch, als dass sie dem Sturm länger hätten standhalten können. Als sie fielen, rissen sie das ganze Land mit: Die Wirtschaftsleistung (BIP) brach um zehn Prozent ein, die verfügbaren Einkommen um 20 Prozent, die Isländische Krone verlor rund die Hälfte ihres Werts, zahllose Unternehmen und Privatpersonen waren ruiniert, die Inflation explodierte auf knapp 20 Prozent, die Staatsschulden schossen auf zeitweise 500 Prozent des BIP hoch (ein Mehrfaches der griechischen Staatsverschuldung). Ein Land am Rande des Staatsbankrotts.

Man kann die Banken mit Formel-1-Fahrern vergleichen, die mit aberwitzigem Tempo über eine Rennstrecke rasen, an der die Zuschauer direkt an der Fahrbahn auf Campingstühlen sitzen, ohne jeglichen Schutz durch Zäune, Reifenpuffer, Sicherheitsabstände. Ein solches Rennszenario wäre heute undenkbar, es gäbe einen breiten Aufschrei. Die Finanzbranche tut jedoch genau das, und die Politik – sozusagen der Rennveranstalter – lässt es zu: Jeden Tag von neuem rasen die Wagen über den ungesicherten Rennkurs durch die Zuschauermassen rechts und links, schlimmer noch: Die Rennwagen fahren stets im Pulk, so dass auch das relativ harmlose Touchieren zweier Fahrzeuge mit hoher Wahrscheinlichkeit zu einem Massenunfall und vielen Opfern unter den Fahrern und Zuschauern führt. Und wenn die Toten und Verletzten weggetragen sind, die Rennautos mit Staatsgeld wieder »repariert«, wird das Rennen fortgesetzt.

Die Harvard-Wissenschaftler Carmen Reinhart und Kenneth Rogoff zählten 2014 in einer Studie weltweit 100 Bankenkrisen während der vergangenen 150 Jahre. Zwei Wissenschaftler des Internationalen Währungsfonds (IWF) kamen sogar auf 147 systemische Bankenkrisen zwischen 1970 und 2011.[55] Seit den ersten großen Deregulierungsmaßnahmen im Finanzgewerbe in den 1980er Jahren explodierten die von der Branche um den Globus geschickten Geldsummen förmlich und entfernten sich immer mehr vom Geschehen in der realen Wirtschaft. Die Instabilität des Systems wuchs, seit 30 Jahren folgt eine Finanzkrise der anderen: Sparkassenkrise in den USA (1980er Jahre), Börsencrash in Japan und Bankenkrisen in den nordischen Ländern (1990er Jahre), Mexikokrise (1994/95), Asienkrise (1997/98) und Schwellenländerkrise (Brasilien und Argentinien Ende der 1990er Jahre), der geplatzte Dot-Com-Hype (2000), schließlich die Pleite von Lehmann Brothers (2008) und ihre weltweiten Verwüstungen.

Das Transnational Institute (TNI) in Amsterdam hat 2017 in einer Studie die Kosten der Bankenrettung für die europäischen Steuerzahler zwischen 2008 und 2015 auf rund 750 Milliarden Euro beziffert; hinzu kämen weitere fast 1,2 Billionen Euro für Bürgschaften und Garantien.[56] Noch viel größeren Schaden richtete die Krise allerdings dadurch an, dass sie die

Volkswirtschaften in die schlimmste Rezession seit 1930 stürzte. Millionen von Menschen auf der ganzen Welt verloren ihre Arbeitsplätze, Unternehmen gingen Bankrott, Hausbesitzer landeten in der Obdachlosigkeit. Den wirtschaftlichen Schaden aus verlorener Wirtschaftsleistung schätzen Fachleute allein für die USA auf mehr als zehn Billionen Dollar, in Europa dürfte er sogar noch höher sein.[57]

Man steht auch deshalb so wütend und fassungslos vor den sich wiederholenden Finanzkrisen und ihren katastrophalen Folgen für die Allgemeinheit, weil das Risiko neuerlicher Krisen relativ einfach reduziert werden könnte – schlicht dadurch, dass die Banken verpflichtet würden, mehr Eigenkapital vorzuhalten. Früher waren Eigenkapitalquoten von 25 Prozent üblich, in der ersten Hälfte des 19. Jahrhunderts betrugen sie sogar bis zu 40 und 50 Prozent. Ihr Erpressungspotential würde damit schlagartig sinken, ebenso das Risiko für Steuerzahler, sie ungefragt retten zu müssen.

»Die drastische Senkung der Verschuldung von Banken wäre die einfachste und kosteneffektivste Methode zur Krisenprävention«, sagt Martin Hellwig, einer der international führenden Bankenexperten, der bis 2017 Direktor am Bonner Max-Planck-Institut zur Erforschung von Gemeinschaftsgütern war. Dass viele der seit der Finanzkrise erlassenen Regulierungsvorschriften zur Bankenverschuldung zwar in die richtige Richtung weisen, aber keineswegs weit genug gehen, schreiben Martin Hellwig und Anat Admati in ihrem Buch »Des Bankers neue Kleider« dem Erfolg der Bankenlobby zu: »Wenn Banklobbyisten behaupten, eine höhere Eigenkapitalquote würde die Kosten der Bank erhöhen, lassen sie die Kosten unerwähnt, die den Steuerzahlern entstehen, wenn sie dafür sorgen, dass sich Banken billig verschulden können.« Denn tatsächlich müssten die Geldinstitute für ihre hohen Schuldenanteile und die damit verbundenen höheren Ausfallrisiken auch wesentlich höhere Zinsen zahlen (so wie

Banken auch von Unternehmen höhere Zinsen für höhere Risiken verlangen). Die viel zu niedrigen Zinsen für die hochverschuldeten Banken sind deshalb nichts anderes als Subventionen. »Die derzeitige Situation ist geradezu pervers«, schreiben Hellwig und Admati: »Banken zu subventionieren, damit sie sich bis zur Halskrause verschulden und dadurch so hohe Risiken eingehen können, dass das gesamte Bankensystem in Gefahr gerät, ist so, als subventioniere man Chemieunternehmen dafür, dass sie Seen und Flüsse verschmutzen.« Für die Banken ist das Schuldenmachen eine sehr billige Art der Finanzierung, aber nur deshalb, weil sie sich darauf verlassen können, im Notfall gerettet zu werden.

Eine wesentlich höhere Eigenkapitalquote, etwa im Bereich von 20 bis 30 Prozent, würde nicht nur das gesamte Bankensystem stabiler und eine nächste Finanzkrise unwahrscheinlicher machen; ein höherer Sicherheitspuffer würde auch weder den Bankkunden schaden noch die Kreditvergabe an Unternehmen erschweren. Mehr Eigenkapital bei den Banken wäre eine vernünftige, einfach umzusetzende und präventive Alternative zur viel teureren nachsorgenden Bankenrettung und die sie begleitenden volkswirtschaftlichen und sozialen Aufräumarbeiten. Die Kosten würden nur richtig und gerechter verteilt – sie lägen auf der Seite der Banken. Die Gewinne und Eigenkapitalrenditen der Banken wären dann wohl niedriger, demzufolge auch die Boni ihrer Manager und vielleicht auch deren Gehabe über ihre eigene Bedeutung; sie kämen ihrer eigentlichen Rolle als Dienstleister der Realwirtschaft wieder ein Stück näher.[58]

Zocker und »besoffene« Politiker

Dass trotz einer Finanzkrise nach der anderen bis heute keine substantielle, am Gemeinwohl ausgerichtete Regulierung der Banken vorgenommen wurde und das Finanzsystem nicht krisenfest ist,[59] ist nicht zuletzt der besonderen Verquickung zwischen Politik und Finanzkonzernen zuzuschreiben, die wir in diesem Buch bei allen untersuchten Branchen konstatieren und als industriell-politischen Komplex bezeichnen. In der Fallstudie über Island lassen die Autoren keinen Zweifel an der Verantwortung der Politik, dort habe die Haltung vorgeherrscht, dass die Banken selbst am besten geeignet seien, sich zu regulieren: »Das zentrale Anliegen der isländischen Regierung damals war es nicht nur, Banken und Sparkassen zu privatisieren und zu deregulieren, sondern auch, Island zu einem internationalen Finanzplatz zu machen. Die Regierung wollte, dass die Banken größer werden (...) aber niemand, der Verantwortung trug, hatte ein Bild davon, was die Banken wirklich taten.« Die Politik überließ das Schicksal eines ganzen Landes einigen Bankern im naiven Vertrauen darauf, dass sie es schon richtig machen würden. Von diesem Laissez-faire, so die Erwartung, würden dann irgendwie alle profitieren, die Wirtschaft, das Land, die Arbeitnehmer.

Diese Haltung herrschte weltweit vor, auch in Schleswig-Holstein. Von der damaligen Ministerpräsidentin Heide Simonis (SPD) ist ein Satz überliefert, der anschaulich macht, wie bereitwillig sich Politiker überall vom Größenwahn der Banker anstecken ließen und zu Komplizen wurden. Heide Simonis formulierte 2009 im Rückblick auf das Desaster der HSH Nordbank: »Wir waren damals alle mehr oder minder besoffen von der Idee, dass die HSH Nordbank als Global Player immer satte Gewinne einfährt.« Die Bank war 2003 durch Fusion aus den Landesbanken von Hamburg und Schleswig-Holstein hervorgegangen und stieg – angetrieben auch von ihren »besoffenen« Aufsichtsräten aus der Politik – binnen weniger Jahre zum größten Schiffsfinanzierer der Welt auf. Im Wunsch und Wahn, so zu sein wie die internationale »Finanzindustrie«, vergab die öffentlich-rechtliche Landesbank zu viele riskante Kredite – in der Spitze mehr als 40 Milliarden Euro – und wurde Anfang 2018 mit gigantischen Haftungsverpflichtungen in Höhe eines zweistelligen Milliardenbetrags[60] zu Lasten der Steuerzahler an einen US-Investor verkauft.[61]

Ob Kiel, Hamburg, Reykjavík, New York oder irgendein anderer Schauplatz der globalen Finanzkrise – stets sind beide anzutreffen: Banker, die zocken, und »besoffene« Politiker. Sie bilden eine Interessengemeinschaft, die enger ist als in jedem anderen Wirtschaftssektor. Der Wirtschaftsautor Gabor Steingart hat dieses Verhältnis einmal als »Bastardökonomie« folgendermaßen beschrieben: »Die dem Gemeinwohl verpflichteten Politiker und die auf Gewinnmaximierung ausgerichteten Banken verstehen sich nicht länger als Gegenspieler, sondern als Partner. Sie bilden eine Zugewinngemeinschaft (…) Die Interessen der Banken – Kredit verkaufen – und die Interessen der Politiker – Kredit verbrauchen – ergänzen sich aufs Schönste (…) Der eine kann ohne den anderen nicht mehr leben. Deshalb rettet heute der Staat die Banken und die Banken retten den Staat.«[62]

Eine deutsche Besonderheit in diesem Zusammenhang sind die öffentlich-rechtlichen Landesbanken (wie die Pleitebank HSH) und die Sparkassen. In ihrer Gesamtheit bilden sie eine Art öffentlich-rechtlichen Bankenkonzern, der unvergleichlichen Einfluss auf die Politik ausübt – die Landesbanken als zentrale Berater der Landesfinanzminister in allen Finanzmarktfragen, die Sparkassen auf Landkreisebene durch die Verwaltungsräte, also Kommunalpolitiker, die in erster Linie dem Interesse ihrer Sparkasse vor Ort verpflichtet sind. In keinem anderen Land, sagt der Grünen-Politiker und Bankenexperte Gerhard Schick, gebe es wie hierzulande »eine stehende parlamentarische Mehrheit für die öffentlich-rechtlichen Geldinstitute. Kein anderer Unternehmensverbund schafft es, so viele Politiker in seine Dienste zu nehmen wie sie« – und damit Einfluss auf Fragen wie etwa die Eigenkapitalausstattung oder eine Finanztransaktionssteuer.

Die Interessengemeinschaft zwischen Finanzelite und politischer Elite kommt auch ohne dick gefüllte Briefumschläge und geheime Parteispenden aus. Es funktioniert sogar ohne gegenseitige persönliche Wertschätzung. Die »Bastardökonomie« beruht tatsächlich auf gemeinsamen Interessen. Angela Merkel, die, als sich im Frühjahr 2008 die Finanzkrise bereits deutlich abzeichnete, wie bereits erwähnt im Kanzleramt eine Geburtstagsparty für den damals gefeierten Deutsche-Bank-Chef Josef Ackermann ausrichtete, mag inzwischen persönlich enttäuscht sein von dem selbstgerechten großspurigen Mann. An der Beziehung zwischen den Sphären änderte das jedoch rein gar nichts: Die großen Banken gelten – auch zehn Jahre nach dem verheerenden Crash – als »systemrelevant«, sie sind weiterhin unantastbare Institutionen, die kein Bundeskanzler, keine Regierung fallen lassen kann. Die großen Banken dürfen, obwohl sie private Unternehmen sind, nicht scheitern, weil dann auch die Politik scheiterte. Der Staat schützt sie vor dem »Banken-Run«, bei dem sehr viele Kunden aus Angst vor dem Totalverlust ihre Einlagen abheben und so die Krise verschärfen würden. Doch der Schutz der Banken heizt die Verschuldungsspirale nur weiter an, denn so wissen die Banken, dass sie nichts zu befürchten haben – und zocken umso ungenierter.

Die Politik setzt für die Banken die Marktwirtschaft außer Kraft: Bei der Gewinnerzielung werden sie als Privatunternehmen behandelt und genießen große unternehmerischen Freiheiten, bei der Haftung mutieren sie zu Quasi-Staatsbanken – mit den Normalbürgern als unfreiwilligen Gläubigern.

»Government Sachs«

Man sollte sich von Politikern, wenn sie sich zeitweise bankenkritisch geben und in Aussicht stellen, nun wirklich Reformen anzugehen, um neuerliche Crashs zu verhindern, nicht täuschen lassen. »Nie wieder darf eine Bank so groß sein, dass sie Staaten erpressen kann, das ist der wichtigste Punkt«, sagte Angela Merkel im September 2009.[63] Zeitgleich versprachen die Staatschefs der G-20-Länder: »Wo rücksichtsloses Verhalten und ein Mangel an Verantwortung in die Krise führten, werden wir es nicht zulassen, zum üblichen Banking zurückzukehren.«[64] »Die Welt hat mit zig Millionen Arbeitslosen bezahlt, die keinerlei Schuld hatten und für alles bezahlen mussten«, klagte 2011 der französische Staatspräsident Nicolas Sarkozy, »wir sahen, dass große Institute, die wir für vertrauenswürdig hielten, in den letzten zehn Jahren Dinge getan haben, die nichts mit gesundem Menschenverstand zu tun hatten.« Und vom früheren US-Präsidenten Barack Obama ist ein Zitat überliefert, das er – 2009 frisch im Amt – im Weißen Haus Bankenbossen gegenüber äußerte, als die ihm erklärten, warum sie trotz Finanzkrise und Bankenrettung so hohe Gehälter und Boni verdienten. »Seien Sie vorsichtig mit solchen Äußerungen, meine Herren, die Öffentlichkeit kauft ihnen das nicht ab. Meine Regierung ist das Einzige, was noch zwischen Ihnen und den Mistgabeln steht.«[65]

Passiert ist seither nichts Substantielles. Basel III, das 2010 beschlossene internationale Abkommen über die Eigenkapitalanforderungen für Banken: Die Eigenkapitalvorschriften sind viel zu schwach und bieten den Banken durch komplexe Berechnungsmodelle reichlich Spielraum für Manipulationen. Auch Reformen, die wenigstens die riskanten Wertpapiergeschäfte der Investmentbanker vom klassischen Einlagen- und Kreditgeschäft trennen sollten, wurden in Deutschland und Frankreich stark verwässert.[66] Auf europäischer Ebene scheiterte das Vorhaben komplett,[67] – nach jahrelangem Streit im Europaparlament zog die EU-Kommission ihren Verordnungsentwurf für ein Trennbankengesetz zurück. Und Barack Obama, der im Wahlkampf viele Millionen Dollar von der Wall Street kassiert hatte, konnte oder wollte die Macht der Finanzindustrie nicht nachhaltig einhegen. Der US-Kongress ist gerade dabei, das Dodd-Frank-Gesetz von 2010, das die Banken ein Stück stärker regulierte, an wesentlichen Stellen wieder abzuwickeln.[68]

Die Interessengemeinschaft aus Bankenvertretern und Politik funktioniert unverändert und verhindert den überfälligen Systemwechsel. Sie beruht auf engen personellen Verflechtungen. Der französische Staatspräsidenten Emmanuel Macron ist ein ehemaliger Investmentbanker. In den USA ist die Verquickung derart eng, dass die New York Times schon von der »Regierung Sachs« (»Government Sachs«) schrieb in Anspielung auf die vielen Manager der Investmentbank Goldman Sachs, die ins politische Lager wechselten. Seit dem Zweiten Weltkrieg rekrutieren amerikanische Regierungen regelmäßig Mitarbeiter dieser Großbank, die als besonders aggressive Vertreterin ihrer Branche gilt. Vom Direktor der staatlichen Export-Import-Bank über Posten im Nationalen Wirtschaftsrat, vom Stabschef im Weißen Haus bis zum Staatssekretär und Finanzminister – die »Goldmänner« waren und sind überall anzutreffen, egal ob im Weißen Haus ein Republikaner oder ein Demokrat regiert. »In den vergangenen zwanzig Jahren hat die Wall Street ihre Kontrolle über das Finanzministerium gefestigt, und die Ernennung ehemaliger Goldman Sachs-Mitarbeiter (…) ist der sichtbarste Ausdruck für die strukturelle Macht der Finanzbranche«, schreibt der Soziologe und Globalisierungskritiker Walden Bello.[69] Zuletzt machte Gary Cohn Schlagzeilen, der anlässlich seines Wechsels von Goldman Sachs zum obersten Wirtschaftsberater Donald Trumps (inzwischen ist er schon wieder zurückgetreten) sagenhafte

285 Millionen Dollar als Bonuspaket von seinem ehemaligen Arbeitgeber kassierte.[70]

In Europa sichert sich die Bank Einfluss auf die Politik durch Männer wie José Manuel Barroso, den früheren Präsidenten der EU-Kommission, der jetzt als hochdotierter Berater und Lobbyist für Goldman Sachs arbeitet.[71] Auch Mario Draghi, Chef der Europäischen Zentralbank (EZB), war zuvor bei Goldman Sachs, ebenso Mark Carney, der Chef der Bank of England, während Mario Monti zuerst EU-Kommissar war, dann Goldman Sachs beriet und schließlich wieder in die Politik wechselte als italienischer Regierungschef.[72] Der jüngste Coup der Investmentbanker: Jörg Kukies, Kochef von Goldman Sachs in Deutschland, der im Frühjahr 2018 zum Staatssekretär im Bundesfinanzministerium ernannt wurde. Als dessen Vorzüge wurde zu Recht genannt, dass er die globalen Finanzmärkte bestens kenne. Andererseits kommt er aus einem Bankhaus, dessen komplexe und oft undurchschaubare Produkte mit zur Finanzkrise beitrugen und das dabei half, die Staatsverschuldung von Italien und Griechenland trickreich solider aussehen zu lassen. Von einem, der sich jahrelang mit der Logik einer Investmentbank identifizierte und damit reich wurde, ist nicht zu erwarten, dass er nun zweifelsfrei gemeinwohlorientierte Politik betreibt und Ideen zur grundlegenden Reform des Finanzsystems voranbringt.[73]

Die Macht der Finanzkonzerne hat seit der Finanzkrise nicht abgenommen, im Gegenteil: Die Banken werden nicht von der Politik reguliert, sie regulieren sich selber. Der sogenannte »Basler Ausschuss«, der Vorschläge für die Bankenregulierung entwickelt, insbesondere für die Eigenkapitalanforderungen, wird von der Finanzindustrie beeinflusst. Wie stark die Branche immer noch den finanzpolitischen Diskurs bestimmt, zeigt auch die Debatte um Rettungsschirme für Griechenland und andere Südländer. So stand Griechenland bald als alleiniger Verursacher der Euro-Krise da, während die Rolle der Banken

völlig ausgeblendet wurde. Dabei waren es die bereits hochverschuldeten Geldinstitute, die wider besseres Wissen auch
diesen Ländern immer neues Kapital liehen, in der Gewissheit,
im Notfall von den Regierungen gerettet zu werden.[74]
Viele Medien haben dabei ihren genuinen Auftrag, kritisch
und unabhängig zu berichten, in keiner Weise erfüllt. Dafür
müssten sie sich heute entschuldigen, so wie sich die New York
Times und die Washington Post einst bei ihren Lesern für ihre
unkritische Berichterstattung im Irakkrieg entschuldigten.[75]
Der Investigativ-Journalist Harald Schumann schreibt: »Die
große Mehrheit der deutschen Medienkonsumenten hat bis
heute nicht erfahren, worum es bei den ungeheuren ›Ret-
tungsschirmen‹ von Anfang an ging und bis heute geht: Die
Milliardenkredite dienten ausschließlich dazu, die Gläubiger
der überschuldeten Länder von ihren Fehlinvestitionen frei-
zukaufen.« Und die Gläubiger waren vor allem deutsche und
französische Privatbanken, die große Teile der griechischen
Staatsschulden hielten. »Es ging nie um solidarische Hilfe
durch ›Hilfszahlungen‹ und ›Rettungspakete‹ für Griechenland und die anderen Krisenstaaten, sondern nur um eine
zweite Bankenrettung.«[76]
Der politische Streit über die Verteilung der Lasten und der
Verantwortung wurde von Politikern und Medienmachern
zum ressentimentgeladenen Konflikt zwischen Nationen
umgedeutet, in dem »die Südländer« »den Deutschen« und
»den Franzosen« das Geld stehlen. Ein Rückfall in vergan-
gene Jahrhunderte, der das Fehlverhalten der Banken perfekt
kaschierte. Dass die Politik sie weiter gewähren lässt, ist alarmierend.[77]

3.3. Globale Diabetesepidemie: die Nahrungsmittelkonzerne

Sieben lange Jahre tuckerte über den Amazonas ein Schiff, das eine traurige und skandalöse Geschichte erzählte, die Geschichte eines Konzerns, der sich nicht aufhalten lässt, solange nicht auch noch die Menschen im brasilianischen Urwald seine Joghurts, sein Eis, seine Kekse, Frühstücksflocken und Schokoriegel essen. Das Schiff, knapp 30 Meter lang, hieß »Terra Grande«, große Erde, so stand es am blauen Rumpf, aber dieser Name ging unter in der grellbunten Präsenz der Werbung für die süßen Produkte am Schiffsaufbau. Nachdem es in Belém an der Atlantikküste Brasiliens beladen worden war, fuhr das Schiff etwa 1000 Kilometer flussaufwärts über den Amazonas über Alenquer und Prainha bis nach Santarém und Oriximiná, um unterwegs an den Anlegern von 18 Ortschaften die Produkte des weltgrößten Lebensmittelherstellers zu verkaufen, des Schweizer Nestlé-Konzerns mit rund 90 Milliarden Franken Umsatz. »Terra Grande«, die Erde ist groß, und Nestlé erst am Ziel, wenn es auf ihr keine weißen Flecken mehr für Nestlé-Schokoriegel gibt.

»Nestlé Até Você a Bordo«, Nestlé nimmt dich an Bord, so warb der »schwimmende Supermarkt«, im Angebot rund 300 bekannte Nestlé-Marken für seine Kunden. Nestlé zählt diese Kunden zu den »Klassen« C, D und E, deren Merkmal es ist, dass sie weniger als zehn US-Dollar am Tag verdienen. Das ist sehr wenig, aber Nestlé will auch davon etwas abhaben. Weltweit, so rechnete der Konzern zum Start des schwimmenden Supermarkts im Jahr 2010 vor, gebe es 2,8 Milliarden Menschen in diesen Einkommensklassen, 800 000 von ihnen könne man monatlich entlang des Amazonas erreichen. Das Boot »Terra Grande« – für Nestlé eine »strategische Plattform für Wachstum«, ein »zusätzlicher Verkaufskanal«, der den Armen Zugang biete zu »Ernährung, Gesundheit und Wellness«.[78] So behauptet es Nestlé, aber glauben die Konzern-vorstände, wenn sie in den Spiegel schauen, selbst daran, dass sie mit Eis, Schokoriegeln und Frühstücksflocken Gesundheit und Wellness in die Armenviertel bringen?

Weil die Menschen und Märkte in den Industrieländern weitgehend satt und gesättigt sind und den Konzernen kaum noch Wachstumsmöglichkeiten bieten (auch weil die Menschen dort immer älter werden und deshalb einen geringeren Nahrungsenergiebedarf haben), dringen globale Lebensmittel-Multis wie Nestlé mit aller Macht in viele Schwellen- und Entwicklungsländer in Südamerika, Asien und Afrika vor. Sie richten dort immense Schäden an, indem sie lokale und regionale Märkte zerstören und die Art, Landwirtschaft zu betreiben, massiv verändern; indem sie traditionelle Kost verdrängen und die Menschen an ungesunde hochverarbeitete Lebensmittel gewöhnen. Die hochkalorischen Fertigprodukte enthalten in der Regel viel Salz, Zucker, Fett und Geschmacksverstärker – aber wenig Nährstoffe. So kann sich die abstruse Situation ergeben, dass Menschen in ärmeren Ländern übergewichtig oder sogar fettleibig sind und zur gleichen Zeit mangelernährt. »Weil billiges Essen überall erhältlich ist, herrscht die Meinung vor, dass wir in der besten aller Welten leben«, sagt Anthony Winson von der University of Guelph in Ontario. »Aber wenn man genauer hinschaut, zeigt sich – hart ausgedrückt: Diese Ernährung tötet.«[79]

Denn mit dem plötzlichen Überangebot unausgewogener Nahrung exportieren[80] die Konzerne in epidemischem Ausmaß Zivilisationskrankheiten wie Fettleibigkeit und Diabetes mit all ihren Folgeerscheinungen, die nicht nur millionenfaches lebenslanges Leid bedeuten, sondern den Ländern gigantische gesellschaftliche Folgekosten aufbürden. Zuerst wurden die US-Amerikaner, Europäer und Australier dick und krank, dann die Menschen in immer mehr Ländern in Asien, Afrika, Lateinamerika und im Mittleren Osten.

Die Zahlen sprechen eine eindeutige Sprache: Laut Weltgesundheitsorganisation (WHO) stieg zwischen 1975 und 2016 der Anteil der erwachsenen US-Amerikaner mit Übergewicht (Body-Mass-Index von über 25) von 41 auf 68 Prozent, in Deutschland von 38 auf 57, in Großbritannien von 40 auf 64, in China von 10 auf 32, in Ägypten von 38 auf 63. Derselbe alarmierende Trend bei krankhafter Fettleibigkeit oder Adipositas (Body-Mass-Index größer als 30): Mehr als 10 Prozent der Weltbevölkerung – rund 700 Millionen Menschen – leiden heute unter Fettleibigkeit, erstmals in der Geschichte gibt es jetzt mehr Fettleibige als Untergewichtige.[81] Einige Zahlen: in den USA eine Verdreifachung von 12 auf 36 Prozent zwischen 1975 und 2016; in Chile von 11 auf 28, in Spanien von 10 auf 24, in Indien eine Verdreizehnfachung von 0,3 auf fast 4 Prozent.[82] In 73 Ländern der Erde hat sich der Anteil der Fettleibigen seit 1980 mindestens verdoppelt. Besonders betroffen sind viele Entwicklungs- und Schwellenländer, in denen vor wenigen Jahrzehnten teilweise noch Hunger und Mangelernährung herrschten,[83] darunter Länder wie Saudi Arabien, Algerien, Ägypten, Mali oder Guinea-Bissau. In China stieg der Anteil der Fettleibigen von unter einem Prozent im Jahr 1980 auf heute mehr als fünf Prozent, in Burkina Faso von etwa 0,3 auf fast 7 Prozent.[84]

Und immer mehr Kinder und Jugendliche werden Opfer: Nach Angaben der WHO sind weltweit 124 Millionen Minderjährige fettleibig, ihre Zahl hat sich seit 1975 mehr als verzehnfacht; und weitere 213 Millionen Kinder und Jugendliche gelten als übergewichtig.[85] Ende 2017 veröffentlichte die Harvard T.H. Chan School of Public Health Projektionen, wonach in den USA bei anhaltendem Trend 57 Prozent aller heutigen Kinder im Alter von 35 Jahren fettleibig sein werden.[86]

Dasselbe katastrophale Bild zeigt sich bei Diabetes, zu dessen Ursachen auch Übergewicht zählt: Laut dem ersten Welt-Diabetes-Bericht der Weltgesundheitsorganisation (WHO) litten 2014 rund 422 Millionen Menschen unter dieser Krankheit, rund viermal mehr als 1980. Bei den Erwachsenen stieg die Häufigkeit der Erkrankung im selben Zeitraum von 4,7 auf 8,5 Prozent, und die Zahlen wachsen vor allem in Ländern mit mittleren und niedrigen Einkommen. Die Hälfte der Zuckerkranken kommt aus nur fünf Ländern – China, Indien, USA, Brasilien und Indonesien.[87] Allein in Europa starben im vergangenen Jahr fast 700 000 Menschen an den Folgen der Zuckerkrankheit, deren Behandlung 207 Milliarden Dollar kostete.[88] In den USA verschlang die Behandlung von mehr als 30 Millionen zuckerkranker Bürger (annähernd zehn Prozent der Bevölkerung) bereits 2012 rund 245 Milliarden Dollar.[89] Vergleichbare Beträge müssten in naher Zukunft auch die Gesundheitssysteme in ärmeren Regionen der Welt bereitstellen: Wenn sie es tun, sind ihre Budgets Geisel der Krankheit; wenn sie es nicht tun – und das ist wahrscheinlicher –, müssen Millionen Zuckerkranke ohne angemessene medizinische Versorgung auskommen.

Die Konzerne kennen die Fakten. Sie wissen, dass hochkalorische Speisen und Getränke mit zu viel Zucker, Salz und Fett eine entscheidende Rolle spielen, wenn Menschen zu viel Gewicht zulegen und krank werden.[90] Die Lebensmittelmanager wissen, dass Übergewicht und Fettleibigkeit das Risiko erhöhen für Diabetes, Herzkrankheiten und Krebs,[91] dass sie Profite einstreichen mit Lebensmitteln, für deren schädliche Folgen andere zahlen: in Geldbeträgen die Kranken- und Sozialkassen und öffentliche Haushalte, also Versicherte und Steuerbürger; in Leid und verlorenen Lebensjahren die Kranken. Obwohl die Schäden also sichtbar, messbar, bezifferbar sind, haften die Konzerne und ihre verantwortlichen Manager nicht.

Die wachsende Konzentration im globalen Lebensmittelmarkt wird diese Situation weiter verschärfen. Ob bei den Herstellern von Traktoren und Agrartechnik, ob bei Weizen-

oder Maishändlern, bei den Produzenten von Düngemitteln, Saatgut oder Pestiziden – überall werden die Weltmärkte von immer weniger Konzernen beherrscht, die ihren Sitz meist in den Industrieländern haben. Immer stärker mischen auch Technologiekonzerne mit, die im Zuge der Digitalisierung der Landwirtschaft in den Ställen und auf den Feldern neue Geschäftsbereiche erobern; vom Einstieg Amazons in den Lebensmittelhandel werden zusätzliche gravierende Umwälzungen erwartet.

Auch die Herstellung von Lebensmitteln erlebt seit Jahren durch Übernahmen und Fusionen einen nie dagewesenen Konzentrationsprozess: Noch sei der Weltmarkt wegen der vielen regionalen Lebensmittelproduzenten nicht so stark konzentriert wie andere Teile der Wertschöpfungskette, heißt es im Konzernatlas 2017,[92] die 50 größten Lebensmittelkonzerne (darunter Firmen wie Nestlé, Danone, Unilever, Mars, Kraft Heinz, Mondelèz, General Mills oder Tyson) erwirtschaften bislang »nur« 50 Prozent des weltweiten Umsatzes; aber »die größten Konzerne verzeichnen die meisten Zuwächse, und diese Entwicklung wird sich so fortsetzen«. Mit der Globalisierung der Ernährungssysteme und der Expansion der Multis, so der Konzernatlas, »verändern sich die Essgewohnheiten nicht nur im Norden, sondern auch in Schwellen- und Entwicklungsländern. Die wenig verarbeiteten Lebensmittel werden durch hochgradig verarbeitete ersetzt, auch durch Fertiggerichte wie Pizzen, Suppen und Menüs«. Mit anderen Worten: Einige wenige Dutzend global agierende Konzerne, die meisten börsennotiert, treiben die Industrialisierung der Lebensmittelerzeugung vom Acker bis zur Ladentheke voran, sie bestimmen, welche Pflanzen angebaut werden und nach welchen Methoden, wie Tiere gehalten werden, wie die Arbeitsbedingungen der Menschen aussehen, wie die Waren verteilt und beworben werden, und letztlich: Was wir essen.[93]

Brasilien: Nestlé als Wohltäter der Armen

Während für den Nestlé-Chef die »aufstrebenden Märkte« jener Länder im globalen Süden eine »winning position« darstellen und 2014 der damalige Chef von Coca-Cola International über »riesige Chancen« frohlockte, weil die Hälfte der Weltbevölkerung im zurückliegenden Monat kein Coke getrunken habe und 600 Millionen Jugendliche keines während der zurückliegenden Woche, sind in diesen Ländern Katastrophen zu besichtigen. In einer lesenswerten Artikelserie (»Planet Fat«)[94] hat die New York Times Ende 2017 Beispiele aus aller Welt dafür zusammengetragen, wie rücksichtslos die Konzerne ihre wachsende Markt- und politische Macht einsetzen, um ihre Expansionsstrategien durchzusetzen. Der im April 2017 nach sieben Jahren eingestellte »schwimmende Supermarkt« auf dem Amazonas ist nur ein Mosaikstein in Nestlés Kampf um neue Kunden in den Armenvierteln Brasiliens. Schon seit 2006 fährt der Konzern eine »Regionalisierungs«-Strategie, dazu gehören 200 »Mikro-Verteiler« sowie rund 7000 Verkäuferinnen, die mit Nestlé-Handkarren von Tür zu Tür durch ihre Nachbarschaften ziehen und so Millionen Menschen erreichen. Tatsächlich gehören zum Nestlé-Sortiment auch Vollkornflocken oder fettarme Joghurts. Aber wie die Haustürverkäuferinnen berichten, kaufen ihre Kunden besonders gern die süßen Schoko-Riegel und Joghurts. Zu kaufen sind sie oft nicht einzeln, sondern in großen Plastik-Gebinden mit mehreren Produkten: das »Frühstücks-Kit« mit Milchpulver und Schokoflocken, ein Kit mit sechserlei Kekspackungen, knapp ein Kilogramm schwer, das »Nachtisch-Kit« mit Milchprodukten wie Joghurts.

Die Menschen sind beeindruckt von den Versprechen auf den Verpackungen über angereicherte Vitamine und Mineralien; sie sind überzeugt, dass der Konzern aus dem Westen, dessen Lebensmittel auch einen gewissen Status repräsentieren, ihnen Qualitätsprodukte andient. Dass die Verkäuferinnen ein Zubrot verdienen und Verkaufs- und Ernährungsschulungen besuchen können, steigert zusätzlich den Ruf des Unternehmens, das dazu selbstlobende Presseerklärungen verfasst: So schaffe man »shared value« mit der Gesellschaft und »soziale Inklusion«, schreibt Nestlé und verrät dabei doch den tieferen Grund für sein Engagement: In den Schulungen würden die Verkäuferinnen lernen, wie man Kunden anspricht und »neue Konsumenten erobert«.

Diesem Eigenlob stehen katastrophale Zahlen gegenüber: Seit 1975 hat sich der Bevölkerungsanteil erwachsener fettleibiger Brasilianer von gut 5 auf 22 Prozent mehr als vervierfacht, im gleichen Zeitraum verdoppelte sich der Anteil der übergewichtigen Erwachsenen auf 56 Prozent;[95] und jedes Jahr erhalten 300 000 Brasilianer die Diagnose Diabetes Typ 2. Bei den Kindern schießen die Zahlen durch die Decke: Fast 9 Prozent von ihnen sind fettleibig, ein Anstieg um mehr als 270 Prozent seit 1980.[96]

Wenn man Fotos dieser krankhaft dicken Kinder und ihrer Eltern sieht, die kaum eine Chance haben, ihrer Situation zu entkommen – der Werbung, den neuen Essgewohnheiten, den fehlenden Bildungs- und Nahrungsangeboten –, dann erscheint das Argument der Lebensmittelkonzerne geradezu absurd, diese Menschen müssten sich eben mehr bewegen, mehr Sport treiben und Maß halten, sie seien letztlich selbst verantwortlich für ihren Lebens- und Ernährungsstil. Tatsächlich sind sie das Gegenteil von ebenbürtigen Marktteilnehmern, die die freie Wahl haben über ihre Ernährung: Sie sind offenkundig Opfer.

»In den USA«, sagt der Ernährungs- und Gesundheitswissenschaftler Carlos Monteiro von der Universität in São Paulo, »versucht Marketing die Leute zu einem Markenwechsel zu bewegen. In Brasilien hingegen steuert Marketing die Leute weg vom traditionellen Essen hin zu hochverarbeiteten

Lebensmitteln wie soft drinks, salzige und süße Snacks und Fertiggerichte. Das alles ist eigentlich kein richtiges Essen, es sind Rezepturen (formulations), die gemacht sind, um über die Maßen konsumiert zu werden und manchmal auch abhängig machen.« Monteiro spricht von einem »Krieg« der Ernährungsweisen, »wobei die eine Ernährungsweise unverhältnismäßig mehr Macht hat als die andere.«[97]

Auch diesem Aspekt ist die New York Times in Brasilien nachgegangen und kommt zu dem Ergebnis, dass die Macht der Getränke- und Lebensmittelproduzenten und ihrer Verbände »kaum überschätzt werden kann«. Zwar verbot das höchste Gericht des Landes 2015 Spenden an Parteien und Parlamentskandidaten;[98] bis dato waren Millionen von Dollar geflossen von Coca-Cola bis McDonald's und vor allem vom brasilianischen Fleischgiganten JBS. Angesichts ihrer wirtschaftlichen Interessen ist jedoch davon auszugehen, dass die Konzerne unverändert Mittel und Wege haben, ihren Einfluss geltend zu machen: So wie vor wenigen Jahren, als die Regierung über Warnhinweise auf Lebensmitteln mit hohem Zucker-, Salz- und Fettgehalt nachdachte und über strengere Regeln für die Bewerbung ungesunder Lebensmittel für Kinder. Dann wäre zum Beispiel das Sponsoring sportlicher und kultureller Veranstaltungen durch Firmen wie Pepsi oder Kentucky Fried Chicken verboten gewesen. Dagegen machte ein Lobbyverband mobil, dem unter anderem Nestlé, Unilever und Cargill angehörten: Von der Industrie finanzierte Wissenschaftler traten im Fernsehen auf, Zeitungsartikel riefen zu mehr körperlicher Bewegung und strengerer Erziehung auf, jegliche Regulierungen wurden als »Zensur« verteufelt, die Firmen ruinieren könne.

Die staatliche Gesundheitsagentur Anvisa zog schließlich die Vorschläge zurück, bis auf einen einzigen, der Warnungen in Junk-Food-Werbung vorsah. Dagegen reichten elf Lebensmittelverbände Klagen ein, von denen die meisten bis heute anhängig sind. Die Regulierungen liegen damit auf Eis. Laut dem Zeitungsbericht wurde auch die damals fürs Präsidentenamt kandidierende Dilma Rousseff von Wirtschaftsvertretern angegangen, denen sie Zusagen gemacht haben soll. Kurz nach dem Wahlsieg Rousseffs, die inzwischen ihres Amtes enthoben ist, wurde der Chef der staatlichen Gesundheitsagentur Anvisa durch einen Mann ersetzt, der zuvor als Anwalt für Unilever gearbeitet hatte. Wenig später wurde in einer Ausstellung der Agentur wieder betont, wie wichtig körperliche Bewegung und Mäßigung seien im Kampf gegen die Fettleibigkeitsepidemie im Land. Sponsor der Ausstellung: Coca-Cola.[99]

Malaysia: Wirtschaft kapert Wissenschaft

Malaysia, wo der Verkauf verarbeiteter Lebensmittel während der vergangenen fünf Jahre um 105 Prozent wuchs, ist das Land mit einer der dicksten Bevölkerungen – und gleichzeitig das Land, in dem internationale Lebensmittelkonzerne einen Zugriff auf die Ernährungswissenschaft haben wie sonst in vielleicht keinem anderen. Mehr als die Hälfte der Erwachsenen sind übergewichtig (42 Prozent) oder adipös (15 Prozent).[100] 10 bis 19 Prozent der Gesundheitsausgaben des Landes werden inzwischen für den Kampf gegen die Fettleibigkeit und ihre Folgen aufgewendet, betroffene Männer verlieren im Schnitt sechs bis elf »produktive Jahre«, Frauen zwischen sieben und zwölf Jahre.[101] Der führende Ernährungswissenschaftler des Landes, Dr. Tee E Siong, Mitglied in zahlreichen Regierungskommissionen, bekennt angesichts der schlechten finanziellen Situation für unabhängige Forschung freimütig: »Ich habe zwei Möglichkeiten: Entweder mache ich gar nichts, oder ich arbeite mit den Unternehmen zusammen.«

Er entschied sich für Letzteres. Und so wird nicht nur die von ihm geleitete Ernährungsgesellschaft Malaysias (Nutrition Society of Malaysia) zu großen Teilen von einigen der größten Lebensmittelkonzerne finanziert. Dr. Tee holt sich auch für Forschungsprojekte regelmäßig die finanzielle Unterstützung von Firmen wie Nestlé, Kellogg's, PepsiCo oder Tate & Lyle in London, einer der weltgrößten Hersteller von raffiniertem Zucker. Auch Dr. Tees »Frühstücks-Studie«[102] von 2015 wurde durch mindestens 188 000 Dollar von den Frühstückslieferanten Nestlé und Cereal Partners Worldwide (ein Gemeinschaftsunternehmen von Nestlé und General Mills) ermöglicht. Und nicht nur das: Vor ihrer Veröffentlichung wurde die »Frühstücks-Studie« von vier Nestlé-Mitarbeitern begutachtet. Sie gaben sie frei, was nicht verwunderlich ist: Denn die Studie kam zum Ergebnis, dass bei Kindern, die mindestens einmal in der Woche Malzgetränke trinken, eine höhere Wahrscheinlichkeit bestehe, dass sie körperlich aktiv sind und weniger Zeit vor dem Bildschirm verbringen. Das war nicht nur positiv für das Image von Malzgetränken im Allgemeinen, sondern speziell für Nestlé, das mit seinem süßen Schoko-Malzgetränkepulver Milo (rund 40 Prozent Zuckeranteil) den Markt in Malaysia dominiert und auch Frühstücksflocken (rund 36 Prozent Zuckeranteil) anbietet.[103] Ein paar Monate später hielt einer der Studienautoren gemeinsam mit Nestlé-Mitarbeitern Milo-Packungen in die Kameras zum Start der landesweiten Nestlé-Frühstücks-Kampagne »Own the Day.«

Es scheint keinerlei Berührungsängste mehr zu geben. So veröffentlichte Dr. Tees Ernährungsgesellschaft eine Broschüre über Vollkorngetreide mit Anzeigen für Nestlés Frühstücksflocken, die zu mehr als einem Viertel aus Zucker bestehen. Die Gesellschaft wirbt zudem für Nestlés Kinderprogramm in Schulen, in dessen Begleitvideos Kinder erklären, dass ihnen Frühstücksflocken Energie für den Tag geben und sie in der Schule nicht mehr müde werden. Manche süße Nestlé-Cerealien sowie hochverarbeitete Produkte anderer Firmen tragen das Zertifikat »Selected Healthier Choice« des Malaysischen Gesundheitsministeriums. Entwickelt wurde das Label in Zusammenarbeit mit dem malaysischen Herstellerverband. Schließlich führte Dr. Tee auch mehrere Länder im Southeast Asian Public Health Nutrition Network (SEA-PHN) zusammen, das zu weiten Teilen von Firmen wie Danone, Nestlé oder PepsiCo unterstützt wird. »Wir müssen aufhören, die Multis für die steigenden Zahlen bei Übergewicht und Fettleibigkeit verantwortlich zu machen«, sagt Dr. Tee. »Nicht die Art der Lebensmittel ist das Problem, sondern die Mengen und der Lebensstil der Menschen.«[104]

Afrika: Geschäfte mit der Mangelernährung

Ein weiterer mächtiger Hebel, um die Ernährungs-, Gesundheits- und Agrarpolitiken in vielen Ländern Afrikas und Asiens im eigenen Profitinteresse zu kapern, sind sogenannte Anreicherungsallianzen aus Konzernen, Regierungen, internationalen Institutionen und privaten Stiftungen. Die Allianzen selbst bezeichnen sich nicht so, sondern geben sich sozial klingende Namen für das, was sie tun: Sie reichern Grundnahrungsmittel wie Weizen, Mais oder Pflanzenöle sowie verarbeitete Lebensmittel mit künstlichen Vitaminen und Mineralstoffen an, um mangelernährte Menschen zu versorgen. Die österreichische Sektion der Menschenrechtsorganisation FIAN hat diese Anreicherungsallianzen in einer neuen Studie[105] untersucht und kommt zu einem vernichtenden Ergebnis: »Der Einfluss transnationaler Konzerne auf Regierungen und UN-Institutionen im Bereich der Ernährung wächst rapide. Unternehmen wie Monsanto, Nestlé oder Unilever sichern sich unter dem Deckmantel der Bekämpfung von Mangelernährung und Hunger satte Gewinne auf Kosten der Gesundheit von Menschen und der Umwelt. Dabei erlangen sie zunehmend Einfluss auf Regierungsprogramme sowie einflussreiche UN-Gremien. Ihre Profitinteressen untergraben den unabhängigen Diskurs über Ernährungsfragen. Mangelernährung wird dadurch nicht bekämpft, sondern verstärkt.«

Grundnahrungs- und Lebensmittel mit Vitaminen und Mineralstoffen anzureichern sei nicht per se schlecht, sagt Studienautorin Melanie Oßberger. Wenn es etwa darum gehe, Menschen in Krisen vor dem Verhungern oder akuter Mangelernährung zu bewahren, oder wenn bestimmte Bevölkerungsgruppen (z. B. Schwangere) von einem spezifischen Nährstoffdefizit betroffen sind, könne eine Anreicherung diese Mängel kompensieren. Die Folge der Allianzen sei jedoch häufig, dass ausgewogene, natürliche Ernährung dauerhaft durch angereicherte oder stark verarbeitete Nahrung ersetzt wird. Denn es besteht kein Zweifel daran, dass die Konzerne mit ihrem Engagement langfristige Ziele verfolgen: Sie wollen sich in den neuen Märkten etablieren und verhindern, dass heimische Konkurrenten ihnen das Geschäft streitig machen.»Insgesamt werden durch die Forcierung angereicherter Nahrungsmittel traditionelle Lebensmittel und Esskulturen verdrängt. Lokale Alternativen zur Bekämpfung von Mangelernährung werden häufig schlichtweg ignoriert, die meist importierten Produkte werden als Universallösung wahrgenommen«, beklagt Autorin Melanie Oßberger.

Der umfassende Zugriff auf die neuen Märkte ist möglich, weil sich die auf Hilfe angewiesenen Länderregierungen auf Deals einlassen (müssen): Für die Investitions- und Hilfszusagen kommen sie den Konzernen entgegen durch gesetzlich verankerte Anreicherungspflichten und großzügige Landnutzungsrechte auf Kosten der Kleinbauern, durch gentechnikfreundliche Gesetze und Patentgesetze, die den traditionell freien Tausch von Saatgut kriminalisieren.»Damit wird die Landwirtschafts-, Handels-, Ernährungs-, Gesundheits- und Sozialpolitik in diesen Ländern auf Jahrzehnte geprägt«,[106] sagt Melanie Oßberger. Mit anderen Worten: Die Märkte werden zugerichtet für die Einpassung in die globalen Wertschöpfungsketten der transnationalen Unternehmen vom Korn bis zum Kunden; die Hilfsempfänger werden zu Konsumenten, die Bauern zu Lieferanten, das Recht auf gesunde Nahrung zum Recht auf Kalorien und Nährstoffe, die Länder und ihre Bewohner zu Abhängigen.«Insgesamt leisten die Anreicherungsallianzen dem agroindustriellen Modell Vorschub, dessen verheerende Begleiterscheinungen wir ja längst auch in den westlichen Ländern sehen. Zudem höhlen die Allianzen ohne jedes Mandat demokratische Prozesse aus, indem sie die Definitionsmacht darüber gewinnen, was ›gesunde‹ Ernährung ist. Mangelernährung wird so letztlich verstärkt«, meint Oßberger.

Getragen werden die unterschiedlichen Allianzen und jene Entwicklungsprogramme, die den Weg dafür ebneten, von UN-Institutionen, Regierungen und europäischen Entwicklungsagenturen, auch von mächtigen Akteuren wie der Weltbank, G8 und Privatstiftungen, allen voran die Bill-und-Melinda-Gates-Stiftung und die Rockefeller-Stiftung.[107] Zum Kreis der Förderer gehören auch Forschungseinrichtungen, Nichtregierungsorganisationen oder das Weltwirtschaftsforum (WEF).[108] Dass den transnationalen Konzernen so viele Organisationen und Institutionen zur Seite stehen, auch mittelgroße nationale Unternehmen und Nichtregierungsorganisationen als »Wächter des Gemeinwohls«, verschafft ihnen Legitimität und den Anschein der Neutralität. Die Einbindung der großen Unternehmen aus dem globalen Norden wird deshalb kaum noch hinterfragt, sie erscheint alternativlos. Die enormen Machtasymmetrien in den Allianzen werden verdeckt.

In Wahrheit handelt es sich um *Corporate Capture*, um die Geiselnahme der Staaten durch Konzerninteressen, verpackt in den Begriff der *Public Private Partnerships*, der suggeriert, es würde dort gemeinwohlorientierte Politik betrieben. Wie selbstverständlich sitzen die Konzerne an den Tischen, an denen Hungerkrisen gelöst, Gesundheitssysteme aufgebaut und modernisiert werden sollen, an denen gesellschaftliche Debatten von höchster Relevanz moderiert werden sollen. Doch die dienende Rolle, die der Wirtschaft in diesen politischen Prozessen zukäme, wollen die Konzerne nicht annehmen, sie verfolgen eigene Ziele und zementieren dabei die Art und Weise, wie und von wem Nahrungsmittel erzeugt und verkauft werden. Und oft, so die FIAN-Studie, wälzen die Unternehmen die Risiken ihrer Hilfsinterventionen auf die Staaten ab (wie bei der Autobahnprivatisierung in Deutschland) oder lassen sich die Umsetzung der Programme aus öffentlichen Budgets bezahlen.

Die Allianzen tragen Namen wie SUN (Scaling Up Nutrition),[109] GAIN (Global Alliance for Improved Nutrition), FFI (Food Fortification Initiative) oder NASFN (New Alliance For Food Security and Nutrition). Letztere soll Investitionen in die afrikanische Landwirtschaft lenken und wurde 2016 vom EU-Parlament scharf kritisiert: Die Allianz fördere in Afrika – wie bereits in den 1960er und 1970er Jahren in Asien – Monokulturen, die Industrialisierung der Landwirtschaft, Biotechnologie, Abhängigkeit von Düngemitteln, lange Vertriebswege und die Produktion von Nahrungsmitteln für den Export. Die Parlamentarier warnten vor Umweltrisiken, Landraub und der Marginalisierung von Kleinbauern, die doch eigentlich die Nutznießer der Allianzen und Entwicklungsprogramme sein sollten.[110]

Die Allianzen sind wie Spinnennetze. Sie sind untereinander vielfältig verwoben,[111] in unterschiedlichen Gremien und Gruppen tauchen die immer gleichen Institutionen, Personen und Konzerne auf: Bayer CropScience (Deutschland: Agrarchemie und Saatgut),[112] Unilever (niederländisch-britischer Konsumgüter- und Lebensmittelkonzern), Syngenta (Schweiz:

Agrarchemie und Saatgut), Arla Foods (schwedisch-dänischer Molkereikonzern), GlaxoSmithKline (Großbritannien: Pharma, Nahrungsergänzungsmittel),[113] Monsanto (USA: Gentech-Saatgut, Agrarchemie), DSM (Niederlande: Chemie, Vitamine für Futter- und Lebensmittel, Geschmacksverstärker), Cargill (USA: Lebens- und Futtermittel), General Mills (USA: Lebensmittel), Barclays (britischer Finanzkonzern), BASF (Deutschland: Agrarchemie, Nährstoffanreicherung). Auch die Wirtschaftsprüfer und Steuerberater von KPMG sind dabei, sowie – kein Scherz – Coca-Cola, Mars, PepsiCo oder der US-Schokogigant Hershey's.[114]

»Im Grunde handelt es sich um ein paar Dutzend mächtiger Player, die in immer neuen Konstellationen zusammensitzen, viele Akteure sind gleichzeitig in mehreren Allianzen aktiv«, sagt FIAN-Autorin Oßberger. Konzerninteressen und Länderinteressen werden eins, Wirtschaft und Politik bilden eine große Blase, in der Karrieren wie jene von Ann Veneman möglich sind. Die US-Amerikanerin saß einmal im Aufsichtsrat der kalifornischen Biotechfirma Calgene, die das erste gentechnisch veränderte Nahrungsmittel (eine Tomate) entwickelte und später von Monsanto aufgekauft wurde. Später war die Juristin an den Verhandlungen zum Nordamerikanischen Freihandelsabkommen (NAFTA) beteiligt. Unter George W. Bush kämpfte Veneman jahrelang als Landwirtschaftsministerin für die Interessen amerikanischer Farmer, dann wechselte sie als Direktorin zum UN-Kinderhilfswerk UNICEF, das in Krisen- und Katastrophengebieten auch mit angereicherten Lebensmitteln interveniert. In ihrer Funktion bei UNICEF, so die Menschenrechtsorganisation FIAN, habe Veneman maßgeblich die Schwächung eines UN-Gremiums für Ernährungspolitik betrieben und dafür den *Public Private Partnerships* mit den Konzernen das Wort geredet. Seit 2011 sitzt Veneman im Verwaltungsrat und im Nachhaltigkeitsausschuss des Schweizer Lebensmittelriesen Nestlé.[115]

Oder die Inderin Vinita Bali. Sie arbeitete in aller Welt für Big Food, zuerst für den britischen Süßwarenkonzern Cadbury, dann für Coca-Cola, sie saß im Aufsichtsrat des Schweizer Pestizidherstellers Syngenta und wurde schließlich Chefin des indischen Lebensmittelkonzerns Britannia. In dieser Funktion versuchte Bali vor einigen Jahren im Verbund mit dem indischen Keksherstellerverband, mit Eisen angereicherte Kekse von Britannia zum Bestandteil des Schulessens zu machen; in Indien werden 120 Millionen Schüler bislang mit frisch gekochtem Mittagessen, meist Reis und Gemüse, versorgt. Die Initiative scheiterte nur knapp am Widerstand im Parlament und der Zivilgesellschaft. Aber Bali ließ nicht locker, sie gründete eine Unternehmensstiftung, die in Zusammenarbeit mit lokalen NGOs nun doch in einigen Gegenden angereicherte Britannia-Kekse an Schüler verteilen. Mit im Boot ist die oben erwähnte, industrienahe Global Alliance for Improved Nutrition (GAIN) in Genf. Deren Vorstandschefin: Vinita Bali.

»Ich stehe mit einem Bein in der Wirtschaft, mit dem anderen im Entwicklungssektor«, sagt Bali[116] und verweist stolz darauf, dass Bill Gates ihr Programm als ein Vorbild für »kreativen Kapitalismus« pries. So trommelt sie weiterhin dafür,[117] das Schulessen für 120 Millionen indische Kinder und Jugendliche von Grund auf zu verändern – selbstverständlich mit Hilfe großer Konzerne, die hochverarbeitete und angereicherte Lebensmittel produzieren.[118] Mitte 2017 entschied Maharashtra als erster indischer Bundesstaat, das frisch gekochte Essen in Kinderhorten für Drei- bis Sechsjährige durch nährstoffangereicherte Fertiggerichte zu ersetzen.[119]

Das Ziel von GAIN & Co., »eine Welt ohne Mangelernährung und Hunger«, ist ehrenvoll, aber die Omnipräsenz von Konzernen in diesen Allianzen wirft immer neu die Frage auf, wer vom »kreativen Kapitalismus« am Ende wirklich profitiert und ob Veränderungen des Status quo so je möglich sind. »Ernährungsbedürfnisse zu befriedigen und Märkte zu erschließen ist kein Widerspruch«, sagt der globale Koordinator des Food Fortification Teams bei BASF.[120] »We have a responsibility, as well as an opportunity«, tönt Nestlé, so als würden die beiden Sphären quasi automatisch harmonieren.[121] »Better business, better world«,[122] das ist das Mantra der Allianzen: Je besser die Geschäfte laufen, desto besser der Zustand der Welt. Aber der Zustand der Welt ist in weiten Teilen erbärmlich, und die Geschäfte der Konzerne laufen dennoch prächtig. Es sind unheilige Allianzen, die sich da gebildet haben.

»Better business, better world«?

»Better business, better world«? Profitieren die Amazonasanwohner davon, dass sie Eis und Joghurts von Nestlé kaufen können? Stehen die Menschen in Nigeria besser da, seit Unilever sein »Green Food Steps«-Programm startete? Der Konzern will dort den Eisenmangel bekämpfen und nutzt diese »soziale Mission« dazu, seine mit Eisen angereicherten Knorr-Brühwürfel zu bewerben. Gemeinsam mit der Genfer GAIN-Stiftung werden Frauen in den nigerianischen Armenvierteln als Verkäuferinnen für nährstoffreiche Produkte, also Knorr von Unilever, geschult, ebenso Mütter und ihre Töchter, damit sie beim Kochen eisenhaltige Zutaten, sprich Knorr-Würfel, verwenden. So könnten neue, gesündere Kochtraditionen begründet werden, hofft Unilever (ein ähnliches Programm mit 15 000 »Maggi Mammies« fährt Nestlé in der Elfenbeinküste).[123] Auf der anderen Seite des Kontinents, in Kenia, ging Unilever einen anderen Weg, um Kochtraditionen zum eigenen Vorteil zu verändern:[124] Das Unternehmen sponserte eine prominente Kochshow im Fernsehen. Man kann sie heute noch im Internet anschauen, sie ähneln stark den Supermodel- und Superstar-Shows im Westen und sind nicht weniger beklemmend: Drei Dutzend Hobbyköche werden einer nach dem anderen aussortiert, begleitet von den Ermahnungen der Juroren, sie hätten es nicht hart genug versucht, sie müssten noch besser werden. Wenn man all das Werbegeklingel ignoriert (»eine Feier des Essens«, »Unilever verbessert die Gesundheit und das Wohlbefinden«), kommt man nicht umhin, von Zurichtung zu sprechen, denn hier wird alles vorgegeben: Der Inhalt (für alle Gerichte müssen Fertiggewürzmischungen der Unilever-Marke Royco verwendet werden), und die Regeln (das Wettbewerbsprinzip). The winner takes it all, und der Gewinner ist immer: Unilever.

Die Verlierer der neuen Lebens- und Essgewohnheiten, die mit den Konzernen aus den reichen Ländern Einzug halten, sind zu allererst die Armen. Viele von ihnen arbeiteten vor nur einer Generation auf den Feldern, hatten oft wenig zu essen und legten weite Wege zu Fuß zurück; inzwischen leben sie in den explodierenden Städten, sind in Bussen und auf Motorrädern unterwegs. »Menschen, die mit Nährstoffmangel aufgewachsen sind, haben ein höheres Risiko, später fettleibig zu werden«, schreibt die New York Times; denn ihr Stoffwechsel, so sagen Experten, verlangsamt sich, um jede Kalorie bestmöglich zu nutzen. Zum Verhängnis wird ihnen, wenn sie dann auf billiges, extrem nährstoffreiches Essen treffen, wie es seit wenigen Jahren auch in Afrika immer häufiger angeboten wird. Zwischen 2011 und 2016 stieg der Konsum von Fast Food in den USA um 21 Prozent, aber noch viel stärker in den »emerging markets«, wie die Entwicklungs- und Schwellenländer in den Konzernzentralen genannt werden: plus 254 Prozent in Argentinien, 114 Prozent in Indien, 83 Prozent in Vietnam, 64 Prozent in Ägypten. Jetzt ist Afrika an der Reihe, Heimat zu werden von McDonald's, Taco Bell, Pizza Hut, Burger King oder Kentucky Fried Chicken; Letztgenannter zum Beispiel hat in Südafrika bereits rund 850 Gaststätten und zieht nun nordwärts nach Angola, Tansania, Nigeria, Kenia, Ghana …

Chips, Cola, Pommes frites und Burger zu essen gilt dort nicht nur als modern. Fast Food – meist Importware – ist oft auch billiger als heimisches Essen, das dadurch verdrängt wird. Und wo es zu teuer erscheint, wird es »billig« gemacht durch kleinere Portionsgrößen:[125] Coca-Cola zum Bespiel verkauft in Kenia kleinere 200-Milliliter-Flaschen, die mit rund 15 Cents für die klamme Kundschaft gerade noch erschwinglich sind. Noch sind in Kenia »nur« knapp zehn Prozent der Bevölkerung fettleibig, aber ihr Anteil steigt rasant, seit 1990 hat er sich verdoppelt. Acht der weltweit 20 Länder mit den am schnellsten wachsenden Anteilen fettleibiger Menschen liegen in Afrika: In Burkina Faso stieg die Häufigkeit innerhalb von 36 Jahren um annähernd 1400 Prozent, in Ghana um 650 Prozent (von unter zwei Prozent der Bevölkerung auf fast 14), in Togo, Äthiopien und Benin um mehr als 500 Prozent. Das südliche Afrika sei von einer rasch wachsenden Diabetesepidemie erfasst, schrieb die Fachzeitschrift The Lancet Diabetes & Endocrinology.[126]

Der »Krieg« von Coke & Co.

Die Lebensmittelkonzerne exportieren das Elend, und sie werden es noch viele Jahre ungehindert tun. Denn sie bringen Image und Investitionen, sie schaffen Arbeitsplätze (wenn auch oft schlechte), sie geben sich als spendable Mitglieder internationaler Hilfsallianzen und Partner von Regierungen. Wenn sich Gesundheitspolitiker, Bürger und Wissenschaftler irgendwann einmal zur Wehr setzen werden, weil der Schaden durch die Konzerne immer offenkundiger wird, müssen sie sich auf einen »Krieg« einstellen. So umschreiben internationale Medien die ruchlose Art, mit der »Big Soda« – wie einst »Big Tobacco« – seit Jahren in ihren stagnierenden Heimatmärkten USA und Europa gegen jegliche Art von Regulierung zu Felde ziehen – gegen Steuern auf ihre zuckersüßen Getränke, gegen Werbe- und Größenbeschränkungen, gegen (Ampel)-Kennzeichnungen und Warnhinweise auf Flaschen und Dosen.

Jahrzehntelang ist es den Unternehmen und ihren Verbänden gelungen, mit Hunderten von Werbemilliarden den Anschein zu erwecken, sie verkauften harmlose, ja gesundheitsfördernde, in jedem Fall glücklich machende Getränke. Sie schafften es, ihre flüssigen Süßigkeiten als akzeptierten Ersatz für Wasser selbst für Kinder zu etablieren. Durch das Mischen der Billigrohstoffe Wasser und Zucker und ein paar weniger anderer Zutaten schufen sie – hier passt der Begriff wirklich – Imperien mit gigantischen Markenwerten. Sie machten ihre Aktionäre und Manager unendlich reich. Sie gewannen politische Macht, wie wenige Branchen je zuvor.

Sie hatten sogar einen Staatpräsidenten: Vicente Fox. Er leitete Coca-Cola Mexiko, wurde Coca-Cola-Chef für ganz Lateinamerika und schließlich Mexikos Staatspräsident. Während Fox' Amtszeit war an Soda-Steuern nicht zu denken, Coca-Cola wurde zum Marktführer mit einem Anteil von rund drei Viertel, mehr als im Stammland USA, wo er »nur« rund 40 Prozent beträgt. Und weil Soda-Getränke und Fast Food stets als Zwillinge kommen (der Konsum von Obst und Gemüse fiel in Mexiko innerhalb von 14 Jahren um 30 Prozent), gehören Mexikaner heute zu den dicksten Menschen weltweit. 2016 waren fast 30 Prozent der Bevölkerung krankhaft fettleibig (adipös), dem Diabetes fallen jedes Jahr etwa 80 000 Menschen zum Opfer.[127]

Inzwischen allerdings ist die Macht von »Big Soda« ernsthaft bedroht, jedenfalls im globalen Norden, und die Konzerne wehren sich mit Zähnen und Klauen. 2016 enthüllten amerikanische Wissenschaftler in der ersten Überblicksstudie, dass Coca-Cola und PepsiCo zwischen 2010 und 2015 fast 100 Gesundheitsorganisationen mit Millionen von Dollars gesponsert hatten, darunter viele, die sich zuvor für Soda-Steuern oder Größenbegrenzungen von Flaschen und Bechern ausgesprochen hatten. Zu den Empfängern gehörten Organisationen wie Save the Children (fünf Millionen Dollar von Pepsi), die Academy of Nutrition and Dietetics (fast 900 000 Dollar von Coke), ebenso die schwarze Bürgerrechtsorganisation NAACP (eine Million Dollar von Coke) und die Hispanic Federation (mehr als 600 000 Dollar von Coke), obwohl beide Bevölkerungsgruppen in den USA überproportional hohe Anteile bei Fettleibigkeit verzeichnen. Die American Diabetes Association nahm 140 000 Dollar an, die American Heart Association mehr als 400 000 und die National Institutes of Health fast zwei Millionen. Manche der Empfänger beharrten darauf, die Spenden hätten sie in keiner Weise beeinflusst, andere hüllten sich in Schweigen – zu offensichtlich war ihre plötzliche Kehrtwende vom Befürworter politischer Regulierungen zum meinungslosen Beobachter. Andere Organisationen rechtfertigten ihre offenen Taschen damit, dass es doch darum gehe, die Getränkefirmen zu Mitgestaltern bei der Suche nach Lösungen zu machen.

Wie die New York Times berichtete, gab allein Coca-Cola in den USA zwischen 2010 und 2015 120 Millionen Dollar aus für Forschung und sogenannte Gesundheitspartnerschaften, die in aller Regel das Thema Bewegungsmangel in den Vordergrund spielen und damit von den Gesundheitsgefahren des Zuckergetränkekonsums ablenken. Als der Stadtrat von Philadelphia 2010 eine Soda-Steuer diskutierte, bot die Getränkeindustrie eine Spende von zehn Millionen Dollar für das Kinderkrankenhaus der Stadt an; die Pläne wurden verworfen. Als Philadelphia 2016 die Steuer doch noch einführte, klagte die Getränkeindustrie dagegen, so wie sie es regelmäßig tut, sobald Städte und Gemeinden Steuergesetze erlassen. Als die US-Regierung 2009 eine bundesweite Steuer vorschlug, stellten Coke & Co. allein in diesem Jahr 38 Millionen Dollar für Lobbyarbeit bereit, der Plan scheiterte.[128] 2017 berichtete das englische Medizinfachblatt BMJ von einer geheimen sechsstelligen Zahlung von Coca-Cola für eine Reihe von Journalistenveranstaltungen an einer Universität zum Thema Fettleibigkeit. Die Journalisten sollten für die Botschaft eingespannt werden, dass Übergewicht und Fettleibigkeit weniger die Folge zuckerhaltiger Getränke sind, sondern weil sich die Konsumenten zu wenig bewegten.[129] Geleakte E-Mails hochrangiger Mitarbeiter von Coca-Cola hatten im Jahr zuvor offenbart, wie der Konzern in einer weltweiten Strategie Einfluss nimmt auf gesellschaftliche und wissenschaftliche Debatten und Regulierungsvorhaben von San Francisco bis West Virginia, von Großbritannien bis Bosnien-Herzegowina, von der Weltgesundheitsorganisation (WHO) bis Frankreich und Israel.[130]

Sie kaufen Parlamentarier, Forscher, Journalisten, und sie beschädigen dadurch das, was liberale Demokratien ausmacht: dem Gemeinwohl verpflichtete Politik, unabhängige Forschung, an überprüfbaren Fakten orientierte Medien. »Wir werden uns um diese Reporterin kümmern«, schrieb in einer der geleakten E-Mails eine Coca-Cola-Mitarbeiterin an eine Kollegin, der Artikel der Journalistin habe einen »pessimistischen Tonfall«, aber man werde versuchen, »ihr Gehirn auf unsere Strategie umzupolen«.[131]

All die geleakten Papiere und geheimen Millionenzahlungen der Konzerne zeigen, mit welcher Entschlossenheit und Kompromisslosigkeit sie für den Fortbestand ihrer zerstörerischen Geschäftsmodelle kämpfen. Um das zu erkennen, kann es manchmal schon genügen, nur ihre Werbung anzuschauen. In den vergangenen Jahren produzierte Coca-Cola viele Videoclips, in denen besondere Getränkeautomaten in aller Welt »Glück verbreiten«. In einem der Clips steht der Automat in der Kantine eines Colleges in New York; eine Studentin wirft Münzen ein für eine Coke, aber es purzeln viele Flaschen und immer größere Flaschen aus dem Automaten; die Studenten lachen, kreischen, klatschen, liegen sich in den Armen; aus der blinkenden »Glücksmaschine« strecken sich zwei Hände, sie reichen Blumen und noch mehr Coke-Flaschen, dann eine große Pizza im Karton; zum Schluss schiebt sich ein extradicker Jumbo-Sandwich aus dem Automaten, etwa eineinhalb Meter lang, die Studenten kreischen. »Where will happiness strike next?«, fragt der Text, wo schlägt dank Coca-Cola das Glück als Nächstes zu?

Zum Beispiel in Lahore, Pakistan, und in Neu Delhi, Indien, wo ein anderes Video entstand. Der Clip beginnt mit Bildern von tristen Straßenszenen, Stacheldrahtzäunen, traurigen Gesichtern. Die Menschen beklagen die Geschichte der schmerzlichen Trennung beider Länder vor vielen Jahrzehnten, die Sprachlosigkeit, das gegenseitige Misstrauen, die Vorurteile. Dann fahren Coke-Laster durch die Straßen beider Städte, Musik setzt ein, fröhliches Pfeifen, die Lkws bringen Hightech-Getränkeautomaten in je ein Einkaufszentrum beider Orte. Die Passanten nähern sich staunend, Kameras projizieren Bilder der Passanten aus dem anderen Einkaufszentrum auf die Automatenscheiben. Die Menschen winken sich schüchtern durch die Scheiben zu, sie legen ihre Hände aufs Glas, um sich virtuell zu verbinden; ihre Finger zeichnen simultan Friedenszeichen und Herzen auf die Scheiben; sie lachen, tanzen, prosten sich – dank der Cola-Automaten – mit ihren Cola-Dosen in der Hand über 500 Kilometer Entfernung hinweg zu. Und Coca-Cola textet: »Ein Moment des Glücks hat die Macht, die Welt näher zusammenzubringen. Was uns verbindet, ist stärker als das, was uns trennt.«

Was die Länder auch verbindet, ist die Präsenz transnationaler Lebensmittelkonzerne und steigende Zahlen für Übergewicht, Fettleibigkeit, Diabetes.[132]

3.4. Softe Diktatur: die Digitalkonzerne

Der Tag wird zu einer Art 9/11 für Hillary Clinton. Es ist Wahlkampf in den USA, Kandidatin Clinton besucht eine Gedenkveranstaltung für die Anschläge auf das World Trade Center in New York. Auch Zdenek Gazda ist da, ein tschechischer Immigrant, Feuerwehrmann – und Trump-Unterstützer. Als die Feierlichkeiten beendet sind, trifft Zdenek Gazda zufällig auf Clinton, als sie am Straßenrand auf ihre Limousine wartet. Gazda zückt sein Smartphone zum Filmen, nicht ahnend, was dann passiert: Clinton beginnt plötzlich zu zittern, ihre Bodyguards fangen sie gerade noch auf, als ihr die Beine wegbrechen, dann wird sie in das bereitstehende Auto gehievt. Der Schwächeanfall der Kandidatin ist nur ein Zwanzigsekundenclip auf dem Smartphone eines zufällig anwesenden Privatmanns – und wird doch zu einem vielleicht wahlentscheidenden Ereignis. Denn der Privatfilmer postet seinen Clip auf Twitter und entfacht damit einen weltweiten medialen Sturm: Zehntausende Retweets und Anrufe; Millionen von Zuschauern auf YouTube (»Shock Video«) und Facebook; Kommentatoren, die über Clintons Gesundheitszustand und möglichen Nachfolger spekulieren; rechte Verschwörungstheoretiker, die über ein Clinton-Double raunen; ein konservativer Autor, der sich freut, nach den Korruptionsvorwürfen gegen die Kandidatin sei die Debatte über ihre Gesundheit nun eine »frische, wirkungsmächtigere Story«. In der Folge schießen Trumps Umfragewerte in die Höhe.[133]

Gut 70 Jahre vor diesem Ereignis im September 2016 werden die USA von einem Mann regiert, der im Rollstuhl sitzt, ohne dass dies den meisten Amerikanern bekannt wäre. Zwölf lange Jahre, von 1933 bis 1945, bekleidet Franklin D. Roosevelt das öffentlichste Amt der Welt und schafft es durch Absprachen mit den Medien dennoch, seine Polioerkrankung geheim zu halten. Um nicht das Bild eines schwachen Präsidenten und Oberbefehlshabers abzugeben, zeigen ihn Bilder und Filme stets nur sitzend oder an einem Pult stehend, und wenn er mal langsam gehend zu sehen ist, bleiben die Metallschienen an seinen Beinen verborgen. Erst 2013 stößt ein Journalistikprofessor auf einen acht Sekunden langen Filmschnipsel von Roosevelts Besuch 1944 auf einem US-Kriegsschiff in Pearl Harbour; auch da sieht man den Rollstuhl nicht, aber den Oberkörper des Präsidenten, der – offenbar im Rollstuhl sitzend – hinter einem Paravent und einem Spalier von Matrosen von einem Helfer geschoben wird; in der darauffolgenden Sequenz sitzt Roosevelt schon wieder auf einer Bank, ohne irgendein verräterisches Detail preiszugeben.[134]

Aus heutiger Sicht ist diese Geschichte der Kontrolle dessen, was öffentlich wird, völlig undenkbar, bizarr. Und es gibt noch unzählige andere bizarre Episoden über die fundamental veränderte Medienwelt. Etwa die von einigen arbeitslosen jungen Männern in einer mazedonischen Kleinstadt, die, ohne jegliche politische Absicht, allein um Geld mit Klicks zu verdienen, »Nachrichten« erfanden: Hillary Clinton sei ein Mann, sie sei in einen Kinderpornoring involviert, sie wolle Wiki-Leaks-Gründer Julian Assange ermorden lassen, Obama sei in Afrika geboren worden, wie es Trump stets behauptete, der Papst verbiete Katholiken, Clinton zu wählen ... Alles Fake-News, die in den »sozialen« Medien millionenfach geteilt und gelikt wurden und so – trotz der apolitischen Absicht ihrer Absender – womöglich schwerwiegende politische Folgen hatten, indem sie Kandidat Trump Wähler zutrieben.[135] Oder die Geschichte von den 470000 Retweets (also weitergeleitete Meldungen auf dem Kurznachrichtendienst Twitter), die von Bots aus Russland – das sind programmierte Roboter-Benutzerkonten – im US-Wahlkampf die Botschaften Trumps automatisch weiterverbreiteten und die Meinungsbildung zu seinen Gunsten verstärkt haben dürften.[136]

Das Internet, die sozialen Medien sind fraglos epochale Erfindungen und können großartige Instrumente sein. Es ist nur verständlich, dass die Menschen begeistert sind von den neuen Möglichkeiten, sich rund um den Erdball austauschen zu können und einen nie dagewesenen Zugang zum Weltwissen zu haben. Die berechtigte Begeisterung über das Neue, Revolutionäre hat allerdings die Aufmerksamkeit für die andere Seite der Medaille lange Zeit abgelenkt und Regulierungsfragen erst gar nicht aufkommen lassen. Erst in jüngerer Zeit sind durch diverse Skandale auch die Gefahren ins breitere Bewusstsein gerückt – und damit die Frage, ob überhaupt und wie individueller und kollektiver Schutz vor den negativen Praktiken mächtiger Digitalkonzerne gewährleistet werden kann, die ihre hochprofitablen Geschäftsmodelle mit aller Macht vor lästiger staatlicher Regulierung schützen wollen.

Stellvertretend für den nüchternen – und ernüchternden Blick – stehen die Entwicklungen in einigen Ländern, in denen noch vor wenigen Jahren das emanzipatorische, demokratisierende Potential der digitalen Medien in den höchsten Tönen gefeiert wurde. Von »Facebook-Revolution« und »Twitter-Revolution« war die Rede, als in Tunesien, Ägypten oder im Iran vor allem junge Menschen gegen ihre Diktatoren aufbegehrten, indem sie in den »sozialen« Netzwerken Videos, Aufrufe, Tweets und Fotos posteten und so den Widerstand entfachten; ein ehemaliger US-Sicherheitsberater schlug deshalb 2009 Twitter für den Friedensnobelpreis vor.[137] Doch der Glaube an die befreiende Kraft der Technologie, die Vorstellung, dass das Internet die Welt automatisch zu einem besseren Ort machen würde, sind vielfach erschüttert. Anekdotisch zeigte sich das in einem neuerlichen Aufruf für den Friedensnobelpreis – diesmal unter entgegengesetzten Vorzeichen: 2017 forderten Twitter-Nutzer den Friedensnobelpreis für jenen Twitter-Mitarbeiter, der – absichtlich oder aus

Versehen – den Twitter-Account von Donald Trump für elf Minuten gelöscht und dadurch dessen unsägliche Botschaften wenigstens für kurze Zeit unterbunden hatte.[138]

Kontrollverlust

Trumps Twitter-Politik aus der Hüfte beziehungsweise aus den twitternden Daumen, die mit zwei Sätzen weltweit für Aufregung und politische Irritationen sorgen kann, ist nur das prominenteste Beispiel für das Potential der Digitalkonzerne, die liberale Demokratie in ihren Grundfesten anzugreifen. Zunehmend wird die andere, die dunkle Seite der Digitalkonzerne sichtbar, ihr Potential, sich im Handumdrehen von harmlosen Plattformen für private Nutzer in unheimliche, gefährliche Meinungsbildner zu verwandeln, die keinen Mediengesetzen unterliegen,[139] sondern nur ihren privatwirtschaftlichen Geschäftsbedingungen folgen. Durch ein paar Klicks dubioser böswilliger Akteure kann die Technologie zum unkontrollierten globalen Transporteur und Katalysator von Hass, Lügen, Falschmeldungen und Verschwörungstheorien werden, zum Werkzeug für beispiellose Überwachung und Steuerung ihrer Nutzer, denen die dahinterliegenden Algorithmen unsichtbar bleiben, zum Instrument für illiberale autoritäre Figuren.

Der ehemalige Bundesdatenschutzbeauftragte Peter Schaar, heute Vorsitzender der Europäischen Akademie für Informationsfreiheit und Datenschutz, spricht von einer »soften Diktatur« der Algorithmen, die aufgrund der individuellen Spuren der Nutzer im Netz darüber entscheiden, wem bestimmte Produkte zu welchen Preisen, Arbeitsplätze, Wohnungen oder politische Botschaften angeboten werden. Schaar meint, die Geschäftsmodelle der Digitalkonzerne dienten zwar nicht explizit einem totalitären Ziel, liefen aber »im Ergebnis auf nicht viel Anderes hinaus«, gerade dann, wenn die Konzerne

»unheilige Allianzen« mit Regierungen und Behörden eingingen.[140]

Der Physiker und Soziologe Dirk Helbing, Professor für Computational Social Science an der ETH Zürich, sieht datengetriebene Programmierer und Technokraten am Werk, die mit den versteckten Zielfunktionen ihrer Algorithmen an einem Betriebssystem für eine »gesteuerte Gesellschaft« arbeiten. In deren Konzepten fehlten aber Wertvorstellungen, Kultur und Geschichte, »deshalb laufen wir Gefahr, die Errungenschaften von Jahrhunderten zu verlieren – Gewaltenteilung, Pluralismus und letztlich die Demokratie«. Denn eine der wichtigsten Legitimationsquellen der westlichen Demokratien – Wahlen – sind durch die Skandale in den USA schon jetzt beschädigt. Helbing erinnert an Peter Thiel, den deutschstämmigen Silicon-Valley-Investor (u. a. Facebook und Paypal), Multimilliardär und Trump-Berater, der von einem »Wettrennen auf Leben und Tod zwischen Politik und Technologie« gesprochen hat und als Libertärer keinen Zweifel daran lässt, dass die Politik diesen Kampf verlieren solle.[141] Die Idee vom Sieg der Big-Data-Konzerne über die Politik und die Demokratie kulminierte im Vorschlag einer US-Stiftung, den Supercomputer Watson von IBM ins Rennen um die Präsidentschaftswahlen 2016 zu schicken.[142]

Zum Fürchten sind die Internetgiganten[143] aber noch aus einem anderen Grund: Ihr gemeinsamer Börsenwert übersteigt das Bruttosozialprodukt der meisten Länder der Welt[144] und ist Ausweis ihrer immensen Macht. Noch vor fünf Jahren dominierten Ölmultis die Top-Ten-Liste der weltweit wertvollsten Unternehmen, heute rangieren Apple, Alphabet (Google), Microsoft und Amazon auf den Plätzen eins bis vier, auf den Plätzen sechs bis acht folgen die Internetriesen Alibaba, Tencent (beide China) und Facebook.[145] »Ein paar wenige Tech-Firmen sind heute so mächtig«, schreibt die New York Times, »dass sie mit ein paar Zeilen Programmiercode

ganze Industrien und soziale Normen zerstören können. Die
›Schrecklichen Fünf‹ – Facebook, Google, Amazon, Apple und Microsoft – stehen für Amerikas größte Ballung von
Nachrichten, Werbung, Onlinekauf, digitaler Unterhaltung
und Werkzeugen im Geschäftsleben und in der Kommunikation.«[146] Sie streichen exorbitante Profite ein, die sie oft in
Steueroasen verschieben. Sie vernichten Jobs und schaffen
prekäre Arbeitsverhältnisse. Sie kaufen Konkurrenten vom
Markt oder zermürben sie in Gerichtsverfahren und transformieren mit ihren Milliardengewinnen eine Branche nach der
anderen.[147] Sie stellen die Infrastruktur der vernetzten Welt
und diktieren die Bedingungen ihrer Nutzung. Sie haben ein
System des Plattform- und Monopolkapitalismus etabliert,
das immer mehr Wirtschaftsbereiche erfasst und die marktwirtschaftlichen Grundlagen radikal verändert.[148] Sie durchdringen die Politik und lösen sich zunehmend aus den Bindungen an den Nationalstaat und an nationales Recht.[149]

Was in diesem Buch am Beispiel anderer Branchen dargelegt wurde, ist auch für die vergleichsweise junge Digitalwirtschaft zu konstatieren: Eine Handvoll Konzerne verfügt
über eine nie dagewesene Marktmacht, die sie offen als Erpressungspotential einsetzt. Ihr Reichtum erlaubt es ihnen,
Kartellstrafen in Milliardenhöhe aus der Portokasse zu zahlen und sich buchstäblich alles zu kaufen, auch die Politik,
die die digitalen Möglichkeiten zunehmend für ihre eigenen
Kontroll- und Überwachungszwecke nutzt. Es gibt auch kritische Politiker, aber diejenigen Stimmen überwiegen, die dem
Digitalisierungsdiktat der Konzerne enthusiastisch folgen
(»Deutschland darf die Digitalisierung nicht verschlafen«,
»Daten sind das neue Öl der Wirtschaft«), wo Neutralität
und weitsichtige Abwägung mit gesellschaftlichen und individuellen Interessen geboten wären. So geraten auch auf diesem
Feld die zerstörerischen Effekte der Konzerngeschäftsmodelle
aus dem Blick.

Facebook

Zu den denkwürdigsten Dialogen bei den Anhörungen im US-Kongress zum Missbrauch »sozialer« Medien durch russische Akteure während des US-Wahlkampfs 2016 gehört jener zwischen dem Senator Al Franken und einem hochrangigen Facebook-Manager, an dessen Ende der Senator verzweifelt die Hände vors Gesicht schlägt. »Wie kann es sein«, fragt Franken, »dass Facebook, das sich rühmt, Milliarden von Nutzer-Daten verarbeiten zu können, keine Verbindung herstellte zwischen Wahlwerbung in den USA, die in Rubel bezahlt wurde, und Russland?« Als der Facebook-Manager nur stockend und stolpernd antwortet, unterbricht ihn der Senator scharf: »Plattformen wie Ihre gehören zu den raffiniertesten Dingen, die die Menschheit je erfunden hat, aber Facebook kommt nicht ins Grübeln, wenn Wahlwerbung in den USA in Rubel bezahlt wird? Diese zwei Informationen haben Sie nicht auf den Gedanken gebracht, dass es da ein Problem geben könnte?« Als der Facebook-Manager weiter über seine eigenen Argumente stolpert, blafft der Senator: »Ich wünschte mir, dass Sie die Dinge etwas besser durchdenken.«[150]

Ein paar Monate später sitzt auch Facebook-Chef Mark Zuckerberg höchstpersönlich in einer Anhörung im Senat, diesmal geht es vor allem darum, wie Millionen von Daten von Facebook-Nutzern zu der dubiosen britischen Firma Cambridge Analytica gelangen konnten. Zu Beginn der Affäre hatte Zuckerberg die Vorwürfe, Facebook habe mit Propaganda und Fake-News aus russischen Quellen[151] die US-Wahlen beeinflusst, noch als »ziemlich verrückte Idee« abgetan.[152] Jetzt gibt sich der Konzernchef – wie schon sein Manager – reumütig, entschuldigt sich, räumt Fehler und Versäumnisse ein – und bleibt ansonsten viele Antworten schuldig. Zu den denkwürdigen Momenten dieser Anhörung gehört die Frage an den 33-jährigen Multimilliardär, was er denn von Regulierungen halte; denkwürdig deshalb, weil in dieser Frage die Rollen des Gesetzgebers und eines Privatunternehmens auf den Kopf gestellt werden. Zumal Facebook kein Einzelfall ist: Russische Akteure standen offenbar nicht nur hinter Millionen von Posts an Facebook-Nutzer, sondern auch hinter mindestens 131 000 Twitter-Nachrichten und mehr als 1000 Videos auf Googles YouTube-Kanal.[153]

Zuckerberg und all die anderen superreichen Digitalunternehmer aus dem Silicon Valley betonen bei jeder Gelegenheit, ihre Konzerne seien nur neutrale Plattformen, auf denen Privatpersonen in »Communities« Privates austauschen; Facebook & Co. seien Technologiefirmen und produzierten selbst keine publizistischen Inhalte, deshalb seien sie auch nicht haftbar für das, was die Nutzer auf den Digitalkanälen teilen. Der Spiegel-Kolumnist Sascha Lobo hat das zu Recht als das »derzeit gefährlichste Missverständnis der digitalen Gesellschaft« bezeichnet: »Facebook ist kein soziales Netzwerk, keine Werbeplattform und erst recht keine Community« – schon deshalb nicht, weil es eine »Community« von zwei Milliarden Menschen per Definition gar nicht geben könne. Vielmehr sei Facebook etwas ganz Neues – eine »digitalsoziale Infrastruktur«, die global Standards dafür setzt, wie und worüber kommuniziert wird, und damit »Öffentlichkeit, Politik und Gemeinwesen ganzer Länder verändert«.[154]

Welche Folgen das haben kann, zeigen zwei erschütternde Beispiele, bei denen Facebook durch die Verbreitung von Desinformation und Propaganda eine unheilvolle Rolle spielte und auf denkbar schlechteste Weise die »Gemeinwesen von Ländern veränderte«.[155] Im einen Fall geht es um die muslimische Minderheit der Rohingya im buddhistischen Myanmar, die seit Mitte 2017 zu Hunderttausenden ins benachbarte Bangladesch flohen und Opfer von Mord und Gewalt wurden – politische Beobachter sprechen von einem Völkermord. Menschenrechtsorganisationen berichteten, dass antimuslimische Cartoons, gefälschte Nachrichten und Hassvideos auf Facebook den Konflikt anheizten. Die Myanmar-Berichterstatterin der Vereinten Nationen äußerte sich noch schärfer: »Ich fürchte, Facebook hat sich in eine Bestie verwandelt und ist nicht mehr das, was es ursprünglich sein wollte.«[156] Ähnliches berichtete das Onlineportal Buzzfeed über Sri Lanka, wo bis vor wenigen Jahren ein Bürgerkrieg tobte. Auch dort nutzen Fanatiker Facebook, um gegen Muslime zu hetzen und tödliche Gewalt gegen sie zu organisieren, es kursierten detaillierte Anleitungen zum Bombenbau. Im Frühjahr 2018, als ein buddhistischer Mob Läden und Häuser von Muslimen in Brand steckte, sperrte die Regierung zeitweise den Zugang zu Facebook, Instagram und WhatsApp. Das sah nach Zensur aus, war tatsächlich aber der letzte Ausweg in einem Land, in dem viele Menschen gar keine anderen »Nachrichten«-Quellen haben außer Facebook und auch, weil Facebook offenbar jahrelang Warnungen der Regierung und der Zivilgesellschaft nicht ernst genommen hatte. Zwar verfügt Facebook über eigene Regeln, die Gewaltaufrufe und Hassbotschaften verbannen sollen, doch es setzte sie kaum durch und reagierte viel zu langsam.[157] »Wir schieben nicht die ganze Schuld auf Facebook«, sagte ein sri-lankischer Regierungsberater, »die Erreger sozusagen stammen von uns, aber Facebook ist der Wind, der sie verbreitet.«[158]

Man erinnert sich auch an den Fall jenes russischstämmigen Mädchens in Berlin, das 2016 behauptete, von drei südländisch aussehenden Männern entführt und in einer Wohnung vergewaltigt worden zu sein. Später stellte sich heraus, dass nichts davon wahr war und sie wegen Schulproblemen bei einem Freund übernachtet hatte. Aber die Lüge der 13-Jährigen war durch die »sozialen« Netzwerke Facebook und Twitter – man muss hier eher von »asozialen« Netzwerken sprechen – in der Welt und sorgte zuletzt sogar für diplomatische Spannungen zwischen Russland und Deutschland.[159]

Wo jede Privatperson jede Lüge, jeden Unsinn, jeden Hass und jede Hysterie um die Welt schicken und Millionen von Empfängern erreichen kann und dennoch kaum mehr zu befürchten hat als die Löschung der Posts, ist staatliche Regulierung unumgänglich. Wenn man eine Analogie zwischen der »digitalsozialen Infrastruktur« von Facebook und der Verkehrsinfrastruktur herstellen will, könnte man sagen: Mark Zuckerberg hat auf dem ganzen Globus Privatstraßen gebaut, auf denen jeder fahren darf – Dreiräder, Panzer, Schwertransporte, Pkw, Fußgänger, Flugzeuge, Pferdegespanne, Rennwagen – und auf denen nur einige wenige rudimentäre Regeln gelten, die eher den Charakter von Vorschlägen haben und über deren Einhaltung eine unterbesetzte private Sicherheitsfirma mit schlechtbezahlten Mitarbeitern wacht.

Deshalb ist es nicht damit getan, hier und da ein paar Verbotsschilder aufzustellen, so wie man im Straßenverkehr besonders unfallträchtige Orte mit Tempolimits und Gefahrenschildern sichert. Es geht um die komplette mediale Infrastruktur in Demokratien, darum, wie dort kritische Öffentlichkeit hergestellt, wie Debatten organisiert und Persönlichkeitsrechte gewahrt werden; es geht darum, ob Medien weiterhin für das verantwortlich sind und haftbar gemacht werden können, was sie transportieren; und es geht darum, welche Rolle seriöse Medien überhaupt noch spielen können, wenn ihnen die »sozialen« Netzwerke als neue globale Massenmedien die Werbeeinnahmen streitig machen und damit ihr Geschäftsmodell in Frage stellen.[160]

Das Geschäftsmodell von Facebook basiert auf der irreführenden Behauptung, es sei kein Medienunternehmen; und es basiert auf Algorithmen, die dafür sorgen, dass die Nutzer so lange wie möglich auf den Seiten gehalten werden – denn desto mehr geldwerte Daten geben sie dadurch von sich preis. So begünstigt der Facebook Newsfeed tendenziell Nachrichten, die Empörung, Wut, Hass und Angst auslösen – ein ideales

Terrain für Populisten und Fake-News-Produzenten, die deshalb immer neuen, noch leichter entflammbaren Treibstoff bereitstellen. Es regiert ein verheerendes Reiz-Reaktions-Prinzip: Je stärker die Emotionen, desto höher die Reichweite. Die Arbeitsweise der Algorithmen hat der Kognitionspsychologe und Professor an der Hochschule für Angewandte Wissenschaften Hamburg, Christian Stöcker, so beschrieben:[161] »Plattformen wie YouTube oder Facebook sind wie skrupellose Nannys, die uns ein Gummibärchen nach dem anderen reichen, ein mundgerechtes Häppchen nach dem anderen servieren. Ihr Ziel ist nicht, dass wir gesünder, fitter, kräftiger werden – sondern dass wir nicht aufhören zu essen. Und darin werden sie immer besser, denn sie lernen.« Für Stöcker sind Facebook & Co. »Iss weiter!«-Plattformen, die »im Zweifel unsere schlimmsten Abgründe zum Vorschein bringen«. Die Internetsoziologin Zeynep Tufekci hat das anhand von YouTube gezeigt: Sie begann auf der Plattform mit einem Video von einem Wahlkampfauftritt Donald Trumps und klickte sich dann weiter zu jenen Videos, die YouTube ihr vorschlug – sie landete bei Clips von Rassisten und Nazis.[162]

Natürlich sei das nicht die Absicht der »sozialen« Medien gewesen, sagt der Medienprofessor Siva Vaidhyanathan aus Virginia, aber »wenn man eine Maschine bauen wollte, die Propaganda an Millionen von Menschen verteilt, die sie von den wichtigen Dingen ablenkt, die Hass und Fanatismus anheizt, soziales Vertrauen aushöhlt, seriösen Journalismus untergräbt, Zweifel an der Wissenschaft nährt und auch noch die massive Überwachung befördert, dann würde man so etwas ähnliches wie Facebook kreieren«.[163]

Das Problem von Facebook ist also nicht sein *Miss*brauch, sondern sein *Ge*brauch: Genau dafür ist es gemacht, genau so soll es funktionieren, genau das erwarten Facebooks Aktionäre, die ihr Unternehmen wachsen sehen wollen. Das belegt ein internes Memo an Facebook-Mitarbeiter, das im

129

März 2018 von Buzzfeed veröffentlicht wurde und von dem sich Facebook-Chef Zuckerberg distanzierte. Auch der Verfasser des Memos aus dem Jahr 2016, einer von Zuckerbergs Vizepräsidenten, hat es inzwischen zu relativieren versucht – er habe damit nur eine interne kritische Diskussion in Gang setzen wollen. In dem Memo, veröffentlicht nur wenige Tage nachdem auf Facebook *live* tödliche Schüsse auf einen Mann zu sehen waren,[164] schrieb der Facebook-Vize: »Wir reden oft über das Gute und das Schlechte unserer Arbeit. Wir verbinden Menschen. Das kann gut sein, wenn sie es positiv machen. Vielleicht findet jemand die Liebe. Vielleicht rettet es jemanden vor dem Selbstmord. Also verbinden wir mehr Menschen. Das kann schlecht sein, wenn sie es negativ machen. Vielleicht kostet es ein Leben, wenn jemand gemobbt wird. Vielleicht stirbt jemand in einem Terroranschlag, der mit unseren Werkzeugen koordiniert wurde. Und doch, wir verbinden Menschen. Die hässliche Wahrheit ist: Wir glauben so fest daran, Menschen zu verbinden, dass alles, wodurch wir mehr Menschen verbinden können, am Ende gut ist (…) Das tun wir nicht für uns selber. Oder für unseren Aktienkurs (ha!) (…) Wir verbinden Menschen. Punkt. Deshalb ist alles, was wir für unser Wachstum tun, gerechtfertigt (…)«[165]

Diesem Ziel ist auch geschuldet, dass Facebook den Aufwand, Falschmeldungen und Hassbotschaften auf seinen Seiten zu identifizieren und zu löschen, so gering wie möglich halten will. Facebook-Chef Zuckerberg schob technische Gründe dafür vor – er verteidigte sich mit dem Argument, es sei »viel einfacher, ein System auf Basis künstlicher Intelligenz zu entwickeln, das eine Brustwarze erkennt, als sprachwissenschaftlich zu entscheiden, was eine Hassbotschaft ist«.[166] Unter dem Druck der Affäre um russische Wahlbeeinflussung versprach der Konzern dann doch noch, mehr als 1000 Mitarbeiter einzustellen, um Wahlwerbung und ihre Financiers genauer unter die Lupe zu nehmen. Der New Yorker Marketingprofessor und Buchautor Scott Galloway,[167] einer der besten Kenner der Digitalkonzerne, kommentierte dies so:»Ich nenne das ›ins Meer pinkeln‹: Denn Facebook könnte zehntausend Leute einstellen und eine halbe Milliarde Dollar für künstliche Intelligenz bereitstellen, um unerwünschte Inhalte herauszufiltern. Wenn sie sagen, das sei nicht möglich, meinen sie in Wahrheit, dass sie ihre Gewinne nicht schmälern wollen. Diese Konzerne haben die Vorteile eines Medienunternehmens – Einfluss, Prominenz, Gewinn – mit offenen Armen begrüßt, aber sie sind allergisch, die entsprechende Verantwortung zu übernehmen. So wie die Tabak-Industrie den Zusammenhang zwischen Rauchen und Sucht nicht verstehen wollte, so wollen sie nicht verstehen, was auf ihren Plattformen passiert.«[168]

Nicht nur Scott Galloway spricht von den »sozialen« Medien als »Waffen«. Der Medienprofessor Siva Vaidhyanathan aus Virginia meint:»Facebook hat zur Erosion demokratischer Normen in den USA und anderswo beigetragen und davon profitiert (…) Wir befinden uns inmitten eines weltweiten internetbasierten Anschlags auf die Demokratie.«[169] Auch zahlreiche ehemalige Facebook-Mitarbeiter haben das erkannt.[170] Eine frühere Managerin schrieb Ende 2017 in der New York Times:»Die Abgeordneten sollten Facebook nicht erlauben, sich selbst zu regulieren – weil es das nicht tun wird (…) Das Unternehmen wird uns nicht von selbst schützen, nichts weniger als unsere Demokratie steht auf dem Spiel.«[171]

Google

Vor vierzehn Jahren schrieb der hellsichtige Nutzer eines englischsprachigen Onlineforums für Technologie:»Wenn man bedenkt, in wie viele Felder Google vorstößt, wird man eines Tages sein Google zum Google fahren um etwas Google zum Essen zu kaufen, während man sich auf seinem Google Google

ansieht.« In der Tat ist aus dem 1998 gegründeten Such-
maschinenunternehmen innerhalb von nur zwei Jahrzehnten
eine 111 Milliarden Dollar[172] schwere Holding namens Alphabet geworden, zu deren Geschäftsfeldern inzwischen auch
Biowissenschaften und Gentechnik gehören, selbstfahrende
Autos und Smartphone-Betriebssysteme, Glasfasernetze, Me-
dizintechnik, künstliche Intelligenz, Cloud Computing, Inter-
netdienste wie YouTube, Gmail oder Google Maps und vieles
mehr.[173]

Google ist heute ein Gigant, dessen Einfluss auf die Gesellschaft und Wissenschaft kaum zu überschätzen ist und der
sich einen wohl einzigartigen Zugang zu Politikern in den
USA und Europa geschaffen hat, wie die Non-Profit-Organi-
sation Google Transparency Project in immer neuen Berichten
nachweist.[174] Zum zweitwertvollsten Unternehmen der Welt
– nach Apple – macht die Google-Mutter Alphabet[175] ein un-
vergleichlicher Datenschatz über ihre Nutzer, die mit ihren
täglich milliardenfachen Suchanfragen[176] dem Unternehmen
Milliarden Dollar an Werbeeinnahmen bescheren. Bei der In-
ternetsuche hat Google keine nennenswerten Konkurrenten,
Marktanteile von 90 Prozent und mehr machen den Konzern
de facto zum Monopolisten.[177] Und Google ist gewillt, diese
Machtposition mit allen Mitteln zu verteidigen.

Wer heute nach »Don't be evil« googelt, erfährt mit dem
allerersten Treffer, dass es sich dabei um Googles Firmenmot-
to handelt – »sei nicht böse«; inzwischen ist der Wahlspruch
durch den Alphabet-Slogan »Do the right thing« abgelöst –
»Mach das Richtige«.[178] Tatsächlich hat Google in vielen europäischen Ländern jahrelang nicht nur *nicht* »das Richtige«
getan; es war, um im Google-Terminus zu bleiben, böse: Kühl
kalkulierend missbrauchte der Konzern seine marktbeherrschende Stellung als Suchmaschinenbetreiber zu Lasten von
Konkurrenten und Hunderten Millionen googelnder EU-Bür-
ger, weshalb die Europäische Kommission Mitte 2017 die Re-

kordstrafe von 2,4 Milliarden Euro gegen das Unternehmen verhängte. Der Konzern hatte seine Suchalgorithmen so programmiert, dass sein eigener Preisvergleichsdienst in der Liste der Suchergebnisse systematisch »ganz oder sehr weit oben« erschien – und damit Produkte von Firmen bevorzugte, die bei Google Anzeigenkunden waren und an deren Verkaufserfolg der Quasi-Monopolist mitverdiente. Gleichzeitig landete »der am besten platzierte Wettbewerber im Durchschnitt erst auf Seite vier der Suchergebnisse« – also dort, wo kaum noch jemand hinklickt. Die scheinbar neutrale Plattform, die Auskunft über Produkte und Preise geben soll, wurde mittels geheimer Algorithmen zum Instrument, um Wettbewerb auszuschalten.

Und Google wusste, was es tat: Als es mit seinem Dienst in den Preisvergleichsmarkt eintrat, so die EU-Kommission, waren dort bereits einige etablierte Anbieter tätig, gegen die der Konzern relativ schlecht aussah; in einem internen Firmendokument von 2006 heißt es, dass Froogle – so hieß Googles Dienst damals – »einfach nicht läuft«. Durch die Manipulation stiegen die Nutzerzahlen von Googles Angebot deutlich an, während Wettbewerber dauerhaft unter starken Einbußen litten: So stiegen die Zugriffe bei Google Großbritannien um das 45-Fache und in Deutschland um das 35-Fache, während die Aufrufe konkurrierender Websites auf der Insel um 85 Prozent und in Deutschland um 92 Prozent einbrachen.[179]

Und das ist noch nicht alles: Bei der EU-Kommission laufen zwei weitere Verfahren gegen Google wegen des Verdachts auf Kartellverstöße – beim Google-Betriebssystem Android zu Lasten von Geräteherstellern, Mobilfunknetzbetreibern und Verbrauchern sowie bei Googles Onlinedienst AdSense, der Anzeigen passend zum Inhalt der Webseite auswählt. Google, so die Kommission, habe »vorhandene und potentielle Wettbewerber, darunter andere Suchdienste und Online-Werbeplattformen, daran gehindert, in diesem kommerziell bedeutsamen Bereich Fuß zu fassen und zu wachsen«.[180] Auch in den USA stand der Konzern vor wenigen Jahren im Visier der Kartellbehörde FTC, weil er Konkurrenzangebote abwertete und eigene Dienste bevorzugte, wie die FTC selbst feststellte. Dennoch wollte sie den Fall nicht weiter verfolgen, weil die »Platzierung eigener Inhalte als plausible Verbesserung der Gesamtqualität der Suchergebnisse« gewertet werden könne. Beobachter machten für diese konzernfreundliche Logik auch die besonderen Beziehungen zwischen Google und der Obama-Administration verantwortlich.[181]

Algorithmen sind nicht neutral

Dabei sind Algorithmen, die nur Preise für Turnschuhe und Hundefutter interessengeleitet sortieren, vergleichsweise harmlos. Wie gefährlich sie werden können, wenn sie Nachrichten zusammenstellen, die dann als Newsfeed Hass und Hysterie anheizen, oder wenn sie Werbung gezielt an Menschen schicken, die sich selber als »Judenhasser« bezeichnen und solche mit dunkler Hautfarbe automatisch ausschließen, zeigt das Beispiel Facebook.[182] Immer stärker greifen die Algorithmen in das Leben von Millionen von Menschen ein, ohne dass sie etwas davon ahnen: wenn Banken mit algorithmischer Macht über Kreditvergaben entscheiden; wenn Arbeitgeber und Universitäten Bewerber aussortieren; wenn »räuberische Werbung« für Hypothekendarlehen gezielt auf einkommensschwache Onlinekunden prasselt; wenn Polizeibehörden scheinbar Verdächtige identifizieren; wenn Richter (wie in den USA) das Strafmaß von Verurteilten mit Hilfe von Algorithmen errechnen; wenn Schulbehörden die »Leistung« von Lehrern ermitteln und die angeblich schlechten entlassen; wenn Autoversicherer aus der Zahl der Ausrufezeichen, die jemand auf Facebook verwendet, auf einen impulsiven Charakter des Nutzers schließen und ihn deshalb in eine teurere Risikoklasse einstufen.[183] Die US-amerikanische Mathematikerin und Datenanalystin Cathy O'Neil spricht von »toxischen« Annahmen, die den Algorithmen zugrunde liegen: Sie seien eben nicht die objektiv-neutralen Formeln, als die sie ihre Anwender gerne darstellen, sondern Instrumente, um Profit zu erzielen; O'Neil bezeichnet sie als »Weapons of Math Destruction«, als mathematische Massenvernichtungswaffen.[184]

Überall hinterlassen Menschen heute mehr oder weniger freiwillig höchst private Daten von sich, beim Googeln, beim bargeldlosen Bezahlen, beim Fahren mit Hilfe eines Navigationsgeräts, beim Onlineeinkauf, beim Kommunizieren mit Apps. »Aufgrund der Datenspuren werden über uns Berechnungen angestellt, deren Folgen wir zu spüren bekommen, egal ob die Berechnung stimmt oder nicht«, sagt Felix Stalder, Professor für digitale Kultur und Theorien der Vernetzung an der Zürcher Hochschule der Künste.[185] »Wer definiert, nach welchen Kriterien diese automatischen Entscheidungssysteme arbeiten und worauf sie zielen, der hat eine enorme Macht.« Obwohl man wisse, dass Algorithmen viele Fehler produzierten, nehme man sie in Kauf: »Weil es sich unterm Strich rechnet« – natürlich für die Anbieter, nicht für die Nutzer. Wie leicht der wirtschaftliche Vorteil in Richtung Überwachung kippen kann, zeigt Stadler am Beispiel von Gesundheitstrackern, die die Bewegungsaktivitäten ihrer Nutzer aufzeichnen: Denn was geschieht, fragt der Wissenschaftler, wenn Krankenversicherungen den Nutzern, die sich ausreichend bewegen, so hohe Rabatte gewähren, dass aus dem Anreiz ein Zwang wird? »Das Interesse der Anbieter, Gewinn zu machen, verdrängt das Interesse der Gesellschaft, jede Art von Diskriminierung zu verhindern.«[186]

Es sind keineswegs nur Unternehmen, die die Datenspuren für ihre Zwecke auswerten. Auch politische Parteien setzen das sogenannte Microtargeting ein, also auf bestimmte Zielgruppen ausgerichtetes Marketing, um ihre politischen Botschaften auf Plattformen wie Facebook oder Google auf kleinste Zielgruppen bis hin zum Individuum zuzuschneiden. Barack Obama tat es in seinen erfolgreichen Wahlkämpfen, die etablierten Parteien in Deutschland tun es, freilich ohne viel darüber zu reden.[187] Bei gemeinnützigen Institutionen und Nichtregierungsorganisationen – auch bei Foodwatch – ist Microtargeting über Facebook ein gängiges Instrument für den Aufruf zu Petitionen und zum Einwerben von Fördermitgliedern. Der breite Einsatz dieser neuen Methoden zeigt, dass es nicht um eine verdammenswerte Technologie geht, die uns von »bösen« Big-Data-Giganten aus Kalifornien »eingebrockt« wurde. Doch den Vorteilen des Microtargetings für Werbezwecke und Informationsaustausch stehen eben auch gewaltige Missbrauchspotentiale gegenüber.[188]

Wie anfällig die neuen Digitaltechnologien für Missbrauch sind, wie leicht sie totalitäre Verhältnisse befördern können, demonstriert China. Dort ist man fest entschlossen, lernende Algorithmen zur Kontrolle der Menschen einzusetzen.[189] Bis 2020 will die Regierung ein »gesellschaftliches Bonitätssystem« einführen, eine von Algorithmen gesteuerte Überwachungsmaschine, einen digitalen Big Brother. Dabei werden Daten über Privatpersonen, Unternehmen und Nichtregierungsorganisationen, die in Regierungsstellen und in Zukunft auch von Kreditinstituten und Internetkonzernen gesammelt werden, auf einer zentralen Plattform gebündelt, um daraus Punktekonten der Bewerteten zu bilden von »vorbildlich« bis »unehrlich«, wie bei einer Ratingagentur. Schlechte Noten – etwa wegen zwielichtiger Bekannter, wegen »falschen« Medienkonsums oder Gesetzesverletzungen im Geschäftsverkehr – können dazu führen, dass Privatpersonen keine Flugtickets mehr kaufen können oder Unternehmen von öffentlichen Ausschreibungen ausgeschlossen werden.[190] Das digitale Punkteregister könnte Chinas Weg in die Big-Data-Diktatur sein.[191]

Digitale Polizei

Auch im Westen scheinen die Big-Data-Konzerne gewillt, zu digitalen Hilfssheriffs und digitalen Kommissaren zu werden.[192] Wobei der Datenschatz von Google für die Strafverfolgungsbehörden noch wertvoller sein dürfte als der von Facebook, weil die Selbstdarstellung in öffentlichen Facebook-Posts zu großen Teilen idealisiert sein dürfte, während die Suche auf Google die Interessen des Nutzers authentischer wiedergibt.[193] Und kein anderer Konzern weltweit häuft so viele Daten an wie Google.[194] »Behörden, Gerichte und Parteien in zivilen Gerichtsverfahren fordern regelmäßig Daten bei Technologie- und Telekommunikationsunternehmen an, um zu erfahren, wie eine Person die Dienste der Unternehmen genutzt hat«, schreibt Google in seinem eigenen Transparenzbericht. Danach gingen bei Google im Jahr 2017 weltweit fast 100 000 Ersuchen um Offenlegung von Nutzerdaten ein; in Deutschland zählte Google mehr als 14 000 »rechtliche Ersuchen«, in den USA gut 18 000 Vorladungen und mehr als 10 000 Durchsuchungsbefehle. Nach Medienberichten verlangten US-Ermittler in einem Mordfall die Herausgabe von Audiodateien auf dem digitalen Amazon-Assistenten Echo (Alexa), die Amazon schließlich auch herausgab. Die Verflechtung zwischen Staat und Konzernen – also der in diesem Buch beschriebene politisch-industrielle Komplex – bekommt bei den Digitalunternehmen eine ganz besondere und eine besonders bedrohliche Note: Der Staat braucht und nutzt die Digitalkonzerne zur Überwachung und Kontrolle seiner Bürger, er verwendet das Wissen, das die Tech-Giganten heimlich über ihre Nutzer sammeln, gegen sie.[195]

Google selbst hat solche Befürchtungen schon vor Jahren genährt, als sein langjähriger Vorstandschef Eric Schmidt[196] ein so selbstherrliches wie beängstigendes Statement abgab, das inzwischen legendär ist: »Wir wissen, wo du bist. Wir wissen, wo du warst. Wir wissen mehr oder weniger, worüber du nachdenkst.«[197] Der Traum eines jeden Geheimdienstchefs – hier realisiert er sich. Und zur bitteren Wahrheit gehört, dass die Internetnutzer das Wissen über sich selbst zur Verfügung stellen. Nick Srnicek, Dozent für Digitalökonomie am Londoner King's College,[198] schreibt in seinem Buch über den »Plattform-Kapitalismus«: »Überwachung und Profiterzielung fließen in der digitalen Wirtschaft tendenziell zusammen, weshalb manche von ›Überwachungskapitalismus‹ sprechen.«[199]

Google & Co, die Milliarden ausgeben für die Forschung, vor allem für die Verfeinerung ihrer Algorithmen und für künstliche Intelligenz,[200] verdienen folglich tiefstes Misstrauen. Selbst Google-Mitarbeiter empfinden das so. Mehr als 3000 von ihnen schrieben im Frühjahr 2018 einen Brandbrief an ihren Vorstandschef Sundar Pichai. Darin fordern sie den sofortigen Rückzug von Google aus einem Projekt mit dem US-Verteidigungsministerium, bei dem künstliche Intelligenz die automatisierte Bildauswertung militärischer Überwachungsdrohnen verbessern soll. »Wir glauben, dass sich Google nicht am Geschäft des Krieges beteiligen sollte«, heißt es in dem Brief, weder Google noch seine Dienstleister dürften jemals Kriegstechnologie bauen. Den Beteuerungen der eigenen Verantwortlichen, wonach die Technologie nicht verwendet werde, um Drohnen zu steuern und Waffen abzufeuern, vertrauen die Unterzeichner nicht: »Die Technologie wird für das Militär konstruiert, und wenn sie einmal ausgeliefert ist, könnte sie leicht verwendet werden, um genau diese Funktionen zu unterstützen.« Die Mitarbeiter lassen auch das Argument nicht gelten, dass Microsoft und Amazon ebenfalls an dem Militärprojekt beteiligt sind. Schon jetzt falle es Google zunehmend schwer, das Vertrauen der Öffentlichkeit zu bewahren, dieses Projekt werde den Konzern und sein selbstgewähltes Motto irreparabel beschädigen – »Don't be evil«.[201]

Amazon

Als die US-amerikanische Nichtregierungsorganisation ILSR Ende 2016 ihren 79-Seiten-Report mit dem Titel »Amazons Würgegriff« veröffentlichte,[202] stand darin noch, dass Amazon-Chef Jeff Bezos in der Liste der reichsten Menschen auf den dritten Platz vorgerückt sei, hinter Microsoft-Gründer Bill Gates.[203] Das ist keine zwei Jahre her, aber sie reichten aus, um Bezos zum reichsten Mann der Welt aufsteigen zu lassen: Laut »Forbes« soll er im Jahr 2017 sein Vermögen nahezu verdoppelt haben auf geschätzte 120 Milliarden Euro.[204]

Es ist ein widerwärtiger Reichtum, ein Reichtum schlimmer als zu feudalen Zeiten. Bezos mag ein brillanter Kopf sein, ein genialer Geschäftsmann, ein Visionär, der die Zeichen der Zeit früher erkannte als andere. Aber sein Reichtum ist nicht Ausdruck seiner Fähigkeiten und seiner Leistung; er ist Ausdruck dafür, dass er in einem irren System operiert. Für sein aberwitziges Vermögen bezahlen Arbeitnehmer, Steuerzahler, Verbraucher.

Ende 2017 brachte der Internetriese seinen Dienst Amazon Flex nach Deutschland. Er funktioniert wie die Taxiplattform Uber: Privatleute stellen Amazon-Pakete zu, dafür müssen sie ein Smartphone, einen Führerschein und ein eigenes Auto mitbringen. »Seien Sie Ihr eigener Chef und arbeiten Sie nach Ihrem Zeitplan, um mehr Zeit zu haben, Ihre Ziele und Träume zu verwirklichen« – ob Amazon das selber glaubt? Das Unternehmen bietet »bis zu 64 Euro« für einen vierstündigen Lieferblock, den ein Algorithmus per App den Kurieren zuteilt. Sie sind selbständige Miniunternehmer, deren Arbeit mit Amazons Auftragsschwankungen atmet. Eine Abruffarmee. Amazon garantiert weder Auftragsstunden noch Stundenlöhne.[205] Mit den maximal 64 Euro ist alles abgegolten: Sprit, Reparaturen, Kfz-und Krankenversicherung; wie viel für die Kuriere als Verdienst übrigbleibt, ist ihr Risiko. Flex-Fahrer in den USA berichten in einschlägigen Internetforen, dass die Touren mitunter viel länger dauern als geplant. So unsicher der Lohn der Kuriere, so sicher ist: Sie werden das Heer der prekär Arbeitenden wachsen lassen in einer Branche, in der Sub- und Subsubunternehmer längst Alltag sind. Am hinteren Ende der Kette stehen Menschen, die die Euros zusammenkratzen, während Amazon-Aktionäre wie Jeff Bezos immer reicher werden.[206]

Im Frühjahr 2018 hat Bezos in Berlin den Axel Springer Award erhalten, weil er sich – wie der 2016 ausgezeichnete Facebook-Chef Mark Zuckerberg – seiner »gesellschaftlichen Verantwortung« stelle.[207] Am Rande der Preisverleihung kritisierten einige hundert Demonstranten, dass sich der »Weltmeister im Steuervermeiden« und »Lohndrücker« Amazon seit Jahren gegen Tarifverträge verweigere – Lagerarbeiter in deutschen Versandzentren gehen trotz Schichtarbeit mitunter mit 1400 Euro netto nach Hause. Er zahle ordentlich und brauche keine Gewerkschaften, hielt Bezos dagegen, außerdem gebe es bei Amazon in Deutschland Betriebsräte.[208]

Davon sind Beschäftigte in den USA meilenweit entfernt. Dort, so die Nichtregierungsorganisation ILSR in ihrem Report von 2016, blockiert Amazon kategorisch jeden Versuch von Arbeitnehmern, sich zu organisieren. Entsprechend sind die Verdienste: In elf von ILSR untersuchten Regionen lagen die durchschnittlichen Stundenlöhne in Amazons Versandzentren zwischen sechs und 22 Prozent (im Schnitt 15 Prozent) unter denen vergleichbarer Lager- und Logistikfirmen. Das bestätigte auch eine Untersuchung des Fernsehsenders CNN vor wenigen Jahren, der Versandlagerjobs von Walmart und Amazon verglich und beim Jahresverdienst eine Differenz von 15 000 Dollar errechnete; Amazon liege damit knapp oberhalb der offiziellen Armutsgrenze für eine vierköpfige Familie.[209] Aus offiziellen Zahlen der amerikanischen Arbeitsbehörde Bureau of Labour Statistics (BLS) ergibt sich, dass überall dort, wo Amazon neue Verteilzentren eröffnet, die Jahreslöhne für Lagerarbeiter in der ganzen Region fallen – um drei, 16, 17 und bis zu 30 Prozent. Eine mögliche Erklärung ist die regional hohe Konzentration auf dem Arbeitsmarkt: Als einziger großer Arbeitgeber in einer Stadt oder Region kann Amazon Löhne zahlen, die weit unter denen der Konkurrenz liegen.[210]

Essensmarken für Amazon-Beschäftigte

Tausende Amazon-Beschäftigte sind sogar für das milliardenschwere Lebensmittelhilfe-Programm SNAP berechtigt, früher bekannt als Essensmarken (»food stamps«). Im Bundesstaat Arizona beziehen 30 Prozent der Amazon-Mitarbeiter staatliche Essenshilfe, in Pennsylvania und Ohio etwa zehn Prozent; in fünf von sechs Bundesstaaten, die entsprechende Informationen zur Verfügung stellten, schaffte es Amazon in die Liste der 20 Firmen mit den meisten SNAP-Klienten.[211] Zudem strahle Amazon mit seinem Modell der Billiglöhne und prekären Arbeitsverhältnisse auf angrenzende Branchen ab, namentlich auf den Kurierdienst UPS und die US-Post, kritisiert der ILSR-Report: »Amazon untergräbt die grundlegende Idee, dass es verlässliche Löhne und Gehälter geben muss. Der Konzern bewegt sich zurück zu einem Arbeitsmodell wie im 19. Jahrhundert, das die Gewinne zu denen an der Spitze spült.«[212]

Nicht nur im Blick auf Löhne und Arbeitsbedingungen ist Amazons Bilanz katastrophal. Der Konzern, so steht es im ILSR-Report, habe bis Ende 2015 zwar 146 000 Jobs in den USA geschaffen, darunter viele Stellen für dauerhaft beschäftigte Zeitarbeiter (»Permatemps«); gleichzeitig seien im Einzelhandel aber fast 300 000 Stellen vernichtet worden: »Amazons Ausdehnung hat demnach – konservativ gerechnet – netto fast 150 000 Stellen gekostet« – und die Innenstädte zerstört.

Dieser Prozess wird sich weiter beschleunigen. Denn Amazon treibt eine beispiellose Expansion voran, der Konzern ist längst nicht mehr der Onlinehändler für Bücher, für den ihn viele noch halten. Aus Hunderten Versandzentren auf der Erde verschickt das Unternehmen Millionen verschiedener Produkte vom TV-Gerät bis zum Schachspiel. Amazon hat eigene Kleider- und Schmuckmarken, es produziert Batterien und Babynahrung, publiziert Bücher und Hörbücher, vergibt Kredite und forscht zu künstlicher Intelligenz. Amazon produziert eigene Fernsehserien, betreibt Streaming-Plattformen für Onlinespieler. Die weltbekannte Tageszeitung Washington Post – mit der New York Times führend in der Trump-kritischen Berichterstattung – hat Jeff Bezos privat gekauft. Im Geschäft mit Cloud Computing vermietet Amazon Rechnerkapazität an andere Firmen,[213] der Konzern besitzt eine Flugzeugflotte, Schiffslizenzen sowie Tausende Lkws und könnte in nicht allzu ferner Zukunft mit selbstfahrenden Autos und unbemannten Drohnen Hunderttausende von Lkw-Fahrern und Kurieren arbeitslos machen. Amazon ist in der kommerziellen Raumfahrt unterwegs und geht gleichzeitig wieder zurück in den Einzelhandel – dorthin, wo der Onlinehandel so zerstörerisch wirkt – und eröffnet Buchläden und schicke Showrooms für seine E-Book-Lesegeräte und Sprachassistenten. Erst 2017 kaufte Amazon für 14 Milliarden Dollar die US-Bio-Supermarktkette Whole Foods, und über den Lieferdienst Amazon Fresh schrieb eine Zeitung, die deutschen Lebensmittelhändler seien »geschockt« über dessen Erfolg. Zimperlich war Amazon nie: Als ein Onlinehändler für Windeln nicht verkaufen wollte, stieg Amazon selbst ins Geschäft ein und drückte so lange die Preise, bis der Konkurrent verkaufen musste – um die Preise dann wieder anzuheben.[214]

Amazon will den Markt nicht dominieren – es will der Markt selbst werden. Indem der Konzern die Infrastruktur kontrolliert, kann er seine eigenen Produkte und Dienstleistungen darin bevorzugen und gleichzeitig die Bedingungen diktieren, zu denen Konkurrenten Zugang zu diesen Kanälen erhalten. »Amazon entfernt uns von einer Wirtschaft, in der sich der Handel in offenen Märkten und nach öffentlichen Regeln vollzieht«, schrieb das US-Magazin The Nation.[215] Und die deutsche FAS kommentierte: »Auch wer aus guten Gründen lieber den Kräften des Marktes vertraut als der Steuerung durch den Staat, wird einsehen müssen, dass die Marktkräfte dem Allmachtsstreben Amazons nicht gewachsen sind.«[216]

Die bittere Ironie ist, dass Amazon mit Hilfe von öffentlichen Geldern erst werden konnte, was es ist: ein Gigant. Zuerst nutzte der Konzern Schlupflöcher in den US-Bundesstaaten, um die Mehrwertsteuer (sales tax) zu umgehen. Als die sich langsam schlossen, spielte Amazon seine Macht aus, um für seine Ansiedlungen Subventionen von Bundesstaaten und Kommunen zu erhalten – seit dem Jahr 2000 errechnen Beobachter den unglaublichen Betrag von annähernd 1,4 Milliarden Dollar.[217] Hinzu kommen jetzt auch noch die staatlichen Lebensmittelzuschüsse für Amazon-Mitarbeiter, die zu wenig verdienen und die mit dem Geld vom Staat auch bei Amazon einkaufen, einem Konzern mit einem Börsenwert von mehr als 600 Milliarden Dollar:[218] ein dritter Transfer öffentlichen Vermögens in private Hände für Amazons Geschäftsmodell.[219]

Apple

Was Amazon anstellt, um öffentliche Gelder abzugreifen, ist völlig legal. Standortwettbewerb eben. Auch wenn der den Städten, dem Land, der Gesellschaft schadet. Ebenso legal ist oft,[220] was multinationale Konzerne anstellen, um möglichst wenig Steuern zu zahlen. Wettbewerb eben. In diesem Fall sind es ganze Länder, die die Konzerne gegeneinander ausspielen. Jedes Land sucht seinen eigenen Vorteil, der aufs Ganze gesehen keiner ist. Denn das Rennen um die besten Steuerkonditionen ist ein Rennen nach unten, es schadet allen. Fast allen. Einige wenige Reiche werden noch reicher.

Ende 2017 erschütterten die »Paradise Papers« die Welt (nach den »Luxemburg Leaks« 2014 und den »Panama Papers« 2016). Der Süddeutschen Zeitung (SZ) waren 13,4 Millionen Dokumente zugespielt worden, in deren Zentrum die auf den Bermudas residierende Kanzlei Appleby steht, eine der Marktführerinnen im Geschäft mit Briefkastenfirmen. Die Zeitung teilte die Daten mit dem International Consortium of Investigative Journalists in Washington und enthüllte in einer internationalen Recherche mit Dutzenden anderer Medien die verschattete Welt der Steueroasen und ihrer Kunden. Die Spuren führten zu Milliardären, Rockstars, Adeligen, ehemaligen Politikern, Erben und Königen. Und zu den Steuervermeidungspraktiken internationaler Großkonzerne wie Apple, Uber, Facebook, Google[221] und vieler anderer.[222] Am Beispiel des Sportartikel-Multis Nike zeigte die SZ den politischen Skandal hinter dem Steuerskandal auf: »Es ist keine Überraschung, dass Nike sich rechtskonform verhält, im Gegenteil: Es ist geradezu eine zentrale Erkenntnis aus den Paradise Papers, dass man sich als globaler Konzern an alle Steuervorschriften weltweit halten kann – und trotzdem der Steuer weitgehend entkommen. Man muss nur alle Tricks und Lücken kennen, und jederzeit flexibel und beweglich bleiben.«[223] Dafür verantwortlich sind die Regierungen, die die Lücken nicht schließen. Sie schauen zu, wie sie gegeneinander ausgespielt werden, sie lassen es geschehen, dass der Motor der Ungleichheit heißläuft.

Auf diese Weise kommt zum materiellen und immateriellen Schaden, den die Großkonzerne mit ihren Produkten und Dienstleistungen anrichten, ein weiterer hinzu. Seine Dimension lässt sich nur schätzen. Jahr für Jahr würden internationale Konzerne mehr als 600 Milliarden Euro in Steueroasen verschieben, allein die europäischen Steueroasen Luxemburg, Irland, Niederlande, Belgien, Malta und Zypern[224] schöpften im Jahr 350 Milliarden Euro ab, rechnete der französische Ökonom Gabrial Zucman in der Süddeutschen Zeitung vor. Eine Studie der Entwicklungsorganisation Oxfam zeigte 2017, dass die 50 größten US-Konzerne im Jahr 2015 1,6 Billionen Dollar in Steueroasen schafften; und auch Oxfam stellte klar: alles im legalen Rahmen. Die Steuereinnahmen, die den Ländern dadurch weltweit entgehen, bezifferte die Organization for Economic Cooperation and Development vor drei Jahren auf 240 Milliarden Dollar.[225] Allein für die EU errechnete Steuerforscher Zucman, dass ihr die Steueroasen – auch die europäischen – ein Fünftel ihrer Unternehmensteuereinnahmen entziehen, das entspreche einem Schaden von 60 Milliarden Euro pro Jahr, 17 Milliarden davon in Deutschland.[226]

Das Verschieben der Gewinne ist im Detail hochkomplex, weshalb es von fürstlich bezahlten Wirtschaftsprüfungsgesellschaften und Anwaltskanzleien auf den Kaimaninseln, in Luxemburg, Hongkong oder eben auf den Bermudas eingefädelt und orchestriert wird.[227] Am Beispiel von Nike-Turnschuhen lässt sich diese Strategie rekonstruieren. Kauft man solche Schuhe zum Beispiel in Deutschland – egal ob in einem Nike-Geschäft, im Kaufhaus oder online –, wird der damit erzielte Gewinn nicht etwa in Deutschland versteuert, so wie das andere Einzelhändler tun. Vielmehr wandert der Erlös zu Nike-Firmen in den Niederlanden; sie sind der Schuhverkäufer und nicht das deutsche Schuhgeschäft. Doch auch dort bleibt das Geld nicht lange. Denn die Rechte für die Nutzung des Firmenlogos von Nike gehören einer Firma in den Bermudas. Damit die niederländische Firma die Schuhe rechtmäßig in Deutschland und anderen EU-Ländern verkaufen darf, überweist sie hohe Summen als Gebühr auf die Bermudas. Den Einnahmen aus dem Schuhverkauf in den Niederlanden stehen somit hohe Lizenzkosten gegenüber. So entstehen in der niederländischen Nike-Firma nur kleine Gewinne – die entsprechend weniger Steuern nach sich ziehen. Und auf den Bermudas, wo das Geld geparkt ist, fallen gar keine Unternehmenssteuern an[228] (inzwischen ist die Konstruktion offenbar durch ein noch komplizierteres Firmengeflecht abgelöst, mit der Folge, dass wieder mehr Erlöse in den Niederlanden verbleiben, wodurch der effektive Steuersatz zusätzlich gedrückt wurde).

So oder so ähnlich machen es viele Konzerne, die Patente, Lizenzen für Marken, Logos oder Algorithmen in Steueroasen verschieben.[229] Vor allem US-Multis, von denen Hunderte Milliarden bis einige Billionen Dollar[230] aus ihren spärlich versteuerten Erlösen in sicheren Steuerhäfen außerhalb der USA liegen, ein beträchtlicher Teil davon in den Niederlanden, die so zu einer der wichtigsten europäischen Steueroasen für Konzerne wurden. »So richtig viel verdienen die Niederlande mit dieser Politik zwar nicht, allenfalls entstehen Arbeitsplätze«, schreibt die SZ, »aber hier verfängt eben das generelle Steueroasen-Prinzip: Ein bisschen was im eigenen Land ist mehr als ein großer Haufen in einem anderen.«[231]

Wie der Nachrichtensender Bloomberg Anfang 2018 berichtete,[232] vermied Google Steuerzahlungen in Milliardenhöhe, indem es 2016 Einnahmen von 19 Milliarden Dollar verschob; einer der Geldflüsse ging von einer irischen zu einer niederländischen Tochterfirma ohne Angestellte und von dort zu einer Briefkastenfirma auf den Bermudas, die wiederum einer irischen Firma gehörte. Diese und andere Transaktionen, bekannt als »Double Irish« und »Dutch Sandwich«, hätten dazu geführt, dass Googles effektiver Steuersatz im Jahr 2016 nur 19,3 Prozent betrug.

Auch Amazon war dabei. Zwischen 2006 und 2014 habe der Konzern auf drei Viertel seines Gewinns in Europa keine Steuern bezahlt, hat die EU-Kommission errechnet und fordert nun 250 Millionen Euro plus Zinsen zurück. Zu zahlen an Luxemburg, wohin die Gewinne aus ganz Europa transferiert wurden, weil dort vorteilhafte Steuerabkommen – für Amazon und viele andere – geboten wurden.[233] Im Großherzogtum war während dieser Zeit Jean-Claude Juncker der mächtigste Mann, von 1989 bis 2009 als Finanzminister und von 1995 bis 2013 als Premier, bevor er 2014 Chef der EU-Kommission wurde.[234]

Auf die Spitze trieb es Apple, der wertvollste Konzern der Welt, der 2017 einen Gewinn von 48 Milliarden Dollar einstrich.[235] Durch einen Steuerdeal mit Irland zahlte Apple laut EU-Kommission bereits seit 1991 erheblich geringere Steuern auf seine in Europa erzielten Gewinne; im Jahr 2003 lag der effektive Körperschaftssteuersatz bei einem Prozent und ging bis 2014 weiter auf 0,005 Prozent zurück. Der Trick bestand darin, den größten Teil der Gewinne intern von Irland weg auf einen »Verwaltungssitz« zu übertragen, der weder in irgendeinem Land niedergelassen war noch über Mitarbeiter oder eigene Geschäftsräume verfügte; es gab nur gelegentliche Sitzungen eines Board of Directors. Während der Löwenanteil der Gewinne diesem virtuellen »Verwaltungssitz« zugewiesen und dort nicht besteuert wurde, blieb nur ein Bruchteil des Gewinns für die Besteuerung in der irischen Zweigniederlassung übrig.[236]

Weil die EU dies als »unzulässige Beihilfe« bewertet, verlangt sie, dass Irland von Apple 13 Milliarden Euro an Steuern plus Zinsen nachfordert, insgesamt rund 15 Milliarden. So kämpft nun jeder gegen jeden vor Gericht: die EU gegen Irland, damit es die Steuern eintreibt; Irland gegen die EU, weil es sich offenbar mehr Apple verpflichtet fühlt und das Geld nicht einfordern will; Apple gegen die EU, weil es die Milliarden lieber behält. Bis der Kampf juristisch ausgetragen ist, fließt das Geld nun mit fast zweijähriger Verzögerung in Raten auf ein Treuhandkonto.[237]

Es ist eine bizarre Situation, in der sich ein hochverschuldetes Land mit einem US-Konzern verbündet, damit ein Steuerparadies bestehen und 15 Milliarden Euro in privaten Händen bleiben können. Und beide betonen dabei, alles sei legal gewesen – trotz der 0,005 Prozent. »Wir zahlen alle Steuern, die wir schuldig sind, jeden einzelnen Dollar«, sagte Apple-Chef Cook 2013 in einer Anhörung im US-Senat. Ein Land als Geisel eines Konzerns – so sind die wahren Machtverhältnisse. Der Konzern griff die EU an, sie versuche »das internationale Steuersystem auf den Kopf zu stellen«, und drohte, die Entscheidung der Kommission werde »eine tiefgreifende und schädliche Wirkung auf Investitionen und die Schaffung von Arbeitsplätzen in Europa« haben. In Irland arbeiten einige tausend Menschen bei Apple. Der Preis für ihre Arbeitsplätze – 15 Milliarden Euro – ist ein katastrophal schlechter Deal. Apple verkauft seine Jobs zu einem für die Gesellschaft horrend schädlichen Preis.

Weil es in Irland so nicht weitergehen konnte, suchte Apple nach einer neuen steuerlichen Bleibe. Die damit beauftragte Kanzlei verschickte eine E-Mail an potentielle neue Steuerorte, darin Fragen wie: »Ist es möglich, eine offizielle Bestätigung der Steuerbefreiung zu bekommen, und kostet das etwas?«; »müssen Geschäftsberichte veröffentlicht werden«; »welche Informationen sind öffentlich einsehbar?«; oder: »Gibt es eine glaubwürdige Oppositionspartei oder eine Bewegung, die die jetzige Regierung ersetzen könnte?« Inzwischen managt Apple seine irischen Tochterfirmen von der Kanalinsel Jersey zwischen Frankreich und England aus. Der Steuersatz für Unternehmen dort: null Prozent.[238]

Ist der Geist aus der Flasche?

Digitalkonzerne bieten der Gesellschaft ungeahnte neue Möglichkeiten: Informationsaustausch, Wissen, Transparenz, demokratische Emanzipation, Fortschritte in der Medizin, Wahl- und Einkaufsmöglichkeiten, um nur einen Bruchteil zu nennen. Aber sie verursachen jetzt schon erhebliche Schäden und bergen noch viel größere Risiken. Während bei den zuvor behandelten Konzernen relativ einfache Regulierungen deren Schäden vermeiden können, ist die Regulierung der Internetkonzerne komplexer. Wo es um Steuervermeidung und fragwürdige Arbeitsbedingungen geht, könnte der Staat relativ einfach und zielgenau eingreifen. Aber bei den Internetkonzernen geht es um viel mehr.

Der Schutz privater Daten ist ein zentrales politisches Anliegen, und die im Mai 2018 in Kraft getretene EU-Datenschutzgrundverordnung ist ein wichtiger Schritt. Sie setzt Standards für die Erhebung, Speicherung, Veränderung und Auswertung personenbezogener Daten. Sie erzeugt Aufmerksamkeit und Sensibilität bei den Unternehmen und hat das Potential, Nutzerrechte gegenüber den Konzernen besser durchzusetzen. Die Verordnung wird die Konzerne zu mehr Transparenz, zum Beispiel zur Offenlegung bestimmter Verfahren, zwingen. Allerdings ändert ein verbesserter Datenschutz nichts Wesentliches am Geschäftsmodell der Internetkonzerne. Der Datenschutz besteht auf der expliziten Einwilligung der Nutzer gegenüber den Konzernen, ihre Daten nutzen zu können. Die Konzerne werden weiterhin über ausreichend Daten verfügen, um ihre bekannten und unbekannten Strategien des Microtargeting zu verfolgen. Und die unheimliche Gefahr der Zusammenarbeit zwischen Datenkonzernen und Geheimdiensten bzw. staatlichen Überwachungsbehörden zur Kontrolle der Bürger bleibt eine riesige Bedrohung. Um die Konzerne unter diesen Bedingungen wirksam zu regulieren, bleibt eigentlich nur ein

Ansatz: Sie müssen ihre Datentechnologien den Behörden zur Genehmigung vorlegen. Sie müssen nachweisen, dass eine bestimmte Technologie gesellschaftspolitisch unschädlich ist. Es muss Schluss sein mit dem Prinzip, dass alles erlaubt ist, was nicht verboten ist. Vielmehr muss verboten bleiben, was nicht ausdrücklich erlaubt ist. Warum sollten die Produkte der Internetkonzerne anders behandelt werden als etwa Chemikalien oder bestimmte Finanzderivate, die vor ihrer Markteinführung eine Zulassung der jeweiligen Aufsichtsbehörden brauchen?

4.
Haftung als Konsequenz

Die Architektur der Straffreiheit und die Alternativen

In den vorangegangenen Kapiteln haben wir die zerstörerische Kraft der Konzerne beschrieben. Das Bild ist verheerend:

- Die exzessive Verschuldung der Banken mit minimalem Eigenkapital ist für Finanz- und Wirtschaftskrisen verantwortlich.

- Autokonzerne verdienen Milliarden mit Autos, die zur Klimaerwärmung beitragen und deren Abgase die menschliche Gesundheit schädigen.

- Energiekonzerne heizen mit fossilen Brennstoffen das Klima auf.

- Internetkonzerne schaffen Monopole, ermöglichen die Manipulation von Politik, schaffen prekäre Arbeitsverhältnisse und parken ihre astronomischen Gewinne zum Schaden der Gesellschaft in Steueroasen.

- Nahrungsmittelkonzerne verkaufen und bewerben zuckerhaltige »Erfrischungsgetränke« als Ausdruck eines »aktiven« Lebensstils – und beschleunigen damit wissentlich weltweit eine Fettleibigkeits- und Diabetesepidemie.

Das Ausmaß dieser Schäden ist so gewaltig, dass sich der Gedanke aufdrängt: Das kann unmöglich erlaubt sein, diese Destruktion kann nur eine Folge kriminellen Handelns sein. Aber dem ist nicht so: Zum Großteil sind die Schäden das Resultat absolut legaler Geschäftsmodelle. Legal ist das minimale, gesetzlich vorgeschriebene »echte« Eigenkapital der Banken. Legal sind die gesundheitsschädlichen Emissionsobergrenzen für Autos. Legal ist der zu hohe Ausstoß von Klimagasen durch Energiekonzerne. Legal sind die politischen Manipulationen der Systeme à la Facebook. Legal ist der weltweite Export von Diabetes und Fettleibigkeit durch die Nahrungsmittelkonzerne. Legal ist auch das Parken von Konzernprofiten in Steueroasen.

Uns muss also klarwerden, dass die in diesem Buch beschriebenen Aktivitäten der Konzerne weitgehend legal sind. Dieser Befund steht – auch wenn die Konzerne zum Teil mit eindeutigen Gesetzesverstößen operieren. Für diese werden sie nur selten und wenn, dann nicht nachhaltig in Haftung genommen. Konzerne und ihre CEOs müssen insbesondere in Deutschland kaum befürchten, was jedem Fahrraddieb droht: nämlich für einen Schaden zu haften und für die Tat bestraft zu werden. Vor allem die juristische Aufarbeitung des Dieselskandals wird zeigen, ob die Justiz in Deutschland selbst bei offensichtlichen Delikten wie Betrug in der Lage ist, kapitale Serientäter wie die VW-Vorstände und ihre Aufsichtsgremien zur Verantwortung zu ziehen.

Der frühere VW-Vorstandsvorsitzende Matthias Müller hat sein 10-Millionen-Euro-Jahresgehalt damit gerechtfertigt, dass man als Konzernchef »immer mit einem Fuß im Gefängnis« stehe.[1] Das ist Unsinn, denn nirgendwo haben Konzernmanager weniger zu befürchten als hierzulande. Stellvertretend für die schonende juristische Aufarbeitung steht der frühere Vorstandschef der Münchner Skandalbank Hypo Real Estate, Georg Funke. Dessen Verfahren im Herbst 2017 wurde, zehn Jahre nach der Finanzkrise, gegen Zahlung von 18 000 Euro eingestellt, obwohl der Steuerzahler Funkes Bank mit Milliarden Euro vor der Pleite bewahrte.[2]

Dabei ist Haftung ein Grundprinzip der Marktwirtschaft, das der wirtschaftsliberale Ökonom Walter Eucken so beschrieben hat:»Wer den Nutzen hat, muss auch für den Schaden aufkommen.« Aber Konzerne können sich einer effektiven Haftung entziehen, und das umso besser, je größer und mächtiger sie sind. Denn dann stehen sie unter verschärftem politischen Schutz:»Too big to fail, too big to jail« ist nur eine andere Formulierung für die Interessenskonformität der großen Konzerne mit den politischen Entscheidungsträgern. Derart beschützt, können sie die Kosten ihrer zerstörerischen Geschäftsmodelle ohne Mühe auf andere abwälzen und so noch größere Profite erwirtschaften. Ein fatales Perpetuum mobile entsteht: Konzerne haben die Mittel, den politisch-industriellen Komplex gegen notwendige Veränderungen zu immunisieren – Macht und Größe generieren Geld, das noch mehr Macht kaufen kann, die neue Profite abwirft …

Die Verursacher selbst größter Schäden werden nur bedingt haftbar gemacht und können die daraus resultierenden Profite einstreichen, während die Allgemeinheit dafür zahlen muss. Wollen wir wirklich in einer solchen Gesellschaft leben?

Die Serientäter von VW

Es ist jetzt drei Jahre her, dass sich der damalige VW-Vorstandschef Martin Winterkorn im September 2015 öffentlich für die »Unregelmäßigkeiten bei Dieselmotoren entschuldigte. Winterkorn versprach »schonungslose Aufklärung«, er versicherte, der Konzern werde »alles [zu] tun, um entstandenen Schaden wieder gut zu machen«, und er sprach – bezeichnenderweise – von den »schlimmen Fehlern einiger weniger«.[3] In den USA hat der hohe Druck der Justiz den Konzern zum Einlenken bewogen, und zwar innerhalb weniger Monate: Dort bekannte sich VW für schuldig,[4] gewährte den Ermittlern gegen Strafrabatt umfassenden Zugang zu den firmeninternen Nachforschungen einer Anwaltskanzlei (wogegen VW in Deutschland erfolglos Verfassungsbeschwerde einlegte)[5] und willigte in einen rund 25 Milliarden Dollar teuren Deal für Schadensersatz, Rückkäufe, Nachrüstungen und Strafen[6] ein (auch in Kanada und Südkorea wurde VW kräftig zur Kasse gebeten).[7] In den Vereinigten Staaten stellte das Justizministerium außerdem Strafanzeigen gegen Exchef Winterkorn sowie weitere Konzernmitarbeiter, zwei davon wurden bereits zu hohen Geldstrafen sowie Haftstrafen von mehr als drei bzw. sieben Jahren verurteilt.[8]

In seinem Stammland hingegen ist der größte europäische Industriekonzern[9] im größten Wirtschaftsskandal der deutschen Geschichte finanziell bislang äußerst günstig davongekommen. Und das obwohl in Europa mehrere Millionen manipulierter Fahrzeuge verkauft wurden, fast 14 Mal mehr als in Amerika.[10] Daran ändert auch die Geldbuße in Höhe von einer Milliarde Euro nichts, die die Staatsanwaltschaft Braunschweig Mitte 2018 gegen VW verhängte. Denn der Löwenanteil, 995 Millionen Euro, entfällt auf die Abschöpfung wirtschaftlicher Vorteile, die sich VW durch die manipulierten Motoren verschaffte – das eigentliche Bußgeld beträgt lächerliche fünf Millionen Euro.[11] »In Wolfsburg dürfte man sich auf die Schenkel klopfen«, kommentierte der Wirtschaftsethiker Thomas Beschorner, weil diese fünf Millionen Euro nur ein halbes Promille des letzten Jahresgewinns von VW ausmache. Dass VW nun öffentlich mit einer »kriminellen Vereinigung« gleichgesetzt wird, hat seinen Ruf zwar beschädigt, aber nicht die Verkaufszahlen abstürzen lassen. Im Gegenteil: 2016 und 2017 vermeldete VW jeweils Rekordabsätze, die Gewinne sprudeln.[12] Hierzulande sprechen die Konzernbosse auch unverändert verharmlosend von der »Dieselthematik« und von »Unregelmäßigkeiten bei Emissionen«.[13] Derweil ermitteln in Deutschland mehrere Staatsanwaltschaften seit Jahren gegen etwa vier Dutzend Personen, darunter auch Mitarbeiter von Audi, Porsche, Daimler und Bosch,[14] ohne dass es bislang zu Anklagen oder gar Strafen gekommen wäre.[15] Nur zwei ehemalige Audi- bzw. VW-Ingenieure, von denen einer zuletzt Entwicklungschef bei Porsche war, saßen oder sitzen in Untersuchungshaft. Und Mitte Juni 2018 wurde Audi-Boss Rupert Stadler vorläufig verhaftet – es bleibt abzuwarten, ob es zu Anklagen kommen wird und welche Urteile dann gegebenenfalls am Ende stehen.[16]

Auch verwaltungsrechtliche Bußgelder, die nicht von Gerichten, sondern von Behörden auferlegt werden, gab es bislang nicht gegen den Volkswagen-Konzern, obwohl der noch Anfang 2018 Fahrzeuge mit manipulierter Abgassoftware verkaufte. Das Kraftfahrtbundesamt könnte solche Bußgelder verhängen, und zwar bis zu 5000 Euro pro Fahrzeug; bei 2,4 Millionen manipulierten Autos allein in Deutschland könnten demnach bis zu 12 Milliarden Euro fällig sein. Doch nichts liegt dem Kraftfahrtbundesamt, das dem Bundesverkehrsministerium unterstellt ist, ferner, als Sanktionen auszusprechen.[17] »Während die französische Antibetrugsbehörde allein von den Konzernen Fiat-Chrysler, Renault und Peugeot-Citroën insgesamt 18 Milliarden Euro Strafe wegen schweren Abgasbetruges fordert, hält die deutsche Bundesregierung ihre schützende Hand über die heimischen Autokonzerne und verzichtet auf Geldstrafen«, beklagt Jürgen Resch, Bundesgeschäftsführer der Deutschen Umwelthilfe (DUH). Und Rechtsanwalt Remo Klinger, der im Februar 2018 vor dem Bundesverwaltungsgericht das Recht und die Pflicht der Kommunen erstritten hat, Fahrverbote zu verhängen, wenn die Grenzwerte für gesundheitsschädliche Stickstoffdioxide überschritten werden, sagt: »Jeder Fahrzeughalter, der nicht zum

TÜV geht, muss nicht nur die Untersuchung des TÜV nachholen, sondern auch eine Geldbuße zahlen. Es ist nicht ansatzweise verständlich, warum dies für deutsche Autohersteller nicht gelten soll.«[18] Deutschlands führender Wissenschaftler für Automobilwirtschaft, Ferdinand Dudenhöffer von der Universität Duisburg-Essen, bezeichnete das Kraftfahrtbundesamt denn auch als »netten Gute-Nacht-Onkel«, die Politik in Deutschland habe einen »Schutzschirm« über die deutsche Automobilindustrie gespannt.[19]

Die »schützende Hand« der Bundesregierung ist so willfährig, dass sie sogar bereit ist, EU-Strafen hinzunehmen. Mitte Mai 2018 reichte die EU-Kommission beim Gerichtshof der Europäischen Union Klage gegen sechs Länder ein, darunter Deutschland, weil dort seit vielen Jahren die Grenzwerte für Feinstaub und Stickstoffdioxid (NO_2) nicht eingehalten werden. Nach Berechnungen des Umweltbundesamtes lassen sich für 2014 allein in Deutschland statistisch rund 6000 vorzeitige Todesfälle aufgrund von Herz-Kreislauf-Erkrankungen auf die Belastung durch das Reizgas zurückführen; außerdem wird Stickstoffdioxid in Zusammenhang gebracht mit Krankheiten wie Diabetes mellitus, Bluthochdruck, Schlaganfall, der chronisch obstruktiven Lungenerkrankung und Asthma.[20]

Zusätzlich zur Klage wegen schlechter Luftqualität läuft bereits seit 2016 ein Vertragsverletzungsverfahren gegen Deutschland, diesmal, weil es trotz EU-Vorgaben keine Sanktionen gegen Volkswagen wegen der illegalen Abschaltsoftware in Millionen Motoren ausgesprochen habe.[21] Dabei formuliert die entsprechende EU-Verordnung unmissverständlich: »Die Sanktionen müssen wirksam, verhältnismäßig und abschreckend sein.«[22] Offensichtlich will die Bundesregierung jedoch unter keinen Umständen abschreckend auf die Konzerne wirken und beschwört damit eine geradezu absurde Situation herauf: Die Bundesrepublik müsste aus Steuergeldern eine Strafe bezahlen, die den Autobauern durch politischen

Schutz erspart bleiben soll.[23] »Im Moment ist es so, dass man sanktionslos betrügen und illegal Fahrzeuge in Verkehr bringen kann und keinerlei Bußgeld zahlen muss. Das ist ein Zustand, von dem jeder Falschparker nur träumen kann«, meint der Umweltrechtsexperte Martin Führ von der Universität Darmstadt.

Angela Merkel hat gesagt, es könne nicht im allgemeinen Interesse sein, »die »Autoindustrie durch politische Maßnahmen (zu) schwächen«, die Konzerne müssten nun »verloren gegangenes Vertrauen selber wieder gut machen«. Wie das gelingen soll, ist schwer vorstellbar, wenn Millionen betrogener Kunden auf ihrem Schaden sitzenbleiben. Viel wichtiger ist aber, und das macht Merkels Aussage zu einem Offenbarungseid, dass es nicht um das Vertrauen von Autokäufern in die Konzerne geht, sondern längst um das Vertrauen der Bürger in die Institutionen. Die Menschen verstehen nicht, dass Bankmanager, die die gesamte Weltwirtschaft schädigen, oder Autokonzernmanager, die betrügen und die Gesundheit von Menschen gefährden, nicht für ihre Taten persönlich einstehen müssen. Auf gut Deutsch gesagt: Warum läuft Herr Winterkorn noch frei herum und kassiert von seinem Ex-arbeitgeber auch noch eine Rente von 3000 Euro am Tag? Die Frage ist letztlich, was systemrelevant ist für Deutschland: die Automobilindustrie oder das Vertrauen der Bürger in ihre Regierung, sich von einer Branche nicht vorführen zu lassen?[24]

Deutsches Konzernprivileg: Ordnungswidrigkeit statt Straftat

Die Unterwürfigkeit der Politik unter das Konzerndiktat spiegelt sich in der rechtlichen Privilegierung von Unternehmen und Konzernen im Vergleich zu den Rechten von Bürgern und Verbrauchern wider. »Deutschland ist, wenn es um die rechtliche Sanktionierung von Unternehmen und rechtliche

Instrumente für Verbraucher geht, sich gegen Konzerne zur Wehr zu setzen, im Vergleich mit anderen Ländern, vor allem den USA, besonders rückständig«, kritisiert der Rechtsanwalt Remo Klinger. Zu dieser Rückständigkeit gehört, dass in Deutschland Unternehmen grundsätzlich nicht bestraft werden können. Deutschland hat nämlich kein wirkliches Unternehmensstrafrecht.[25] Die seit Jahrzehnten dafür vorgebrachte Begründung ist kurios: Da Unternehmen, Vereine oder Verbände keine natürlichen, sondern juristische Personen sind, könnten sie sich gar nicht strafbar machen. »Dabei ist die Straffähigkeit juristischer Personen nicht nur international die Regel, sondern war auch in Deutschland bis Mitte der 1950er Jahre gesetzlich anerkannt«, weiß Elisa Hoven, Juniorprofessorin für Strafrecht und Strafprozessrecht an der Universität Köln. Erst mit dem Gesetz über Ordnungswidrigkeiten (OWiG) von 1968 schuf der Gesetzgeber wieder die Möglichkeit, auch juristischen Personen – also auch Unternehmen – Bußgelder für die Straftaten von Mitarbeitern aufzuerlegen. Doch dieses Gesetz – eine Art kleines Unternehmensstrafrecht – ist völlig unzureichend, da die Geldbuße nur festgesetzt werden kann, wenn auch eine verantwortliche natürliche Person des Unternehmens verurteilt wird (was meist nicht gelingt). Hinzu kommt, dass das Schädigungspotential durch die schiere Größe der Unternehmen seither enorm zugenommen hat: Der VW-Konzern zum Beispiel machte 1968 knapp 12 Milliarden Mark Umsatz,[26] heute sind es 230 Milliarden Euro, er ist heute viel internationaler aufgestellt als vor 50 Jahren.[27]

Eine vierköpfige Professorengruppe um Elisa Hoven sowie 26 weitere Experten (unter anderem vom Kartellamt und vom Bundesjustizministerium) haben Ende 2017 nach dreijähriger Arbeit einen Entwurf für eine Gesetzesreform vorgelegt, um die »erheblichen Schwächen« des geltenden, 50 Jahren alten Gesetzes über Ordnungswidrigkeiten (OWiG) zu beheben.

Einer der Kernsätze in dem Entwurf bringt das zum Ausdruck, was sich viele Bürger schon lange fragen und was sicher zum schwindenden Vertrauen in die demokratischen Institutionen beiträgt. Der Satz lautet: »Es erscheint befremdlich, dass ein einfacher Fahrraddiebstahl eine Straftat darstellt, während kriminogene Aufsichtsmängel in einem Konzern ›nur‹ als Ordnungswidrigkeiten mit einem Bußgeld belegt werden können«; die Wirksamkeit der Sanktionierung werde »zusätzlich dadurch untergraben, dass die Höhe einer Geldbuße (…) auf 10 Millionen Euro begrenzt ist.« Denn klar ist: Konzerne zahlen solche Summen aus der Portokasse, für kleine und mittlere Unternehmen hingegen können sie existenzbedrohend sein – eine klare Wettbewerbsverzerrung zugunsten der Multis. Zwar können Staatsanwälte zusätzlich die Erlöse einer Straftat abschöpfen, die Berechnung der Summe sei jedoch wenig transparent, weil keine rechtlichen Regelungen dazu existierten.

Ein weiterer »wesentlicher Mangel« des aktuellen Gesetzes, so der Reformvorschlag, bestehe darin, dass Staatsanwälte einen großen Ermessensspielraum dafür haben, ob sie überhaupt und, wenn ja, mit welchem Aufwand einem Verdacht nachgehen; sie müssen eine Ordnungswidrigkeit nicht zwingend verfolgen. Entsprechend zeigen empirische Studien, dass Staatsanwaltschaften Geldbußen gegen Unternehmen eher selten verhängen und je nach Bundesland sehr unterschiedlich (im Norden und Osten Deutschlands eher weniger, im Süden und Westen eher mehr). Von den 49 Staatsanwaltschaften (vorwiegend Schwerpunktstaatsanwaltschaften für Korruption und Wirtschaftskriminalität), die das Forscherteam befragte, gaben 2018 an, dass sie zwischen 2011 und 2016 überhaupt keine Geldbußen gegen Unternehmen verhängt hätten. Die Mehrheit der übrigen Strafverfolger antwortete, dass sie jährlich weniger als drei Geldbußen aussprachen. »Die meisten Befragten schätzten die Wahrscheinlichkeit, dass bei Vorliegen der Voraussetzungen (…) tatsächlich eine Geldbuße verhängt wurde, auf unter 20 Prozent ein. Und fast alle Befragten meinten, dass Staatsanwälte auch bei an sich klaren Sachverhalten gelegentlich von einem Verfahren gegen Unternehmen absehen.« Ein Strafverfolger bekannte in einem der Interviews: Solange die Staatsanwaltschaften nur die angegebenen Bearbeitungsminuten für ihre Verfahren erhalten, würden die einschlägigen Paragraphen des Gesetzes »entweder geflissentlich übersehen oder aber es geht zu wie auf dem Pferdemarkt, das heißt, die Geldbuße wird ausgehandelt.« Im Klartext: Weil die Strafverfolger zu wenig Zeit und Personal haben, lassen sie fünf auch mal gerade sein. Und nur wenn das Unternehmen Einspruch gegen das Bußgeld einlegt, landet die Sache vor Gericht. Dann aber nicht bei der spezialisierten Wirtschaftsstrafkammer eines Landgerichts, sondern bei einem Amtsrichter, der dabei nach Verfahrensregeln agiert wie bei Verstößen gegen die Straßenverkehrsordnung.

Die Experten der Forschergruppe lassen kein gutes Haar am rechtlichen Status quo, sie sprechen von einem »willkürlich-zufälligen Einsatz der Sanktionierungsmöglichkeiten«, von einer »undurchsichtigen und uneinheitlichen Rechtsanwendung« und resümieren, das deutsche Ordnungswidrigkeitenrecht sei »kein effizientes Instrument zur Ahndung von Unternehmenskriminalität«. Denn was hilft es, einzelne Mitarbeiter einer Firma etwa wegen Korruption zu bestrafen, wenn das Unternehmen ein globales Bestechungsnetzwerk unterhält? »Wenn die korruptive Praxis aufhören soll, müssen die internen Strukturen trockengelegt werden«, argumentiert Elisa Hoven, »die Ursache für kriminelles Handeln liegt eben oft in einer ausgesprochenen oder unausgesprochenen Unternehmenspolitik.«

Eine »minimalinvasive« Lösung, also eine geringfügige Überarbeitung des Gesetzes, reiche deshalb nicht aus. Vielmehr schlagen die Juristen unter anderem eine Ermittlungspflicht für die Staatsanwälte vor und die Möglichkeit, Geldsanktionen zu verringern, wenn der verursachte Schaden kompensiert wird und das Unternehmen Maßnahmen ergreift, um künftige Verfehlungen zu verhindern, etwa durch den Einsatz externer Personen, die die firmeninternen Maßnahmen überwachen. Damit würde die Prävention gestärkt. Gleichzeitig wollen die Juristen die Sanktionierung aber auch verschärfen: Anstelle der jetzigen Zehn-Millionen-Euro-Grenze solle sich die Höhe der Geldbußen an der Unternehmensgröße orientieren und bis zu 15 Prozent des Umsatzes betragen können.[28]

Ein Ende der Schonzeit also? Das Bundesjustizministerium arbeitete in der vergangenen Legislaturperiode an einer Reform, die vor der Bundestagswahl 2017 aber nicht mehr ins Gesetzgebungsverfahren gelangte; die Prioritäten lagen offensichtlich woanders. Einen erneuten Anlauf hat 2018 die neue große Koalition angekündigt und will dabei auch die Vorschläge der Kölner Reformer in Betracht ziehen[29] – man wird sehen, was daraus wird. Widerstände von Unternehmen und ihren Verbänden jedenfalls sind so sicher wie die Boni für Investmentbanker. Und ihre Argumente dürften jenen ähneln, die schon 2013 in Nordrhein-Westfalen gegen einen ähnlichen Gesetzentwurf vorgebracht wurden, der dann wieder in den Schubladen verschwand. Damals wetterten der Bundesverband der Deutschen Industrie (BDI) und die Deutschen Arbeitgeberverbände (BDA), die Vorschläge seien »kaum in das deutsche Rechtssystem zu integrieren« und bedeuteten einen »enormen Eingriff in das Eigentum des Unternehmers«. Interessanterweise war für die Verbände der »kritischste Punkt«, Geldstrafen auf der Basis des weltweiten Umsatzes eines Unternehmens zu berechnen: »Bei Konzernen hieße das, dass nicht nur der Gesamtumsatz der möglicherweise betroffenen deutschen Niederlassung zur Berechnungsgrundlage würde, sondern der des gesamten Konzerns.« Global Gewinne einstreichen: immer gerne; global haften: nach Möglichkeit niemals.[30] Die Wirtschaftsverbände bemühten damals auch das sattsam bekannte Argument, wonach »gegen das Strafrecht nur verstoßen kann, wer schuldhaft handeln kann. Ein Unternehmen kann das nicht. Dazu sind nur Menschen, also etwa Mitarbeiter von Unternehmen, in der Lage.«

»Ein Unternehmen kann nicht schuldhaft handeln«? Ein himmelschreiender Satz, wenn man an all die Konzernskandale der jüngeren Vergangenheit denkt: Korruptionsnetzwerke bei Siemens, Preiskartelle bei den Automobilherstellern und in vielen anderen Branchen zu Lasten ihrer Kunden, Vertuschung von Gefahren durch krebsauslösende Chemikalien bei DuPont, Lebensmittel, die die weltweite Epidemie bei Übergewicht und Diabetes befeuern, gefährliche Wertpapierverbriefungen bei den Banken, die zur weltweiten Finanzkrise beitrugen, und natürlich Dieselgate. Soll man all das für das Werk einiger weniger fehlgeleiteter, kriminell agierender Mitarbeiter halten, die völlig losgelöst vom Geschäftsmodell ihrer Unternehmen handelten?

Sammelklagen für Verbraucher: »Komplett streichen!«

Eine scharfe Waffe gegen die Konzerne mit beschränkter Haftung könnten auch Sammelklagen sein, wie sie in den USA immer wieder für Aufsehen sorgen. Ihr einfaches Prinzip: Alle Kläger schließen sich in einem einzigen Verfahren zusammen, an dessen Ende eine Schadenssumme für alle stehen kann. Amerikanischen Tabakkonzernen oder Fluggesellschaften wurden auf diese Weise Milliarden von Dollar für geschädigte Kunden abgetrotzt. Berühmt wurden Sammelklagen durch die Verfilmung der wahren Geschichte der »Erin Brockovich«, in der mehrere hundert Opfer gegen das schwermetallverseuchte Wasser eines Wasserversorgers klagten und die damals größte Schadensersatzsumme zugesprochen bekamen, 333 Millionen

Dollar. Kunden werden durch Sammelklagen zu einer eigenen Macht, zu einer Gegenmacht für die Konzerne.

Doch auch Sammelklagen sind im deutschen Rechtssystem nicht vorgesehen. Nicht nur im Fall VW müssen Autofahrer deshalb einzeln zivilrechtlich gegen den Konzern und seine Heerscharen von Anwälten vorgehen. Etwa 16 000 Fahrzeughalter wagten es tatsächlich, trotz Prozesskostenrisiko, manchen wurde Schadensersatz zugesprochen, andere unterlagen oder schlossen Vergleiche.[31] Weitere rund 15 000 Konzernkunden haben ihre Ansprüche gegen VW an den Rechtsdienstleister MyRight abgetreten, der Klage gegen den Konzern einreichte und im Erfolgsfall etwa ein Drittel der Entschädigung einstreicht (dabei handelt es sich aber nicht um eine Sammelklage, wie gelegentlich geschrieben wird). Selbst wenn zusammengenommen also einige zehntausend Verfahren gegen VW laufen, betrifft dies immer noch nur einen Bruchteil der mehr als zwei Millionen Konzern-Diesel, die mit manipulierten Motoren zugelassen wurden (und lediglich mit einem Software-Update von VW abgespeist wurden).[32] Bei den verbliebenen Hunderttausenden VW-Kunden, die sich nicht wehren, entzieht sich der Konzern bislang erfolgreich der Haftung.[33] »In Deutschland werden Schädiger privilegiert, das ist politisch gewollt. Die deutschen Regierungen der letzten zwanzig Jahre sind die größten Bremser einer europäischen Sammelklage«, sagt der Anlegeranwalt Andreas Tilp, »Rechtsverfolgung in Deutschland ist vor allem für Reiche, die Armen gucken in die Röhre (…).«[34] Das gilt aber nicht nur für Deutschland. Auch viele andere europäische Länder verweigern ihren Bürgern und Verbrauchern bislang das Recht auf Sammelklagen, oder es ist so schwach ausgestaltet, dass es den Betroffenen nicht wirklich hilft.

Im Lichte auch der VW-Affäre hat die EU-Kommission im April 2018 deshalb den Vorschlag für eine europäische Sammelklage gemacht: Künftig sollen auch Europäer gemeinsam

Unternehmen auf Schadensersatz verklagen können, vertreten allerdings nicht durch profitorientierte Anwaltskanzleien wie in den USA, sondern durch »qualifizierte Stellen« wie Behörden oder Verbraucherverbände. Was vom Vorschlag der Brüsseler Behörde nach den Verhandlungen mit dem EU-Parlament und den Mitgliedstaaten übrigbleiben wird, bleibt abzuwarten. Doch schon bei der Vorstellung des Vorschlags bekannte die zuständige EU-Kommissarin Věra Jourová, dass sie »grundsätzlich Ärger« aus den EU-Ländern erwarte, auch Industrie- und Handelsverbände würden bereits »heftig lobbyieren«.

Wenig zu erwarten haben Bürger und Verbraucher in Deutschland auch von der Mitte 2018 eingeführten Musterfeststellungsklage,[35] die lange Zeit verschleppt und nun in höchster Eile verabschiedet wurde – gerade noch rechtzeitig für Besitzer von Dieselfahrzeugen. Doch Waffengleichheit mit den Konzernen ist damit keineswegs hergestellt: Das Verfahren ist umständlich und nicht effektiv, Experten halten das Gesetz allenfalls für eine »Sammelklage light«, manche sprechen sogar von einem wirkungslosen »Placebo-Gesetz«.[36] Das wäre ganz im Sinne der Unternehmen und konzernnaher Politiker wie dem langjährigen Verkehrsminister Alexander Dobrindt (CSU). Der schrieb 2015, nur drei Monate nach dem Auffliegen der Manipulationen bei VW, an den Rand eines Entwurfs des Justizministeriums zur Einführung von Sammelklagen:[37] »Lehnen wir ab!!! Komplett streichen!« Und unter dem Punkt »Ziele der Bundesregierung« strich Dobrindt folgenden Satz einfach durch: »Kunden in Deutschland sollen grundsätzlich nicht schlechter gestellt werden als betroffene Kunden in anderen Ländern.« Der Satz schien dem Minister nicht zu gefallen: Er findet offenbar, dass deutsche Kunden weiterhin schlechter dastehen sollen. Der Verkehrsminister Dobrindt: »His Master's Voice« der Autokonzerne.

Justiz ohne Mittel

Wann immer Konzerne am Pranger stehen, in der Finanzkrise, bei Lebensmittelskandalen, in der Autoindustrie, bei Facebook, regen sich die Menschen auf und fragen, warum die Konzerne straffrei davonkommen, warum ihre Manager noch nicht im Gefängnis sitzen. Die Fragen sind berechtigt, weil die Menschen das Gebaren der Konzerne und ihrer höchsten Manager an Verbrecher erinnert, ja an organisierte Kriminalität. Sie liegen damit nicht ganz falsch. Nimmt man die Definition der bundesweiten Gemeinsamen Arbeitsgruppe von Justiz und Polizei über »organisierte Kriminalität« und wendet sie auf die Machenschaften von VW und anderen deutschen Autokonzernen an, findet man zweifellos gemeinsame Merkmale. »Organisierte Kriminalität«, so die offizielle Definition, »ist die von *Gewinn- oder Machtstreben* bestimmte, *planmäßige* Begehung von Straftaten, (…) wenn *mehr als zwei Beteiligte* auf längere oder unbestimmte Dauer *arbeitsteilig* zusammenwirken a) unter Verwendung *gewerblicher oder geschäftsähnlicher Strukturen*, b) unter Anwendung von Gewalt oder anderer zur *Einschüchterung* geeigneter Mittel oder c) unter *Einflussnahme auf Politik, Medien, öffentliche Verwaltung, Justiz* oder Wirtschaft (Hervorhebungen d. d. Autor).«[38] Die in diesem Buch beschriebenen, wissentlich herbeigeführten Schäden durch einen Konzern wie VW entstehen als Folge genau dieser Merkmale: Ihr Motiv ist Gewinn- und Machtstreben, sie sind das planmäßige Werk mehrerer Personen, die arbeitsteilig vorgehen und gewerbliche Strukturen nutzen, sie werden begleitet von Einschüchterung und Einflussnahme auf Politik, Medien, Verwaltung und Justiz.

Fehlende oder schwache Sammelklagerechte für Konzerngeschädigte, unzureichende Unternehmensstrafnormen auf nationaler oder europäischer Ebene – das sind für die Konzerne geldwerte Bausteine in ihrer »Architektur der Straffreiheit«. Zu dieser Architektur gehört außerdem, dass internationale Konzerne – anders als Staaten – nicht dem Völkerrecht unterworfen sind. Sie sind keine »direkten Pflichtenträger von Menschenrechten«, sondern allein den jeweiligen Gesetzen ihrer Gastländer verpflichtet, wo es freilich oft an Institutionen zur Kontrolle und Rechtsdurchsetzung mangelt, und manchmal auch an den Gesetzen selbst.[39] Für finanzkräftige transnationale Unternehmen ergibt sich daraus die komfortable Lage, dass sie sich, wenn Zulieferer oder Konzerntöchter irgendwo auf der Welt gegen Menschenrechte verstoßen, der juristischen Aufarbeitung in ihren Heimatländern oft entziehen können. Während ihnen Handels- und Investitionsschutzabkommen Zugang zu neuen Märkten, billigen Arbeitskräften und Rohstoffen vor allem im globalen Süden sichern und ihre wirtschaftlichen Interessen dort sogar einklagbar sind, haben die betroffenen Menschen kaum Klagemöglichkeiten, weder vor Ort noch in den Heimatstaaten der Mutterkonzerne.[40] Vergiftete Flüsse, Brunnen und Böden, Kinderarbeit in Kobaltminen für Akkus in Elektroautos, Schüler in Smartphonefabriken, katastrophale Arbeitsbedingungen in den Sweatshops der Textilindustrie, Zwangsarbeit in der Landwirtschaft für Kakao und Palmöl, Zwangsumsiedlungen für Staudämme, Behinderung von Gewerkschaften, Landraub, verweigerter Zugang zu Gerichten und Hungerlöhne – allzu oft sind global aktive Großkonzerne aus dem reichen Norden involviert. Doch sie können die Missstände dulden oder ignorieren im sicheren Bewusstsein, dafür kaum je haften zu müssen.[41] Die wahren Kosten ihrer Profite tragen andere – Arbeitnehmer, Anwohner, Umwelt, Klima.

Es gibt zwar zahlreiche internationale Erklärungen, Verträge und Leitprinzipien (wie den United Nations Global Compact von 1999 oder die 2011 verabschiedeten UN-Leitprinzipien für Wirtschaft und Menschenrechte),[42] deren Statuten von Tausenden großer Unternehmen anerkannt werden und deren Verbänden sie als Mitglieder angehören. Doch diese Erklärungen sind entweder nicht rechtsverbindlich oder es fehlen ihnen starke Durchsetzungs- und Sanktionsmöglichkeiten.[43] Die schönen Prinzipien sind eben nur freiwillige Selbstverpflichtungen – »soft law«, schwaches Recht.[44] Das ist genau so beabsichtigt von den Konzernen, ihren Verbänden und vielen Regierungen reicher Industrieländer: Die Konzernhaftung soll sich in ihren komplexen Firmengeflechten und unübersichtlichen globalen Produktions- und Lieferketten verflüchtigen. Starkes, durchsetzbares Recht – »hard law« – würde das bestehende Ungleichgewicht der internationalen Ordnung angreifen, es wird deshalb bekämpft. Menschenrechtsorganisationen bezeichnen diese Ordnung als »Architektur der Straffreiheit«.[45]

Seit Jahrzehnten scheitert der Versuch, diese Haftungslücke für transnationale Konzerne zu schließen. Auch der neue Anlauf für ein internationales Menschenrechtsabkommen mit bindenden Regeln für Unternehmen (»UN-Treaty-Prozess«), initiiert 2014 von Ecuador und Südafrika,[46] kommt nicht voran.[47] Nicht zuletzt, weil starke Akteure wie die EU und ihre Mitgliedsstaaten den Prozess offen blockieren oder lustlos teilnehmen. Ihr offensichtliches Interesse ist es, die rechtliche Asymmetrie zwischen Konzernen hier und Konzerngeschädigten dort aufrechtzuerhalten.[48]

Die schützende Hand der Politik, ihre Obstruktion gegen juristisch einklagbare, globale Konzernhaftung sind in Deutschland besonders ausgeprägt. Man sieht jetzt gelegentlich große Plakate an Flughäfen und Bahnhöfen, auf denen »Achtung, Menschenrechte!« steht. Die Bundesregierung wirbt damit für ihren Ende 2016 verabschiedeten »Nationalen Aktionsplan Wirtschaft und Menschenrechte« (NAP),[49] der die »Einhaltung von Menschenrechten in globalen Liefer- und Wertschöpfungsketten durchsetzen« soll. Dass dafür geworben wird, offenbart das Elend: Der Nationale Aktionsplan ist ein

Sammelsurium weiterer freiwilliger Maßnahmen und Programme in den Konzernen; es ist darin viel von der Verantwortung der Unternehmen die Rede, von Erwartungen und Empfehlungen des Staates, aber nicht von rechtsverbindlichen Anforderungen, die Haftung nach sich ziehen, wenn sie nicht erfüllt werden. Doch die Regierung der größten Volkswirtschaft Europas will den Konzernen keine verpflichtenden Gesetze zumuten. »Würden Autofahrer an roten Ampeln halten und Tempolimits befolgen, wenn jeder wüsste, dass es keine Strafen gibt?«, fragt Anne van Schaik von der NGO Friends of the Earth. »Genauso ist es bei der Verantwortung von Firmen: Sie müssen kaum Konsequenzen befürchten für die Schäden, die sie anrichten.«

Bei den Beratungen zum Nationalen Aktionsplan hat das Finanzministerium das Vorhaben mit der Begründung entschärft, den deutschen Firmen drohten Wettbewerbsnachteile. Das Resultat: viel Plan, wenig Aktion, vor allem keine »roten Linien« für die Konzerne.[50] Simulierte Verantwortung. Für Betroffene aus dem globalen Süden bleibt es weiterhin nahezu unmöglich, deutsche Unternehmen für die Beteiligung an Menschenrechtsverletzungen zur Verantwortung zu ziehen.[51]

Allein Frankreich hat bislang als erstes europäisches Land Anfang 2017 den Nationalen Aktionsplan in ein Gesetz überführt, das große Unternehmen haftbar macht für unverantwortliche Geschäftspraktiken im Ausland, erfasst sind dabei auch die Risiken in Tochterunternehmen und bei etablierten Lieferanten; das Gesetz *verpflichtet* die Firmen, Menschenrechts- und Umweltrisiken zu identifizieren und ihnen vorzubeugen; Pflichtverletzungen können ein Bußgeld bis zu 30 Millionen Euro nach sich ziehen. Und: Jede Person mit einem begründeten Interesse ist zur Klage berechtigt.[52] »Dennoch ist auch dieses Gesetz nur ein Anfang, da es vornehmlich auf die Festlegung von Verfahren abstellt, um Menschenrechtsverletzungen französischer Konzerne außerhalb Frankreichs effektiv zu ahnden«, beanstandet Miriam Saage-Maasz von der Menschenrechtsorganisation ECCHR.

Das französische Gesetz ist ein erster kleiner Riss in der »Architektur der Straffreiheit«. Grundsätzlich aber fühlt sich die Politik den Konzernen mehr verpflichtet als den Geschädigten. Deren Vertreter suchen nun vereinzelt die Hilfe der Justiz, um weitere Bruchstellen zu finden.[53] Wie bei der Zivilklage des peruanischen Bauern gegen den deutschen Energiekonzern RWE, dessen Kohlekraftwerke die Heimat des Bauern bedrohen (siehe Seite 77 ff.). Oder wie beim Verfahren gegen den deutschen Textildiscounter KiK, bei dessen Zulieferer in Pakistan bei einem Fabrikbrand vor einigen Jahren 260 Arbeiter starben, weil sie nicht mehr rechtzeitig fliehen konnten. Überlebende und Angehörige der Toten machen KiK, den einzigen Großabnehmer, für die mangelnden Brandschutzvorkehrungen mitverantwortlich und fordern Schadensersatz. Die Klage ist beim Dortmunder Landgericht anhängig, Gutachter prüfen nun, ob auf der Grundlage von pakistanischem Recht verhandelt werden kann.[54] Es wird wohl noch Jahre dauern, bis der Fall entschieden ist. Bekommen die Kläger recht, könne dies »mehr Einfluss auf die Einhaltung von Menschenrechten in Lieferketten deutscher Unternehmen haben« als der Nationale Aktionsplan der Bundesregierung, schrieb Amnesty. Schon die Klageerhebung zeigte Wirkung. KiK zahlte den Opfern und Hinterbliebenen inzwischen einige wenige Millionen Dollar, aber es sind nur freiwillige Zahlungen, ohne ein Schuldeingeständnis und ohne Begleichung von Schmerzensgeldforderungen.[55]

In den Niederlanden versuchte eine Anwältin sogar, einen *Straf*prozess gegen Zigarettenhersteller zu führen (in *Zivil*prozessen gegen Tabakkonzerne erstritten Raucher und ihre Hinterbliebenen bereits Milliarden von Dollar Schadensersatz). Vor eineinhalb Jahren erstattete sie Strafanzeige bei der Staatsanwaltschaft in Amsterdam, unterstützt unter anderem von

Unikliniken, privaten Krankenhäusern, einem Krebszentrum, Berufsverbänden verschiedener medizinischer Berufe, Patientenvereinigungen und der Stadt Amsterdam. Die Zigaretten, so die Begründung, seien manipuliert, um ihre suchterzeugende Wirkung zu verstärken, das Geschäftsmodell der Branche bestehe darin, den freien Willen ihrer Kunden auszuschalten. Zudem würden die Hersteller die Versuche in Testlabors ähnlich manipulieren wie die Autoindustrie die Abgastests von Dieselmotoren. Raucher nähmen deshalb unwissentlich ein Mehrfaches der zulässigen Schadstoffmengen auf. All dies geschehe vorsätzlich, argumentiert die Anwältin Bénédicte Ficq und wirft den Tabakkonzernen deshalb Betrug, schwere Körperverletzung und sogar Mord vor. Die Anzeige gegen vier Tabakkonzerne wurde im Februar 2018 abgewiesen, die Zigarettenhersteller handelten im Rahmen der Gesetze, ein Prozess sei deshalb ohne Aussicht auf Erfolg.[56]

Der Fall DuPont: Schäden, die sich rechnen

Die Justiz, das zeigen derlei Fälle, stößt an Grenzen, wenn es um die Geschäftsmodelle der Konzerne geht – Recht*sprechung* kann nicht Regulierung durch Recht*setzung* ersetzen. Das zeigt die bemerkenswerte Studie zweier US-Wissenschaftler aus dem Jahr 2017, die dokumentiert, wie das Unternehmen DuPont wissentlich Schäden für Menschen und Umwelt in Kauf nahm, schlicht, weil es sich lohnte – und das trotz hoher Vergleiche mit Opfern nach Sammelklagen und trotz hoher Unternehmensstrafen.[57] Anhand unternehmensinterner Dokumente zeichnen die Wissenschaftler einen Umweltskandal nach, der das Unternehmen bislang etwa eine Milliarde Dollar kostete. Ihr Resümee: »Die Dokumente legen den Schluss nahe, dass die Umweltverschmutzung eine rationale Entscheidung war: Die Wahrscheinlichkeit entdeckt zu werden, war so gering, dass die Umweltverschmutzung für das Unternehmen aus damaliger Perspektive optimal war, selbst wenn die Kosten für präventive Maßnahmen geringer waren als die Kosten für die verursachten Gesundheitsschäden.«

Seit 1951 produzierte DuPont, das Ende 2017 mit dem US-Chemie-Riesen Dow Chemical zum weltgrößten Chemieunternehmen DowDuPont fusionierte,[58] in einem Werk in West Virginia Teflon. Dabei verwendet wurde Perfluoroctansäure (PFOA), die jahrzehntelang auch in vielen anderen Konsumgütern wie wasserabweisenden Textilien, Autoteilen oder Pizzakartons zum Einsatz kam und immer noch kommt. Die giftige Chemikalie schädigt die Fortpflanzung, wirkt lebertoxisch und wird mit Krebs in Verbindung gebracht. Menschen nehmen den Stoff durch die Nahrung, Luft, Feinstaub oder über das Trinkwasser auf. Weil sich PFOA nur extrem langsam abbaut, reichert es sich in Lebewesen an[59] und hat sich für alle Zeiten rund um den Globus verteilt: Wo Umweltchemiker heute nach PFOA suchen, werden sie fündig – im Gehirn von Eisbären, in Albatrossen auf Atollen im Pazifik, bei Wasserversorgern; die Chemikalie wurde im Boden, in Pflanzen, in der Tiefsee, in Blutbanken und in Muttermilch entdeckt.[60] PFOA ist allgegenwärtig.[61]

Die Gefährlichkeit der Substanz war dem Konzern sehr früh bewusst, denn der Lieferant von PFOA hatte DuPont darauf hingewiesen, dass die Reste der Chemikalie entsorgt werden müssten. 1961 fanden DuPont-Wissenschaftler durch eigene Tests heraus, dass PFOA die Leber von Ratten und Kaninchen vergrößern kann. In den 1970er Jahren ergaben firmeninterne Untersuchungen hohe PFOA-Konzentrationen im Blut von DuPont-Arbeitern. Sie beklagten sich häufig über Übelkeit, Fieber und Durchfall – Symptome, die sie als »Teflon-Grippe« beschrieben. Von 1976 an durften sie keine Arbeitskleidung mehr mit nach Hause nehmen. 1981 machte der Lieferant Du-

Pont darauf aufmerksam, dass die Chemikalie Missbildungen bei Ratten auslösen kann; daraufhin ließ DuPont die Kinder von Mitarbeiterinnen in der Teflon-Abteilung untersuchen – von sieben Neugeborenen hatten zwei Defekte an Augen und Nasen. 1984 erfuhr das Unternehmen, dass die Substanz in den Leitungen der lokalen Wasserversorger entdeckt worden war. Die Firmendokumente belegen auch, dass DuPont 1993 über eine vermutlich weniger giftige Ersatzsubstanz diskutierte, dann aber beschloss, weiterhin PFOA zu verwenden: Die damit hergestellten Produkte brachten jährliche Gewinne von einer Milliarde Dollar.[62]

Von alldem erfuhren die Behörden und Anwohner lange Zeit nichts. Jahrzehntelang leitete DuPont Hunderttausende Kilo von PFOA-Pulver in den Ohio-Fluss und deponierte Tausende Tonnen toxischer PFOA-Schlämme in einem Sammelbecken auf dem Werksgelände, von dem die Chemikalie in den Boden sickerte.

Um das Jahr 2000 verglich sich DuPont mit einem Landwirt, auf dessen angrenzenden Weiden 150 Kühe verendet waren. 2005 zahlte der Konzern 16,5 Millionen Dollar an die Umweltbehörde EPA, es war zu diesem Zeitpunkt das höchste jemals von der EPA verhängte Bußgeld – und doch lächerlich gering: In jenem Jahr verdiente DuPont mehr als das 50-fache mit PFOA. Eine 2001 eingereichte Sammelklage für 70 000 Menschen in der Werksumgebung, die jahrzehntelang belastetes Leitungswasser getrunken hatten, veranlasste eine Untersuchung zu einem »möglichen Zusammenhang« zwischen PFOA und auftretenden Krankheiten; sie bestätigte Ende 2011 einen »wahrscheinlichen Zusammenhang« zwischen PFOA und Nierenkrebs, Hodenkrebs, Schilddrüsenkrankheit, hohem Cholesterinspiegel, Schwangerschaftstoxikose und chronischen Darmentzündungen. Es vergingen dann weitere sechs Jahre, bis DuPont Anfang 2017 für rund 3500 Erkrankte in einem Vergleich 670 Millionen Dollar Entschädigung zahlte und sich bereit erklärte, bis zu 50 Millionen jährlich für weitere mögliche Schäden bereitzustellen.[63] Eine Schuldanerkennung sei dies aber nicht, betonte DuPont.[64]

2013 stellte DuPont die Produktion und Verwendung von PFOA ein und spaltete im Zuge der Fusion mit Dow Chemical sein Chemiegeschäft ab. Die neue Firma, Chemours, produziert nun eine ähnliche Fluorverbindung als Ersatzstoff, der im Verdacht steht, zur Gruppe der endokrinen Disruptoren zu gehören, die die Fortpflanzungsfunktion, das Nerven- und Immunsystem, Organe, Stoffwechsel und vieles mehr beeinflussen können.[65]

Wiederholt sich die Geschichte nun in Europa? In der niederländischen Stadt Dordrecht produziert der DuPont-Ableger Chemours Teflon. 2017 berichtete der Fernsehsender Arte, dass ehemalige Fabrikarbeiter und Nachbarn des Werks dem Unternehmen vorwerfen, es sei jahrzehntelang zu nachlässig mit giftigem Sondermüll umgegangen und habe so Krebserkrankungen verursacht. Hunderte von Dordrechtern ließen ihr Blut auf PFOA-Rückstände testen, die meisten mit positivem Ergebnis. Die PFOA-Spiegel waren in der Regel zwar niedrig, weil DuPont das Molekül seit einigen Jahren nicht mehr verwendet; es könne jedoch sein, dass die Werte früher höher waren. »Die Bürger in Dordrecht«, so Arte, »sind dabei, sich gegen den Multi zu organisieren. Der Teflon-Skandal in den Niederlanden hat gerade erst begonnen.«[66] Zudem hat im Februar 2018 auch der Bundesstaat Ohio DuPont wegen der jahrzehntelangen PFOA-Verseuchung des Ohio-Flusses verklagt.[67] Es könnte also noch teurer werden für den Konzern.[68]

Und doch sieht es so aus, als könnte sich die Teflonproduktion für den Konzern insgesamt rechnen. Auf den ersten Blick, so schreiben die amerikanischen Autoren, erscheine der Fall wie das Paradebeispiel eines funktionierenden Haftungsregimes: Private Kläger decken ein Problem auf, für das der

Verursacher mit Hunderten von Millionen Dollar haftet. »Tatsächlich zeigt der Fall jedoch, dass selbst beträchtliche Geldstrafen im Nachhinein unzureichend sind, um Umweltverschmutzungen im Voraus abzuschrecken.« Der Grund: Der zeitliche Abstand und der Zeitwert des Geldes. »DuPont zahlte den größten Teil der Entschädigungen im Jahr 2017, mehr als dreißig Jahre nach den Vorfällen.« Wie die Firmendokumente zeigten, gab es bereits in den 1980er und 1990er Jahren Warnungen, dass PFOA-Emissionen irgendwann beträchtliche Zahlungen nach sich ziehen könnten. »DuPonts Manager kalkulierten offenbar, dass dieser Fall erst Jahrzehnte später eintreten würde – und sie hatten recht damit.« Das Haftungsregime könne zwar einigen Opfern im Nachhinein helfen, in seiner aktuellen Ausgestaltung erzeuge es jedoch Anreize, potentiell gefährliche Informationen zu unterdrücken und dadurch Klägeranwälte fernzuhalten.

Minutiös zeichnen die Wissenschaftler nach, wie DuPont-Manager 1984 alle Optionen diskutierten: den totalen Stopp der Verwendung von PFOA; die Fortführung der Teflonproduktion mit Umweltschutzmaßnahmen; das Herunterfahren der Produktion und die Fortführung ohne Investitionen in Schutzmaßnahmen. »DuPont wählte die letzte Option (…), obwohl Schutzvorkehrungen mit 19 Millionen Dollar relativ preiswert gewesen wären und viele Schäden hätten verhindern können.« War sich der Chemiekonzern der potentiellen Gesundheitsschäden nicht bewusst, fragen die Autoren. War es ein Unfall, die Folge schlechter Unternehmensführung? »DuPonts Entscheidung war ein Fall von ›rationalem Fehlverhalten‹, eine Entscheidung für die Maximierung des shareholder value (ex ante), trotz gesellschaftlich unerwünschter Folgen.« Mit anderen Worten: Die Entscheidung war die Folge einer Kosten-Nutzen-Analyse, sie war – aus Sicht des Unternehmens – »vernünftig« und »optimal«: »DuPont konnte darauf vertrauen, die Wahrscheinlichkeit zu minimieren, Schadensersatz zahlen zu müssen oder diesen zumindest um Jahrzehnte verzögern zu können. DuPont war in der Lage, Regulierer vor den eigenen Karren zu spannen, die Durchsetzung von Vorschriften zu verzögern und die Möglichkeit zu begrenzen, dass Wissenschaftler oder Journalisten sich einmischen.« Den Topmanagern sei es sogar gelungen, keine persönlichen Imageschäden davonzutragen.

Die Wissenschaftler präsentieren zwei Lektionen. Die erste: Umweltverschmutzung kann sich lohnen, selbst wenn ein Unternehmen sämtliche rechtlichen Konsequenzen vorausschauend einkalkuliert. Die zweite Lektion: Unternehmen verringern ihre Haftung vor allem dadurch, dass sie Informationen unterdrücken und verfälschen. Ihre Studie beschreibe aber weder einen Einzelfall, noch handle sie von besonders ungewöhnlichen und unmoralischen Entscheidungen: »Die Freisetzung der Chemikalie und die Unterdrückung von Informationen folgten keinem teuflischen Plan und waren kein Unfall. Sie entsprangen den ganz normalen Handlungen eines gewinnmaximierenden Unternehmens, das die aktuell geltenden Gesetze vollständig ausschöpft (…) So lebt die widerstreitende Ausrichtung zwischen Unternehmenszielen und gesellschaftlichen Zielen fort.«

Das Beispiel DuPont zeigt deutlich: Haftungsfreiheit, zumindest Haftungsminimierung, ist eine effektive Konzernstrategie. Solange der Profit aus der Schadensabwälzung auf Dritte größer ist als die Kosten der Haftung, ist diese Strategie sehr profitabel. US-Banken mussten zum Teil signifikante Strafen und Bußgelder für rechtswidriges Verhalten in der Bankenkrise zahlen. Die Strafen waren zwar erheblich im Verhältnis zu ihrem Eigenkapital, aber offensichtlich problemlos bezahlbar wegen der zuvor eingestrichenen, regelwidrigen Gewinne. Ganz zu schweigen von der Tatsache, dass die Investmentbanker zwar hohe Boni eingestrichen haben, aber selber nicht schmerzhaft zur Kasse gebeten wurden. Es ist zweifelhaft, ob diese Strafen wirklich abschreckend, also präventiv wirken. Auch der VW Konzern kann offensichtlich mit den Milliardenstrafen in den USA leben.

Verantwortungs-PR

Die Konzerne brauchen die Bedingung weitgehender Haftungsfreiheit, um ihre Profite weiter steigern zu können. Somit ist es nur logisch, dass sie Haftung auf andere abschieben. Der ehemalige Deutsche-Bank-Chef Joseph Ackermann liefert dafür ein gutes Beispiel: »Wir haben alle Fehler gemacht«, argumentierte er im Hinblick auf die Verantwortung der Banken in der Finanzkrise. Der ehemalige Vorstandsvorsitzende der Münchner Rück, Nikolaus von Bomhard, stellte die »nicht ausgeprägte Grundausbildung der Deutschen in Finanzfragen« als ursächlich für die Krise dar. Das erinnert an die Position der Industrie im Umgang mit den Gammelfleischskandalen: Schuld seien die Käufer, die minderwertige Ware erwerben. Als ob die Käufer eines verdorbenen Döner gegen das Lebensmittelrecht verstoßen hätten und nicht der Hersteller. Auch der ehemalige VW-Vorstandschef Matthias Müller wusste: »Es steht dem Verbraucher ja frei, sich umweltbewusst zu verhalten. Ich fahre zu Hause nicht mehr mit dem Auto in die Stadt, sondern mit der Straßenbahn ... Wenn jeder etwas beitrüge, sähe die Welt ein bisschen besser aus.«

Der Appell an den einzelnen Verbraucher, durch freiwillige Verhaltensänderungen Märkte zu beeinflussen, ist wohlfeil. Denn Gemeinwohlgüter können so wenig durch freiwillige, individuelle Käuferentscheidungen geschützt werden wie durch ein freiwilliges Verhalten der Konzerne. Nur veränderte Marktregeln, die das Verhalten *aller* Marktteilnehmer steuern, können den Schutz von Gemeinwohlgütern erreichen. Wer Verbrauchern die Verantwortung für die globalen Schäden zuschiebt, die durch Konzernaktivitäten entstehen, beabsichtigt im Grunde etwas anderes: Er will die Profitmaximierung absichern. Dabei ist klar: Es würde allen besser gehen, wenn der Staat abgasarme Autos erzwingen würde, wenn er eine Klimapolitik machte, die diesen Namen verdient, wenn er den Banken ein höheres Eigenkapital vorschreiben würde und die Internetkonzerne so regulieren würde, dass deren katastrophale Auswirkungen von der Steuervermeidung bis zur Schaffung prekärer Arbeitsplätze unterblieben. Es würde uns besser gehen, wenn der Staat den Lebensmittelkonzernen vorschreiben würde, ausgewogene Lebensmittel herzustellen und nicht unausgewogene als gesund sogar für Kinder zu bewerben. Dass das nicht passiert, liegt daran, dass Konzerne und Regierungen diesen Wandel nicht wollen.

Das Versprechen der Konzerne, soziale Verantwortung zu übernehmen, wird von ihnen »Corporate Social Responsibility« (CSR) genannt. Dabei handelt es sich um ein weiteres Instrument, mit dem die Konzerne Haftung abwehren wollen. CSR ist eine Oberflächeninszenierung. Zu den großen Weltfirmen, die sehr viel in CSR investieren, gehört auch der US-Chemiekonzern DuPont, dem es sogar gelang, dass sein langjähriger Vorstandschef in den Medien als »grüner« Konzernlenker porträtiert wurde. Die CSR-Slogans sprechen für sich selbst: Der Braunkohlekraftwerksbetreiber RWE schreibt: »Wir stehen dafür, unsere Verantwortung für Umwelt, Mitarbeiter und Gesellschaft ernst zu nehmen.« VW behauptet: »Nachhaltigkeit bedeutet für unseren Konzern, ökonomische, soziale und ökologische Ziele gleichrangig und gleichzeitig anzustreben. Wir wollen dauerhafte Werte schaffen, gute Arbeitsbedingungen bieten und sorgsam mit Umwelt und Ressourcen umgehen.« Die Deutsche Bank tönt: »Bei allem, was wir tun, wollen wir Wert schaffen für unsere Kunden, Aktionäre und Mitarbeiter und zugleich einen Beitrag für Umwelt und Gesellschaft leisten. Um dies zu verwirklichen, setzen wir an allen Einflussgrößen unseres Geschäfts an: vom Risikomanagement bis hin zu den Anlagestrategien für alternative Investments.« Und Coca-Cola textet: »Wir leisten mit einem breiten Portfolio unterschiedlicher alkoholfreier Getränke einen Beitrag zu einer abwechslungsreichen Ernährung. Neben zuckerhaltigen Getränken bieten wir kalorienfreie und -reduzierte Alternativen an (…) Für eine bewusste Trinkentscheidung informieren wir transparent über die Inhaltsstoffe und Nährwerte unserer Produkte (…) Für einen gesunden Lebensstil ist zudem Bewegung essenziell. Wir unterstützen deshalb Partner aus der Zivilgesellschaft bei der Förderung eines aktiven Lebensstils.«

Der Finanzwissenschaftler Martin Hellwig hat die CSR am Beispiel des selbstpostulierten Anspruches von Großbanken, auch volkswirtschaftliche Verantwortung zu übernehmen, prägnant demaskiert. Die Aussage, auch Verantwortung für andere Bereiche als die Interessen der Aktionäre gleichrangig zu übernehmen, lasse außer Acht, dass man Verantwortung nicht ohne Legitimationsinstanz übernehmen könne. Auf den Energieriesen RWE übertragen: Soll etwa die Aktionärsversammlung die alleinige Legitimationsinstanz dafür sein, dass der Produzent der extrem klimaschädlichen Braunkohle und der mit Abstand größte Emittent von Treibhausgasen in Deutschland die Verantwortung für die Umwelt »ernst nimmt«? Es ist nicht vorstellbar, dass eine Aktionärsversammlung Umweltschutz über die eigenen finanziellen Interessen stellt. »Die Berufung auf übergeordnete Werte, deren Implikationen man selber definiert, gehört zu den klassischen Mitteln der Rechtfertigung und der Durchsetzung von Macht …«[69]

Haftung und Macht

Inwieweit es gelingt, internationale Konzerne in die Haftung zu nehmen, ist ausschließlich eine Frage der Macht. Ihr Machtzuwachs im Markt, ihre Finanzkraft, die sich in politischer Macht niederschlägt, die Interessenkonformität der Konzerne mit der Politik – alle diese Tatbestände verdeutlichen, wie schwierig es ist, die Rechte und die Macht der Konzerne zu beschneiden und die Rechte und die Macht der Bürger und Verbraucher zu stärken. Effektive Haftung läuft den Strategien der Konzerne diametral entgegen. Effektive Konzernhaftung verhindert die Übernahme der Folgekosten durch die Allgemeinheit. Das heißt: Haftung vermindert den Profit.

Wie Dieselgate in Deutschland zeigt, ist es zumindest im hiesigen Rechtssystem fast unmöglich, selbstverständliche, juristisch eindeutig einklagbare Rechte durchzusetzen bzw. zu etablieren. Dazu zählen ein angemessener Schadensersatz der durch betrügerische Abgasreinigungsanlagen betroffenen Autokäufer oder die Einführung grundlegender strafrechtlicher Verantwortung durch ein Unternehmensstrafrecht. Erst recht die Absicht, internationale Konzerne wie Staaten dem Völkerrecht zu unterwerfen, wird auf den heftigen Widerstand der Konzerne stoßen.

Aber selbst wenn dies gelingen würde, lebten wir zwar in einer besseren Welt, doch die zerstörerischen Geschäftsmodelle der Automobilfirmen, Großbanken, Internet- und Nahrungsmittelkonzerne könnten auch unter strenger Beachtung der Menschenrechte weiterexistieren. Ein gesetzliches, riskant niedriges Eigenkapital der Banken kann jederzeit wieder eine Wirtschaftskrise auslösen. Wenn nicht individueller, zurechenbarer Schaden die Rechte Dritter verletzt, sondern objektive Schutzgüter des Allgemeinwohls, wie das Klima oder die Gesundheit der Menschen, geschädigt werden, stoßen das Straf-und Zivilrecht in ihrer derzeitigen Form an Grenzen.

Diese Grenzen bestehen auch darin, dass juristische Sanktionen eher einen nachsorgenden Charakter haben und weniger präventiv wirken. Zum Beispiel ist der Umstand, dass zwischen dem übermäßigen Konsum und dem Ausbrechen einer Krankheit, also der Entstehung des Schadens, ein längerer Zeitraum liegen kann, hinderlich für eine juristische Aufarbeitung. Wenn wir die Konzerne für die immensen Schäden, die sie verursachen, haftbar machen wollen, dann muss die Politik mit gesetzlicher Regulierung in die Geschäftsmodelle der Konzerne eingreifen, und zwar bevor die Schäden überhaupt erst entstehen.

Das heißt, heute noch legale Geschäftsmodelle müssen illegal werden.

Was geschehen muss –
eine Schlussbemerkung

Jeden Tag erreichen uns Nachrichten über die Zerstörungen, die die Konzerne auf dem Globus anrichten: Sie machen Menschen krank und lösen Wirtschaftskrisen aus; sie verändern das Klima, sammeln heimlich von ihren Kunden private Daten; sie manipulieren den politischen Diskurs und schwächen die Wächterfunktion der klassischen Medien; sie schaffen prekäre Arbeitsplätze, während sie exorbitante Gehälter, Boni und Ruhestandsbezüge an ihre Manager ausschütten und damit die wachsende Ungleichheit befeuern.

Die Konzerne wissen, dass sie für dieses Handeln nicht haften müssen. Die von ihnen verursachten Schäden sind in ihre Geschäftsmodelle eingepreist und erhöhen die eigenen Gewinne in dem Ausmaß, in dem die verborgenen Kosten zu Lasten der Allgemeinheit steigen. Meistens sind ihre Geschäftsmodelle legal. Aber selbst dann, wenn Konzerne gegen das Gesetz verstoßen wie im Skandal um manipulierte Dieselautos, haben sie die Macht, sich der Haftung zu entziehen.

Die in diesem Buch mit Bedacht ausgewählten Beispiele aus verschiedenen Branchen sind symptomatisch für die globale Landschaft der Großkonzerne. Sie belegen die Existenz eines industriell-politischen Komplexes, der sich einer neuen Form des Lobbyismus bedient: Es sind nicht mehr Wirtschaftsverbände, die in der politischen Auseinandersetzung die Interessen ihrer Mitglieder gegenüber Regierung, Parlament und Behörden vertreten. Heute missbrauchen mächtige einzelne Konzerne ihre ganze wirtschaftliche und finanzielle Potenz zur Durchsetzung ihre Sonderinteressen.

Der Ausgleich verschiedener gesellschaftlicher Interessen gehört zu den wichtigsten Aufgaben der Demokratie, doch haben sich die Bedingungen dafür radikal verändert. Heute gibt es kaum noch politische Kräfte, die den Konzernen entgegentreten, denn Regierungen und Manager sind zu einer interessenskonformen Elite verschmolzen. Die Konzerne operieren nach der Devise: Wir lassen euch an der Macht und behelligen euch nicht, ihr lasst uns dafür in Ruhe unsere Geschäftsmodelle verfolgen. Die Regierungen verfahren entsprechend: Wir lassen euch in Ruhe, wir regulieren mit euch gemeinsam, aber ihr lasst uns an der Macht. Eine Win-win-Situation – auf Kosten der Allgemeinheit.

- Noch nie hatten Konzerne so viel Geld, noch nie waren sie so groß; dieses einmalige Erpressungspotential (»too big to fail, too big to jail«) nutzen sie, um Regierungen mit Steuervermeidung, Standortwechseln und gesteuerter öffentlicher Meinung unter Druck zu setzen.

- Mit ihren enormen finanziellen Mitteln kaufen sie Politiker nach ihrer Amtszeit ein, die »Drehtüren« zwischen Politik und Wirtschaft bewegen sich auf Hochtouren.

- Konzerne können sich die größten und teuersten Anwaltskanzleien leisten, mit deren Hilfe sie jedes Gesetz durchlöchern, das ihr Geschäftsmodell gefährden könnte.

- Konzerne verfügen über viel mehr Expertise als Regierungen, Verwaltungen und staatliche Kontrolleure – etwa beim Derivate-Handel oder bei der Digitalisierung –, so dass die Regulierer ohne die »Beratung« der zu Regulierenden weitgehend handlungsunfähig sind.

- Bei den Handelsabkommen der neuen Generation wie TTIP und CETA nehmen die Konzerne durch private Investitionsgerichte Funktionen der Justiz wahr und können so die Regulierungstätigkeit der Regierungen lähmen.

- Konzerne beeinflussen durch unvergleichlich reiche Megastiftungen (Bill Gates) ganze Politikfelder und steuern durch Thinktanks den öffentlichen Diskurs.

- Digitalkonzerne, die sich ausdrücklich nicht als Medienunternehmen verstehen, sind de facto mächtige Medienakteure und zerstören sukzessive die »vierte Gewalt« der klassischen Medien.

- Durch ihre Investitionen und Start-ups finanzieren und beeinflussen Konzerne zunehmend Wissenschaft, Forschung und Technologieentwicklung, die sich in erster Linie an ihren Profitinteressen orientieren. Mit anderen Worten: Sie definieren unsere Zukunft, wie sie ihnen nützt.

Konzerne durchdringen alle relevanten gesellschaftlichen Bereiche wie nie zuvor. Gewiss werden noch politische Entscheidungen getroffen, aber nicht mehr gegen die Interessen der Konzerne. Wir müssen konstatieren: Es herrscht eine Diktatur der Konzerne, in der die Demokratie leise verschwindet. Demokratien sterben nicht mit einem »Big Bang«, schreiben die Harvard-Forscher Steven Levitsky und Daniel Ziblatt in ihrem Buch »Wie Demokratien sterben. Und was wir dagegen tun können«. Sie erodieren schleichend, bis am Schluss die liberale Demokratie nur noch eine Hülle ist. Wir befinden uns auf dem Weg dorthin.

Die politische Debatte in Deutschland hat bisher die neue Macht der Konzerne und ihre grundsätzliche Bedeutung für Gesellschaft und Demokratie nicht wirklich im Blick. In neoliberaler und konservativer Sicht ist Konzernmacht allenfalls als Marktmacht, die den Wettbewerb einschränken kann, ein Thema, um das sich die Kartellpolitik zu kümmern hat. Auf der linken und grünen Seite hängt man der Illusion an, wichtige politische Entscheidungen könnten herbeigeführt werden, ohne die Machtverhältnisse zu ändern. Die Rechtsnationalen reagieren auf das Thema mit Verschwörungstheorien und Elitenfeindlichkeit. Nicht artikuliert wird, dass die Demokratie längst ausgehöhlt ist. Nach wie vor setzen alle Lager in der Debatte voraus, dass die Politik noch handlungsfähig sei. Aber diese Annahme ist – wie wir in diesem Buch gezeigt haben – grundfalsch.

Wir wissen längst, was die zerstörerische Kraft der Superkonzerne stoppen würde. Alle dazu notwendigen Maßnahmen sind längst bekannt – die Zielrichtung ist stets, mit Hilfe des Rechts und der Justiz bisher schädliche, aber legale Geschäftsmodelle illegal zu machen.

Komplexer gestaltet sich die Regulierung der Digitalkonzerne. Der Datenschutz ist elementar, die Europäische Datenschutzgrundverordnung ist ein wichtiger Schritt in die richtige Richtung. Klar ist auch, wie gegen prekäre Arbeitsverhältnisse und Steuervermeidung angegangen werden kann. Doch diese Maßnahmen verändern das Geschäftsmodell der Digitalkonzerne nicht strukturell – sie können weiter mit den von den Nutzern gesammelten Daten die Kommunikation in der Gesellschaft steuern. So muss bei der Regulierung der Digitalkonzerne als fundamentale Regel gelten: Es darf nicht alles erlaubt sein, was nicht ausdrücklich verboten ist. Die Technologien müssen einer Zulassungspflicht unterliegen, vergleichbar der Zulassung von Chemikalien.[1] Für die Zulassung muss die Umkehr der Beweislast gelten: Nicht die Aufsichtsbehörden müssen die Schädlichkeit der Produkte nachweisen, sondern die Digitalkonzerne müssen die Unschädlichkeit ihrer Technologien belegen.

Wir sehen: Es mangelt nicht an Lösungsvorschlägen, doch gibt es ein massives Problem bei der Umsetzung. Bei allen Anstrengungen, die bestehenden Verhältnisse zu ändern, stoßen wir auf die Interessenunion von Konzernen und Politik. An ihr scheitern auch viele Versuche, die Macht der Verbraucher und Bürger gegenüber Konzernen zu stärken.

In Deutschland ist es offensichtlich sogar unmöglich, Rechte durchzusetzen, die sich in anderen Ländern bereits bewährt haben. Dazu zählen Massenklagen von Verbrauchern auf Schadensersatz von Konzernen oder ein Unternehmensstrafrecht. Es sind auch keine utopischen Forderungen, Konzerne aufgrund von Verletzungen des Völkerrechtes verklagen zu können, Unterlassungsklagen von Verbraucherverbänden gegen Behörden anzustrengen, wenn diese die Konzerne bei Gesetzesverletzungen nicht in die Pflicht nehmen und Konzerne für widerrechtliches Handeln ihrer Töchter in Drittstaaten in Haftung nehmen. Allein, der industriell-politische Komplex will dies verhindern.

Die Politik hat ihre Handlungsfähigkeit verkauft und verloren. Lediglich nach Gesetzen zu rufen ist naiv, weil das bestehende System nicht darauf ausgerichtet ist, die immense Machtfülle der Konzerne zu regulieren. Nur zur Wahl zu gehen reicht nicht mehr aus. Die Ausübung unseres Wahlrechts, ein Fundament der Demokratie, relativiert sich unter diesen Umständen: Wir delegieren Macht an Repräsentanten, die keine Macht mehr haben, die Macht der Konzerne zu kontrollieren.

Wir brauchen eine Gegenmacht in der Gesellschaft, die durch gewaltfreien zivilen Widerstand die Machtfrage stellt. Eine Chance besteht nur mit einer Gegenmacht über Parteigrenzen hinweg, einer großen Allianz derjenigen, die einen

Staat wollen, der die Regulierungshoheit hat. Wir brauchen einen starken Staat, der sich nicht der Industrie andient und nach der Pfeife der Konzerne tanzt.

An vielen Stellen formiert sich dieser Widerstand bereits. Es sind Organisationen und Gruppen, auch Einzelpersonen. Sie zeigen, dass wir etwas tun können. Das sind Anfänge, klar aber ist, welche Chancen sich hier auftun:

- In den Niederlanden hat die holländische NGO Urgenda einen Gerichtsbeschluss erzwungen, der der Regierung vorschreibt, ihre selbstgesteckten Klimaziele zu erfüllen.

- Ein neues Gesetz in Frankreich ermöglicht es, französische Konzerne und ihre Tochtergesellschaften bei der Verletzung von Menschenrechten im Ausland anzuklagen.

- Die Organisationen ECCHR und Medico international unterstützen eine Klage des Berliner Rechtsanwalts Remo Klinger[2] gegen den Textildiscounter KiK in Dortmund, bei dessen pakistanischem Zulieferer bei einem Fabrikbrand 260 Arbeiter starben und Dutzende zum Teil lebensgefährlich verletzt wurden.

- In der Schweiz plant der Verein Konzernverantwortungsinitiative (KOVI) eine Volksabstimmung, die die Macht der Konzerne einschränken soll.[3]

- Die gewaltige Demonstration von 250000 Teilnehmern 2015 in Berlin gegen das gescheiterte Freihandelsabkommen TTIP zwischen der EU und den USA hat gezeigt, wie erfolgreich ziviler Widerstand gegen die Übergriffigkeit von Konzernen und die Willfährigkeit von Regierungen sein kann.

- Der Verein »Deutsche Umwelthilfe« (DUH) hat in Deutschland die Dieselgate-Affäre ins Rollen gebracht und durch eigene Tests nachgewiesen, dass die Autokonzerne systematisch und geplant ihre Kunden täuschen und betrügen.

- Der österreichische Jurist, Autor und Datenschutzaktivist Max Schrems nimmt es seit Jahren mit den Internetkonzernen auf und brachte mit einer Klage gegen Facebook vor dem Europäischen Gerichtshof das Safe-Harbor-Abkommen zwischen der EU und den USA zu Fall.[4] Jetzt kämpft er darum, dass die Vorschriften der neuen EU-Datenschutzgrundverordnung erfüllt werden.

Wir brauchen noch viel mehr davon!

Anmerkungen

Die neue Macht

1 https://www.goodjobsfirst.org/amazon-tracker (27. 4. 18)
2 https://www.usnews.com/opinion/thomas-jefferson-street/articles/
2017-09-08/dont-give-amazon-tax-breaks-for-its-new-headquarters
(13. 11. 17)
3 https://www.reuters.com/article/us-amazon-com-headquarters/
billions-in-tax-breaks-offered-to-amazon-for-second-headquarters-
idUSKBN1CO1IP (13. 11. 17); https://www.nytimes.com/2017/10/23/
technology/amazon-headquarters.html (13. 11. 17); http://money.cnn.
com/2017/10/04/technology/amazon-second-headquarters-city-
proposals/index.html (13. 11. 17); http://www.spiegel.de/wirtschaft/
unternehmen/amazon-238-staedte-buhlen-um-neue-zentrale-des-kon
zerns-a-1174584.html (13. 11. 17)
4 http://www.zeit.de/politik/deutschland/2017-08/niedersachsen-
stephan-weil-volkswagen?page=2#comments (14. 11. 17); http://www.
spiegel.de/politik/deutschland/stephan-weil-und-volkswagen-
schrieb-vw-eine-regierungserklaerung-um-a-1161565.html (14. 11. 17);
http://www.spiegel.de/politik/deutschland/stephan-weil-minister-
praesident-legte-vw-kritische-rede-dem-konzern-vor-a-1161539.html
(14. 11. 17)
5 http://www.spiegel.de/politik/deutschland/niedersachsen-vw-absprachen-
laut-medien-auch-mit-cdu-und-fdp-a-1162162.html (14. 11. 17)
6 http://www.zeit.de/wirtschaft/unternehmen/2017-11/kohlenstoffdioxid-
europaeische-kommission-quote-elektroautos (14. 11. 17)
7 https://www.politico.eu/wp-content/uploads/2017/11/Gabriel-an-Arias-
Canete.pdf?utm_source=POLITICO.EU&utm_campaign=4fdcf9ba1f-
EMAIL_CAMPAIGN_2017_11_08&utm_medium=email&utm_term=
0_10959edeb5-4fdcf9ba1f-189695405 (14. 11. 17)
8 https://www.zdf.de/politik/frontal-21/zdfcheck17-dieselabgase-100.html
(14. 11. 17)
9 http://www.spiegel.de/wirtschaft/unternehmen/air-berlin-erhielt-kredit
zusage-ohne-fertiges-gutachten-a-1199691.html#ref=rss (8. 5. 18); http://

www.airliners.de/air-berlin-kredit-regierung-gutachten/44203
(8. 5. 18)

10   http://www.deutschlandfunk.de/geplante-uebernahme-von-air-berlin-
bedenkliche-naehe-der.694.de.html?dram:article_id=394029 (20. 11. 17)

11   https://papers.ssrn.com/sol3/papers.cfm?abstract_id=2713876 (16. 11. 17)

12   http://www.handelsblatt.com/finanzen/banken-versicherungen/finanz
branche-eu-zieht-entwurf-fuer-trennbanken-gesetz-zurueck/20498838.
html (14. 11. 17); http://www.sueddeutsche.de/wirtschaft/europaeische-
union-barniers-trennbanken-baby-13378486 (14. 11. 17); https://lostineu.
eu/die-lehren-aus-dem-bankencrash-sind-vergessen/ (14. 11. 17); http://
www.sueddeutsche.de/wirtschaft/bankenregulierung-zurueck-in-die-
zukunft-13378482 (14. 11. 17); http://www.taz.de/!5458226/ (14. 11. 17)

13   http://www.spiegel.de/wirtschaft/soziales/usa-senat-macht-sammelklage-
gegen-banken-unmoeglich-a-1174567.html (20. 11. 17); https://www.
nytimes.com/2017/11/24/us/politics/consumer-financial-protection-bu
reau-cordray-leader-trump-mulvaney.html?emc=edit_th_20171125&nl=
todaysheadlines&nlid=48308383 (25. 11. 17); https://www.nytimes.
com/2017/11/27/us/politics/cfpb-leandra-english-mulvaney.html?emc=
edit_th_20171128&nl=todaysheadlines&nlid=48308383 (28. 11. 17);
https://www.nytimes.com/2017/12/05/business/cfpb-mick-mulvaney.
html?emc=edit_th_20171206&nl=todaysheadlines&nlid=48308383
(6. 12. 17); https://www.nytimes.com/2017/12/06/health/consumer-safety-
buerkle-gop.html?emc=edit_th_20171207&nl=todaysheadlines&nlid=
48308383&mtrref=undefined

14   https://www.documentcloud.org/documents/4064980-Pruitt-Sked-and-
McCarthy-Sked.html (16. 11. 17) (S. 152, S. 298); https://www.nytimes.
com/2017/10/03/us/politics/epa-scott-pruitt-calendar-industries-coal-oil-
environmentalists.html (16. 11. 17); https://www.washingtonpost.com/
news/energy-environment/wp/2017/09/22/epa-chief-pruitt-met-with-ma
ny-corporate-execs-shortly-before-making-decisions-in-their-favor/?utm_
term=.cac352a1b0a1 (15. 11. 17)

15   https://www.washingtonpost.com/news/energy-environment/wp/
2017/02/17/scott-pruitt-long-time-adversary-of-epa-confirmed-to-lead-
the-agency/?utm_term=.72d81ad6cfae (15. 11. 17); https://www.nytimes.
com/interactive/2017/01/14/us/politics/document-Pruitt-v-EPA-a-Compi
lation-of-Oklahoma-14.html?mcubz=3 (15. 11. 17)

16   »Vergiftetes Land«, Spiegel 46/2017; http://www.businessinsider.de/scott-
pruitt-trumps-epa-chief-met-with-dow-chemical-exec-before-rolling-
back-a-ban-on-pesticides-2017-6?r=US&IR=T (16. 11. 17)

17   http://www.handelsblatt.com/politik/international/scott-pruitt-epa-
chef-leitet-abkehr-von-obamas-klimaschutzplan-ein/20440486.html
(15. 11. 17); http://www.spiegel.de/politik/ausland/usa-umweltminister-
scott-pruitt-will-klima-plan-von-barack-obama-abschaffen-a-1172147.
html (15. 11. 17)

18 https://autoalliance.org/wp-content/uploads/2017/02/Letter-to-EPA-Ad
min.-Pruitt-Feb.-21-2016-Signed.pdf (16. 11. 17); https://www.reuters.
com/article/us-usa-automakers-emissions-idUSKBN16102J (8. 5. 18);
https://www.nytimes.com/2017/02/22/business/energy-environment/
automakers-pruitt-mileage-rules.html (16. 11. 17); https://autoalliance.
org/2017/02/17/alliance-ceo-statement-scott-pruitt-confirmation-epa-
administrator/ (16. 11. 17); https://www.epa.gov/sites/production/files/
2017-08/documents/ld-ghg-mte-reconsideration-public-hearing-frn-
2017-08-18.pdf (16. 11. 17)
19 https://histsci.fas.harvard.edu/people/graduate_students?page=2
(30. 11. 17); https://www.bpb.de/dialog/netzdebatte/224411/das-silicon-
valley-fordert-ein-grundeinkommen-gut-so (30. 11. 17)
20 http://www.faz.net/aktuell/feuilleton/medien/die-macht-der-internet
konzerne-wie-facebook-14440287.html?printPagedArticle=true#pageIn
dex_0 (20. 11. 17)
21 https://www.economist.com/news/business/21720657-its-economists-
used-champion-big-firms-mood-has-shifted-university-chicago
(23. 11. 17)
22 https://research.chicagobooth.edu/stigler/events/single-events/
march-27-2017 (22. 11. 17) (ab 6.00); https://promarket.org/economists-
totality-evidence-underscores-concentration-problem-u-s/ (29. 11. 17)
23 https://www.nytimes.com/2016/02/07/business/energy-environment/
airlines-reap-record-profits-and-passengers-get-peanuts.html
(23. 11. 17)
24 http://www.sueddeutsche.de/wirtschaft/ungleichheit-super-firmen-grei
fen-an-13649240 (23. 11. 17)
25 Konzernatlas, Daten und Fakten über die Agrar- und Lebensmittelindustrie 2017, u. a. Heinrich-Böll-Stiftung; http://www.zeit.de/wirt
schaft/2017-01/agrarindustrie-lebensmittel-grosskonzerne-monsanto
(23. 11. 17)
26 http://www.bundeskartellamt.de/SharedDocs/Interviews/DE/2017/
170506_General-Anzeiger%20Bonn.html (23. 11. 17)
27 http://www.bundeskartellamt.de/SharedDocs/Interviews/DE/2017/
170331_Wirtschaftswoche.html (23. 11. 17)
28 http://www.bundeskartellamt.de/SharedDocs/Interviews/DE/2017/
170506_General-Anzeiger%20Bonn.html (23. 11. 17)
29 http://www.zeit.de/wirtschaft/unternehmen/2016-08/edeka-tengelmann-
fusion-ministererlaubnis-sigmar-gabriel (23. 11. 17); https://www.bmwi.
de/Redaktion/DE/Artikel/Wirtschaft/ministererlaubnisverfahren-edeka-
kaisers-tengelmann.html (23. 11. 17)
30 https://de.statista.com/statistik/daten/studie/162837/umfrage/die-groess
ten-bierbrauer-der-welt-nach-marktanteil/ (9. 5. 18); http://www.handels
blatt.com/unternehmen/handel-konsumgueter/ab-inbev-und-sab-miller-
gruenes-licht-fuer-megafusion-in-der-bierbrauereibranche/14613990.

html (9. 5. 18); https://www.youtube.com/watch?v=00wQYmvfhn4 (23. 11. 17)

31 Konzernatlas, Daten und Fakten über die Agrar- und Lebensmittelindustrie 2017, u. a. Heinrich-Böll-Stiftung; https://www.boell.de/de/2017/01/10/lebensmittelhersteller-marken-maerkte-manipulationen (8. 5. 18)

32 Seafood in Europe, A food system approach for sustainability, European Environment Agency, EEA-Report Nr. 25/2016

33 Konzernatlas, Daten und Fakten über die Agrar- und Lebensmittelindustrie 2017, u. a. Heinrich-Böll-Stiftung

34 https://www.newamerica.org/open-markets/events/americas-monopoly-problem/ (23. 11. 17); https://www.nytimes.com/2016/02/07/business/energy-environment/airlines-reap-record-profits-and-passengers-get-peanuts.html (23. 11. 17)

35 https://www.klobuchar.senate.gov/public/index.cfm/2017/3/in-speech-at-center-for-american-progress-klobuchar-discusses-how-vigorous-antitrust-enforcement-can-strengthen-u-s-economy (23. 11. 17)

36 https://www.youtube.com/watch?v=00wQYmvfhn4 (23. 11. 17)

37 Enabling competition in pharmacuetical marktes, Hutchins Center Wor king Paper #30, Fiona Scott Morton and Lysle T. Boller, May 2017; https://promarket.org/growing-evidence-u-s-regulators-may-value-profits-incumbents-regulate-consumer-welfare/ (25. 11. 17); http://www.newsweek.com/big-pharma-villain-pbm-569980 (25. 11. 17); http://clsbluesky.law.columbia.edu/2017/04/24/the-relationship-between-consolidation-and-innovation-in-the-drug-industry/ (25. 11. 17)

38 Mehr Wettbewerb, brandeins 07/2017

39 http://www.zeit.de/2017/25/digitale-oekonomie-wettbewerb-monopole (23. 11. 17)

40 https://www.nytimes.com/2017/06/21/opinion/amazon-whole-foods-jeff-bezos.html?emc=edit_th_20170621&nl=todaysheadlines&nlid=48308383 (23. 11. 17); http://www.daserste.de/programm/index~_s-327da4d4-3f2c-4e8d-b391-d793e6426c5b_pd-20171127.html (29. 11. 17)

41 https://www.economist.com/news/business/21720657-its-economists-used-champion-big-firms-mood-has-shifted-university-chicago (24. 11. 17); Towards a Political Theory of the Firm, Luigi Zingales, University of Chicago Booth School of Business, July 2017, download: https://research.chicagobooth.edu/~/media/5D8A9BE2EFB8435B91D23E6BB1859B2E.pdf

42 https://www2.deloitte.com/us/en/pages/mergers-and-acquisitions/articles/ma-trends-report.html (24. 11. 17)

43 https://financial.thomsonreuters.com/content/dam/openweb/documents/pdf/financial/eu-mergers-and-acquisitions.pdf (24. 11. 17)

44 https://www.klobuchar.senate.gov/public/index.cfm/2017/3/in-speech-at-

center-for-american-progress-klobuchar-discusses-how-vigorous-an titrust-enforcement-can-strengthen-u-s-economy (24. 11. 17); Towards a Political Theory of the Firm, L. Zingales, University of Chicago Booth School of Business, 7/2017; Trade and Development Report 2017, Beyond Austerity: Towards a global New Deal, Report by the secretariat of the United Nations Conference on Trade and Development

45 http://www.bundeskartellamt.de/SharedDocs/Interviews/DE/2017/ 170506_General-Anzeiger%20Bonn.html (24. 11. 17)

46 http://www.tagesspiegel.de/wirtschaft/eu-kommission-rekordstrafe-gegen-autoglas-kartell/1370374.html (24. 11. 17)

47 http://www.spiegel.de/wirtschaft/service/booking-com-schweiz-leitet-ver fahren-gegen-reiseportal-ein-a-1167374.html (24. 11. 17); https://www. ahgz.de/news/buchungsportale-bookingcom-mit-ueber-70-prozent-marktanteil-der-schweiz,200012238019.html (24. 11. 17)

48 http://www.bundeskartellamt.de/SharedDocs/Meldung/DE/Meldun gen%20News%20Karussell/18_02_2014_Zucker.html (24. 11. 17)

49 Der Maulwurf, brandeins 07/17

50 http://www.manager-magazin.de/unternehmen/banken/deutsche-bank-libor-skandal-a-1174779.html (24. 11. 17); Der Maulwurf, brandeins 07/17

51 http://de.pg.com/de-DE/ueber-pg-und-unsere-produkte/geschaftsergeb nisse-von-pg (29. 11. 17)

52 https://www.unilever.de/ueberuns/wer-wir-sind/organisation-internatio nal/ (29. 11. 17); https://www.unilever.de/ueberuns/wer-wir-sind/unilever-im-ueberblick/ (29. 11. 17)

53 http://europa.eu/rapid/press-release_IP-11-473_de.htm (29. 11. 17); http:// www.compcom.co.za/wp-content/uploads/2017/01/Unilever-media-re lease-1.pdf (29. 11. 17); http://af.reuters.com/article/commoditiesNews/ idAFL5N1GE5TW (29. 11. 17); https://www.fin24.com/Companies/ Retail/breaking-unilever-to-be-charged-for-cartel-activity-20170301 (29. 11. 17); http://www.straitstimes.com/business/companies-markets/ sime-darby-to-list-plantation-property-units (29. 11. 17); https://www. reuters.com/finance/stocks/overview/SIME.KL (29. 11. 17); http://www. faz.net/aktuell/wirtschaft/zertifizierung-auf-nachhaltigkeit-das-palmoel-soll-gruener-werden-1652259.html (29. 11. 17)

54 https://ec.europa.eu/germany/news/eu-kommission-verhängt-rekordgeld buße-von-293-milliarden-euro-gegen-lkw-kartell_de (29. 11. 17); http:// www.handelsblatt.com/unternehmen/industrie/lkw-kartell-schadener-satz-verhandlungen-verzoegern-sich/20422848.html (24. 11. 17); https:// www.welt.de/wirtschaft/article166505778/Das-Lkw-Kartell-ruestet-sich-fuer-seine-Abwehrschlacht.html (24. 11. 17)

55 »Wir nehmen diesen Fall sehr ernst«, Spiegel 48/2017

56 http://www.spiegel.de/wirtschaft/unternehmen/verschwoerungstheo rien-der-wirtschaft-das-gluehbirnen-kartell-a-848406.html (25. 11. 17);

https://de.wikipedia.org/wiki/Phoebuskartell (25. 11. 17); http://www.ardmediathek.de/tv/Tele-Akademie/Prof-Dr-Christian-Kreiß-Heute-ge kauf/SWR-Fernsehen/Video?bcastId=37622032&documentId=37461012 (25. 11. 17)

57 https://www.justice.gov/opa/pr/justice-department-requires-six-high-tech-companies-stop-entering-anticompetitive-employee (24. 11. 17); https://democracyjournal.org/magazine/42/new-tools-to-promote-competition/ (24. 11. 17); https://www.theguardian.com/technology/2014/apr/24/apple-google-settle-antitrust-lawsuit-hiring-collusion (24. 11. 17); https://www.nytimes.com/2014/04/25/technology/settlement-silicon-valley-antitrust-case.html (24. 11. 17); http://www.businessinsider.com/emails-eric-schmidt-sergey-brin-hiring-apple-2014-3?IR=T (24. 11. 17); https://www.cnet.com/news/doj-settles-no-recruit-claims-against-tech-companies/ (24. 11. 17); https://www.cnet.com/news/lawsuit-accuses-apple-others-of-fixing-worker-pay/ (24. 11. 17); https://www.cnet.com/news/apple-google-others-settle-anti-poaching-lawsuit-for-415-milli on/ (24. 11. 17); https://www.cnet.com/news/apple-google-offer-415-million-to-settle-poaching-lawsuit/ (24. 11. 17); http://www.nytimes.com/2010/09/25/technology/25hiring.html (24. 11. 17); https://www.nytimes.com/2014/03/01/technology/engineers-allege-hiring-collusion-in-silicon-valley.html (24. 11. 17); http://www.businessinsider.com/r-apple-google-settle-us-poaching-lawsuit-for-415-million-2015-1?IR=T (25. 11. 17); https://www.fuw.ch/article/der-aufstieg-der-superstar-firmen/ (29. 11. 17)

58 http://www.spiegel.de/wirtschaft/soziales/eu-margrethe-vestager-zu-auto-kartell-nehmen-diesen-fall-sehr-ernst-a-1179760.html (9. 5. 18); Das Auto-Syndicat, Spiegel 30/2017

59 http://europa.eu/rapid/press-release_IP-18-2282_de.htm (10. 5. 18); https://www.euractiv.de/section/finanzen-und-wirtschaft/news/eu-kom mission-genehmigt-bayer-monsanto-uebernahme/ (10. 5. 18)

60 Konzernatlas, Daten und Fakten über die Agrar- und Lebensmittelindustrie 2017, u. a. Heinrich-Böll-Stiftung; https://www.gruene-bundestag.de/gentechnik/mit-umweltpruefung-fusion-stoppen.html (10. 5. 18); https://www.welt.de/wirtschaft/article172085511/Monsanto-Uebernahme-von-Gensaathersteller-durch-Bayer-wackelt.html (10. 5. 18)

61 https://promarket.org/mergers-bad-innovation/ (29. 11. 17)

62 The fall oft the labor share and the rise of superstar firms, David Autor, David Dorn, Lawrence F. Katz, Christina Patterson, John Van Reenen, Working Paper 23 396, National Bureau of Economic Research, May 2017, download unter: http://www.nber.org/papers/w23396; https://www.fuw.ch/article/der-aufstieg-der-superstar-firmen/ (28. 11. 17); http://www.sueddeutsche.de/wirtschaft/ungleichheit-super-firmen-greifen-an-13649240 (28. 11. 17)

63 https://makroskop.eu/2017/07/warum-die-lohnquote-sinkt/ (28. 11. 17);

http://www.zeit.de/2017/25/digitale-oekonomie-wettbewerb-monopole (28.11.17)

64 http://norberthaering.de/de/27-german/news/867-lohnquote (29.11.17); http://www.faz.net/aktuell/wirtschaft/trotz-vollbeschaeftigung-warum-steigen-unsere-loehne-nicht-mehr-15148659.html?printPagedArticle=true#pageIndex_2 (28.11.17); https://www.economist.com/news/briefing/21695385-profits-are-too-high-america-needs-giant-dose-competition-too-much-good-thing (28.11.17); https://www.yalelawjournal.org/article/amazons-antitrust-paradox (28.11.17); https://www.thenation.com/article/this-budding-movement-wants-to-smash-monopolies/ (28.11.17); http://wirtschaftlichefreiheit.de/wordpress/?p=21650 (28.11.17)

65 The Rise of Market Power and the Macroeconomic Implications; Jan de Loecker, Jan Eeckhout, download unter: http://www.nber.org/papers/w23687.pdf; http://www.sueddeutsche.de/wirtschaft/ungleichheit-super-firmen-greifen-an-13649240 (28.11.17); https://www.tagesanzeiger.ch/wirtschaft/unternehmen-und-konjunktur/SuperFirmen-greifen-an/story/25386238 (28.11.17); https://www.nytimes.com/2017/09/20/business/economy/startup-business.html?emc=edit_th_20170921&nl=todays headlines&nlid=48308383 (28.11.17); http://wirtschaftlichefreiheit.de/wordpress/?p=21650 (29.11.17); https://makroskop.eu/2017/11/zwei-welten/?success=1#_ftn1 (29.11.17)

66 http://www.sueddeutsche.de/wirtschaft/facebook-google-und-apple-dieser-plan-soll-die-macht-der-superkonzerne-zuegeln-13506078 (29.11.17)

67 https://www.fuw.ch/article/der-aufstieg-der-superstar-firmen/ (28.11.17); http://wirtschaftlichefreiheit.de/wordpress/?p=21650 (29.11.17)

68 https://www.economist.com/news/business/21720657-its-economists-used-champion-big-firms-mood-has-shifted-university-chicago (30.11.17)

69 Institut der deutschen Wirtschaft Köln, Policy Paper 2/2016; Die Kehrseite der Globalisierung, Zeit Nr. 22 vom 24.5.17; https://www.project-syndicate.org/commentary/inequality-rethinking-neoliberalism-by-sebastian-buckup-1-2017-07/german (29.11.17)

70 https://www.economist.com/news/business/21720657-its-economists-used-champion-big-firms-mood-has-shifted-university-chicago (28.11.17)

71 https://www.thenation.com/article/this-budding-movement-wants-to-smash-monopolies/ (29.11.17)

72 https://www.nytimes.com/2017/10/18/technology/frightful-five-start-ups.html?rref=collection%2Fsectioncollection%2Fbusiness&action=click&contentCollection=business&region=rank&module=package&version=highlights&contentPlacement=1&pgtype=sectionfront (1.12.17)

73 https://www.nytimes.com/2017/09/20/business/economy/startup-busi
    ness.html?emc=edit_th_20170921&nl=todaysheadlines&nlid=48308383
    (28.11.17); https://www.fuw.ch/article/der-aufstieg-der-superstar-firmen/
    (28.11.17); https://www.economist.com/news/leaders/21707210-rise-
    corporate-colossus-threatens-both-competition-and-legitimacy-business
    (28.11.17); Where Has All The Skewness Gone? The Decline In
    High-Growth (Young) Firms In The U.S.; Ryan A. Decker u. a., NBER
    Working Paper No. 21 776, December 2015
74 http://www.bundeskartellamt.de/SharedDocs/Interviews/DE/2017/
    171011_Businessinsider.html%20 (28.11.17); http://www.sueddeutsche.
    de/wirtschaft/goldman-sachs-kapitalisten-zweifeln-am-kapitalismus-
    12848835 (30.11.17); https://www.economist.com/news/business/
    21720657-its-economists-used-champion-big-firms-mood-has-shif
    ted-university-chicago (1.12.17); https://www.economist.com/news/
    leaders/21707210-rise-corporate-colossus-threatens-both-competition-
    and-legitimacy-business (1.12.17)
75 McKinsey Global Institute, Playing to win: The new global competition
    for corporate profits, Sept. 2015, download unter: https://www.mckin
    sey.com/business-functions/strategy-and-corporate-finance/our-insights/
    the-new-global-competition-for-corporate-profits (11.5.17); TRADE
    AND DEVELOPMENT REPORT 2017, BEYOND AUSTERITY:
    TOWARDS A GLOBAL NEW DEAL Report by the secretariat of the
    United Nations Conference on Trade and Development; https://promar
    ket.org/un-study-warns-growing-economic-concentration-leads-rentier-
    capitalism/ (30.11.17); https://www.project-syndicate.org/commentary/
    inequality-rethinking-neoliberalism-by-sebastian-buckup-1-2017-07/
    german (28.11.17)
76 https://www.theguardian.com/business/2017/oct/26/worlds-witnes
    sing-a-new-gilded-age-as-billionaires-wealth-swells-to-6tn (1.12.17);
    http://www.sueddeutsche.de/wirtschaft/ungleichheit-super-firmen-grei
    fen-an-13649240 (29.11.17); http://www.zeit.de/2017/22/weltwirt
    schaft-globalisierung-verteilung-ungleichheit (30.11.17); https://www.
    project-syndicate.org/commentary/inequality-rethinking-neoliberalism-
    by-sebastian-buckup-1-2017-07/german (30.11.17); https://makroskop.
    eu/2017/11/zwei-welten/?success=1#_ftn1 (29.11.17); https://www.klo
    buchar.senate.gov/public/index.cfm/2017/3/in-speech-at-center-for-ame
    rican-progress-klobuchar-discusses-how-vigorous-antitrust-enforcement-
    can-strengthen-u-s-economy (30.11.17)
77 Towards a Political Theory of the Firm, Luigi Zingales, University of
    Chicago Booth School of Business, July 2017, download: https://re
    search.chicagobooth.edu/~/media/5D8A9BE2EFB8435B91D23E6BB185
    9B2E.pdf; http://www.manager-magazin.de/magazin/artikel/monopole-
    trustbusters-ii-a-1178562-3.html (2.6.18); https://www.chicagobooth.
    edu/faculty/directory/z/luigi-zingales (30.11.17); https://promarket.org/

un-study-warns-growing-economic-concentration-leads-rentier-capita
lism/ (29. 11. 17)
78 https://mobile.nytimes.com/2018/05/02/technology/amazon-develop
ment-tax.html (11. 5. 18); http://www.spiegel.de/wirtschaft/unternehmen/
amazon-stoppt-bau-in-seattle-wegen-obdachlosen-steuer-a-1206846.
html (11. 5. 18); http://money.cnn.com/2018/05/15/technology/business/
seattle-homeless-amazon/index.html (2. 6. 18); https://www.theguardian.
com/technology/2018/may/15/amazon-threatens-to-move-jobs-out-of-
seattle-tax-council-vote-homelessness (2. 6. 18)

Der industriell-politische Komplex

1 foodwatch-newsletter 8. 12. 18
2 http://www.spiegel.de/politik/deutschland/glyphosat-zulassung-christian-
schmidt-hat-entscheidung-allein-getroffen-a-1180626.html (18. 12. 17)
3 https://blog.campact.de/2017/11/der-monsanto-minister-muss-gehen/
(3. 1. 18)
4 http://www.zeit.de/wirtschaft/2017-11/glyphosat-zulassung-eu-christian-
schmidt-monsanto (3. 1. 18)
5 Towards a Political Theory of the Firm, Luigi Zingales, University of
Chicago Booth School of Business, July 2017, New Working Paper Series
No. 10
6 https://de.wikipedia.org/wiki/RobertRubin (3. 1. 18); https://www.
bloomberg.com/news/articles/2012-09-30/rethinking-robert-rubin
(3. 1. 18); https://de.wikipedia.org/wiki/Citigroup (3. 1. 18); http://www.
nytimes.com/1998/04/07/news/citicorp-and-travelers-plan-to-merge-in-
record-70-billion-deal-a-new-no.html (3. 1. 18); http://www.larouchepub.
com/eiw/public/1998/eirv25n16-19980417/eirv25n16-19980417019-
banking.pdf (3. 1. 18); http://money.cnn.com/2015/11/12/investing/
citigroup-john-reed-glass-steagall/index.html
7 https://www.rag.de/unternehmen/aufsichtsrat/(4. 1. 18); http://www.
spiegel.de/wirtschaft/soziales/neue-jobs-fuer-torsten-albig-und-
hannelore-kraft-a-1181991.html (4. 1. 18); http://www.wiwo.de/politik/
deutschland/lobbyismus-die-seitenwechsler-des-jahres/20709808.html
(4. 1. 18)
8 Die Drehtür-Republik, Zeit Nr. 52 vom 14. 12. 2017
9 https://www.zeit.de/wirtschaft/unternehmen/2017-09/altkanzler-gerhard-
schroeder-rosneft-aufsichtsrat (1. 6. 18)
10 https://www.siemens.com/press/de/pressemitteilungen/?press=/de/presse
mitteilungen/2018/corporate/pr2018050186code.htm&content[]=Corp
(2. 6. 18)
11 http://www.sueddeutsche.de/wirtschaft/neuer-rheinmetall-cheflobbyist-
anschlussverwendung-fuer-dirk-niebel-12025747 (4. 1. 18); http://www.

spiegel.de/politik/deutschland/dirk-niebel-und-rheinmetall-die-ruestungs deals-des-ex-ministers-a-978764.html (4. 1. 18); https://www.welt.de/po litik/deutschland/article164541070/Ex-FDP-Generalsekretaer-verstoert-mit-Wehrmachtsbild-auf-Facebook.html (4. 1. 18)

12 https://www.rheinmetall.com/de/rheinmetallag/group/gremien/superviso ryboard1/index.php (4. 1. 18)

13 https://www.vda.de/de/verband/organisation/praesident.html (4. 1. 18)

14 http://www.spiegel.de/wirtschaft/soziales/daimler-cheflobbyist-eckart-von-klaeden-beeinflusste-kanzleramt-bei-regeln-fuer-abgas tests-a-1161319.html (4. 1. 18)

15 Transparency International EU, ACCESS ALL AREAS – When EU politicians become lobbyists, 2017; https://www.welt.de/wirtschaft/ article161707714/Wieso-Bruesseler-Drehtueren-die-Korruption-beguens tigen.html (4. 1. 18); http://www.deutschlandfunk.de/lobbyismus-bericht-von-transparency-international-eu.1818.de.html?dram:articleid=377752 (4. 1. 18)

16 Transparency International EU, ACCESS ALL AREAS – When EU po liticians become lobbyists, 2017; https://www.politik-kommunikation. de/personalwechsel/krahmer-als-director-european-affairs-neu-bei-opel-16011 (6. 1. 18); https://corporateeurope.org/revolvingdoorwatch/ cases/holger-krahmer (6. 1. 18); https://corporateeurope.org/revolving doorwatch; https://corporateeurope.org/revolvingdoorwatch/cases/ed gar-meister (6. 1. 18)

17 http://www.handelsblatt.com/politik/international/ex-goldman-sachs-manager-mnuchin-als-neuer-us-finanzminister-bestaetigt/19387628.html (6. 1. 18)

18 https://www.proximus.com/en/group/governance/board-of-directors# title-3 (6. 1. 18); https://www.weser-kurier.de/startseiteartikel,–Ueppige-Abfindungen-fuer-EUKommissare-arid,1488766.html (6. 1. 18)

19 http://www.handelsblatt.com/unternehmen/energie/zehn-jahre-arcelor-mittal-der-stahl-gigant-glaenzt-nicht-mehr/13923064.html (6. 1. 18); https://www.volkswagenag.com/de/sustainability/sustainability-council. html (8. 1. 18); https://corporateeurope.org/pressreleases/2016/09/green washing-looms-vw-appoints-ex-eu-climate-commissioner-hedegaard (8. 1. 18)

20 https://www.ft.com/content/9354d5b2-11cd-11e6-839f-2922947098f0 (6. 1. 18);

21 http://www.googletransparencyproject.org/articles/investigating-googles-european-revolving-door (7. 1. 18)

22 http://www.googletransparencyproject.org/articles/investigating-googles-european-revolving-door (7. 1. 18); https://www.prweek.com/ article/1089732/google-snares-top-no-10-aide-tim-chatwin-top-comms-role (7. 1. 17); https://www.theguardian.com/technology/2016/jan/29/ how-google-became-embedded-british-politics-tax (7. 1. 18); http://www.

dailymail.co.uk/news/article-2327493/Google-boss-Eric-Schmidt-sneaks-No-10-door-Cameron-refused-challenge-evil-tax-avoidance-summit.html (7.1.18); http://www.dailymail.co.uk/news/article-2327493/Google-boss-Eric-Schmidt-sneaks-No-10-door-Cameron-refused-challenge-evil-tax-avoidance-summit.html (7.1.18)

23 http://googletransparencyproject.org/articles/googles-revolving-door-us (7.1.18)

24 »Who Walks Through the Revolving Door? Examining the Lobbying Ac tivity of Former Congress Members and Staffers«, Jeff Lazarus, Georgia State University, 2013, download unter: https://papers.ssrn.com/sol3/pa pers.cfm?abstractid=2300276; Transparency International EU, ACCESS ALL AREAS – When EU politicians become lobbyists, 2017

25 Bode/Nina Holland (CEO); https://www.lobbycontrol.de/2018/04/start schuss-eu-institutionen-verhandeln-ueber-gemeinsames-lobbyregister/ (12.5.18)

26 »Goodbye to Pluralism? Studying Power in Contemporary American Po litics«, April 2015, download unter: http://inequality.hks.harvard.edu/ files/inequality/files/pierson16.pdf?m=1458166657 (7.1.18); http://polis ci.berkeley.edu/people/person/paul-pierson (7.1.18)

27 https://www.youtube.com/watch?v=ncMYWZ9AbA (4.1.18) ab 7.50 und 9.45; https://www.theatlantic.com/business/archive/2015/04/how-corporate-lobbyists-conquered-american-democracy/390822/ (9.1.18)

28 https://www.focus.de/finanzen/news/trotz-abgas-skandal-volkswagen-hat-gewinn-2017-mehr-als-verdoppelt_id_8517714.html (2.6.18)

29 http://www.spiegel.de/politik/deutschland/party-im-kanzleramt-acker mann-feierte-auf-staatskosten-a-644659.html (14.5.18)

30 http://www.faz.net/aktuell/finanzen/finanzmarkt/mehr-verbraucher schutz-durch-neue-eu-richtlinie-15370610.html (21.2.18)

31 http://www.spiegel.de/politik/ausland/donald-trump-anwalt-michael-co hen-kassierte-millionen-von-konzernen-a-1207399.html (12.5.18); http://www.spiegel.de/politik/ausland/michael-cohen-novartis-raeumt-millionenzahlung-an-donald-trump-anwalt-ein-a-1207115.html (12.5.18); https://www.novartis.com/essential-consultants (12.5.18); https://www.novartis.ch/de/ueber-uns/unsere-verantwortung (14.5.18)

32 https://www.weforum.org/about/our-members-and-partners (10.1.18); https://www.weforum.org/agenda/2017/01/google-sergey-brin-i-didn-t-see-ai-coming/ (9.1.18)

33 http://www.handelsblatt.com/archiv/martin-winterkorn-ist-vorstands vorsitzender-der-audi-ag-winterkorn-der-alte-geist-von-davos-war-noch-nicht-wieder-zu-spueren/2227034.html (9.1.18)

34 https://www.weforum.org/events/world-economic-forum-annual-meet ing-2018/partners (9.1.18); http://www.sueddeutsche.de/wirtschaft/ davos-das-weltwirtschaftsforum-ist-zu-einer-geldmaschine-geworden-13334817 (9.1.18); https://www.woz.ch/-3682 (9.1.18)

35 https://www.tni.org/en/article/davos-and-its-danger-to-democracy
(9.1.18); https://books.google.de/books?id=aMciBAAAQBAJ&pg=
PA244&lpg=PA244&dq=schwab+the+sovereign+state+has+become+ob
solete&source=bl&ots=R7utwIyQ-R&sig=uCX65ROqS2aT5n6UF-
Y6S4DcmzA&hl=de&sa=X&ved=0ahUKEwikzcmYosvYAhXM
yaQKHTPOBxQQ6AEIMjAB#v=onepage&q=schwab%20the%20
sovereign%20state%20has%20become%20obsolete&f=false (9.1.18);
https://www.weforum.org/agenda/2010/05/global-redesign-summit-ends-
we-have-to-always-think-about-how (3.3.18)

36 https://www.umb.edu/gri/introductiontothereadersguide#fn-1-a
(9.1.18); https://www.umb.edu/gri (9.1.18)

37 State of Power 2016, Democracy, sovereignitiy and resistance, Trans
national Institute, download unter: https://www.tni.org/files/publication-
downloads/state-of-power-2016.pdf (9.1.18); https://www.youtube.com/
watch?v=kJFMUsqXf4 (9.1.18); https://www.tni.org/en/article/how-
does-davos-man-plan-to-tackle-inequality (9.1.18); https://www.lowim
pact.org/read-this-report-to-understand-how-banks-and-corporations-
are-planning-to-assume-global-governance/ (9.1.18); https://de.scribd.
com/document/77324960/Generating-New-Ideas-for-Global-Governan
ce-The-World-Economic-Forum-s-Global-Redesign-Initiative# (9.1.18);
http://www.ipg-journal.de/kommentar/artikel/schnee-von-gestern-1246/
(9.1.18); https://www.umb.edu/gri (9.1.18); https://www.tni.org/en/arti
cle/world-economic-forum-a-history-and-analysis (9.1.18); https://www.
tni.org/en/publication/multi-stakeholderism-a-corporate-push-for-a-
new-form-of-global-governance (9.1.18); https://steigan.no/2016/06/11/
global-redesign-initiative-a-push-to-redesign-the-current-world-order/
(9.1.18); https://www.opendemocracy.net/harris-gleckman/re-visioning-
global-governance-constraining-power-of-mncs (8.1.18); https://www.
blaetter.de/archiv/jahrgaenge/2014/juni/macht-ohne-rechenschaft-der-
globale-lobbyismus (9.1.18)

38 http://www.faz.net/aktuell/wirtschaft/kuenstliche-intelligenz/googles-
mutterkonzern-baut-eine-intelligente-stadt-15252637.html (9.1.18)

39 http://norberthaering.de/de/27-german/news/951-weltwirtschaftsforum
(1.3.18); https://www.weforum.org/press/2018/01/canada-to-test-advan
cements-in-biometrics-and-blockchain-to-welcome-international-travel
lers/(28.2.18); https://www.weforum.org/projects/shaping-the-future-of-
security-in-travel (1.3.18)

40 https://www.betterthancash.org/news/blogs-stories/the-global-move
ment-of-electronic-payments-at-wef (21.2.18); http://norberthaering.de/
de/27-german/news/599-btca-1 (2.3.18); http://norberthaering.de/de/
27-german/news/785-gates-indien (1.3.18); https://www.weforum.org/
whitepapers/advancing-financial-inclusion-metrics-shifting-from-access-
to-economic-empowerment (21.2.18); https://www.betterthan
cash.org/about/resource-partners (1.3.18); https://www.betterthancash.

org/members/company#filters (2. 3. 18); https://www.csr-news.net/
news/2017/03/09/hm-wird-erste-weltweite-modemarke-in-der-better-
than-cash-alliance-der-un/ (2. 3. 18); http://www.sustainablebrands.com/
newsandviews/collaboration/sustainablebrands/unileverjoins
bettercashhallianceembracesdigital (2. 3. 18); »Das Ende des Bargelds?«,
SWR2 Wissen, 26. 2. 18; http://www.handelsblatt.com/my/finanzen/
geldpolitik/abschaffung-von-500-und-1-000-rupien-scheinen-peinliche-
bilanz-fuer-indiens-megareform/20271648.html?ticket=ST-3724248-
NCkQNbMZsgrxyuUhxaEk-ap1 (2. 3. 18); https://obamawhitehouse.
archives.gov/the-press-office/2015/01/25/us-india-joint-statement-shared-
effort-progress-all (2. 3. 18)

41 http://www.spiegel.de/wirtschaft/unternehmen/volkswagen-tierversuche-
vw-bemueht-sich-um-schadensbegrenzung-a-1190460.html (3. 3. 18);
http://www.spiegel.de/wirtschaft/unternehmen/vw-daimler-bmw-was-
hinter-der-forschungsinitiative-eugt-steckt-a-1190445.html (3. 3. 18);
http://www.spiegel.de/wirtschaft/unternehmen/vw-bmw-daimler-und-
die-abgas-experimente-automanager-waren-informiert-a-1190584.html
(30. 1. 18); http://www.spiegel.de/wissenschaft/mensch/menschenversu
che-der-autoindustrie-was-steckt-dahinter-a-1190384.html (30. 1. 18);
http://www.sueddeutsche.de/wirtschaft/schadstofftests-autobauer-be
nutzten-wissenschaftler-um-gefahren-durch-diesel-zu-verharmlosen-
13845136 (3. 3. 18); http://www.spiegel.de/gesundheit/diagnose/vw-tests-
an-affen-und-menschen-und-die-rolle-eines-eugt-wissenschaft
lers-a-1190907.html (3. 3. 18)

42 http://www.sueddeutsche.de/wirtschaft/glyphosat-gekaufte-forschung-
wie-monsanto-wissenschaftler-beeinflusst-hat-13737130 (14. 1. 18)

43 https://www1.wdr.de/daserste/monitor/sendungen/gekaufte-exper
tise-100.html (14. 1. 18); http://www.spiegel.de/wirtschaft/unternehmen/
vw-daimler-bmw-was-hinter-der-forschungsinitiative-eugt-steckt-
a-1190445.html (3. 3. 18)

44 https://corporateeurope.org/food-and-agriculture/2018/03/what-monsan
to-papers-tell-us-about-corporate-science (13. 5. 18)

45 »Glyphosat und Krebs: Gekaufte Wissenschaft – Die Tricks von
Monsanto und der Beitrag der Behörden, um Glyphosat vor einem Verbot zu retten.« Hrsg: GLOBAL 2000 Friends of the Earth Austria, März
2017, download unter: https://www.bund.net/fileadmin/useruploadbund/
publikationen/umweltgifte/GlyphosatundKrebsGekaufteWissenschaft
BUND23032017.pdf; »Drecksforschung«, Spiegel 43/2017, S. 108 ff.;
http://www.sueddeutsche.de/wirtschaft/kampf-um-glyphosat-wenn-leser
briefe-von-monsanto-als-studien-gelten-12570374 (14. 1. 18); http://
www.sueddeutsche.de/wirtschaft/glyphosat-gift-und-geld-12568847
(14. 1. 18); https://drive.google.com/file/d/0B9F6ub8wD7gqNWZKWjJn
Z21xSEU/view (14. 1. 18); https://www.testbiotech.org/node/1752
(14. 1. 18); https://www.testbiotech.org/node/2052 (14. 1. 18); http://

www.zeit.de/wissen/umwelt/2017-10/glyphosat-monsanto-wissenschaft
ler-bestechung-eu-kommission (14.1.18); http://www.sueddeutsche.de/
wirtschaft/landwirtschaft-glyphosat-worte-voller-ignoranz-und-arro
ganz-13727025 (14.1.18)

46 http://www.merchantsofdoubt.org/keydocs.html (11.1.18)

47 https://www.washingtonpost.com/news/the-fix/wp/2015/02/26/jim-inho
fes-snowball-has-disproven-climate-change-once-and-for-all/ (11.1.18)

48 https://www.nytimes.com/2015/03/06/movies/review-merchants-of-
doubt-separating-science-from-spin.html (11.1.18); https://www.ncbi.
nlm.nih.gov/pmc/articles/PMC2879177/ (9.1.18); http://www.faz.net/
aktuell/feuilleton/buecher/rezensionen/sachbuch/n-oreskes-e-conway-
merchants-of-doubt-am-falschen-ideal-des-wissens-laesst-sich-leicht-
ruetteln-11055346.html (11.1.18)

49 https://www.irm.kit.edu/sponsoring-hoersaal.php (15.5.18)

50 https://www.zeit.de/2018/11/universitaeten-unternehmen-koope
rationen-finanzierung-industriekooperation/komplettansicht (12.5.18);
»Erst wenn es knallt, erklärt man sich«, Zeit Nr. 7 vom 8.2.18; https://
www.bildungscampus.org/institutionen.html (12.1.18); https://www.
bildungscampus.org/vision.html (12.1.18); http://www.spiegel.de/
lebenundlernen/uni/tu-muenchen-kritik-an-20-lidl-stiftungsprofessu
ren-a-1184477.html (12.1.18); https://www.br.de/nachrichten/tu-muen
chen-baden-wuerttemberg-lidl-100.html (11.1.18); »Lidl-Professoren
für Campus Heilbronn«, Südwestpresse vom 29.12.18; http://www.taz.
de/!5470110/

51 Studie des Stifterverbands über »Stiftungsprofessuren in Deutschland«
vom Feb. 2018

52 Studie des Stifterverbands über »Stiftungsprofessuren in Deutschland«
vom Feb. 2018; »Erst wenn es knallt, erklärt man sich«; Zeit Nr. 7 vom
8.2.18

53 https://www.pm.rw.fau.de/files/2017/03/Lebenslauf_Widuckel-FAU.pdf
(15.5.18); https://www.audi.com/corporate/de/innovationen/wissen
schaftskooperationen/stiftungen.html (15.5.18); https://www.hoch
schulwatch.de/foerderer/volkswagen-stiftung.html (12.1.18); https://
www.hochschulwatch.de/foerderer/boehringer-ingelheim.html (12.1.18);
https://www.hochschulwatch.de/foerderer/pricewaterhousecoopers.html
(12.1.18); http://www.tu-berlin.de/praesidialbereich/institutionelle_ko
operationen/menue/stiftungsprofessuren/professuren/nach_mittelgeber/
(15.5.18); https://www.fau.de/universitaet/stiften-und-foerdern/stiftungs
lehrstuehle-und-professuren/ (12.5.18); https://www.audi.com/cor
porate/de/innovationen/wissenschaftskooperationen/stiftungen.html
(15.5.18)

54 https://hpi.de/das-hpi/stifter.html (15.5.18); https://www.morgenpost.
de/brandenburg/article209323337/Hasso-Plattner-und-Potsdam-Eine-
schwierige-Beziehung.html (15.5.18); https://www.zeit.de/2017/28/

brandenburg-potsdam-glueck-zufriedenheit-geld (15. 5. 18); https://www.
tagesspiegel.de/berlin/multimilliardaer-aus-potsdam-hasso-plattner-
ist-der-reichste-der-region/13058632.html (15. 5. 18); https://www.zeit.
de/2018/11/universitaeten-unternehmen-kooperationen-finanzierung-in
dustriekooperation/komplettansicht (12. 5. 18)

55 http://www.rp-online.de/wirtschaft/lidl-gruender-dieter-schwarz-ist-der-
reichste-deutsche-37-milliarden-euro-aid-17033204 (12. 1. 18)

56 https://www.hochschulwatch.de/themen/stiftungsprofessuren.html
(12. 1. 18); https://www.audi.com/corporate/de/innovationen/wissen
schaftskooperationen/stiftungen.html (12. 1. 18); https://www.hoch
schulwatch.de/foerderer/volkswagen-stiftung.html (12. 1. 18); https://
www.hochschulwatch.de/foerderer/boehringer-ingelheim.html (12. 1. 18);
https://www.hochschulwatch.de/foerderer/pricewaterhousecoopers.
html (12. 1. 18); https://www.bildungscampus.org/institutionen.html
(12. 1. 18); https://www.bildungscampus.org/vision.html 12. 1. 18); http://
www.spiegel.de/lebenundlernen/uni/tu-muenchen-kritik-an-20-lidl-
stiftungsprofessuren-a-1184477.html (12. 1. 18); https://www.br.de/
nachrichten/tu-muenchen-baden-wuerttemberg-lidl-100.html (11. 1. 18);
»Lidl-Professoren für Campus Heilbronn«, Südwestpresse vom
29. 12. 18; http://www.taz.de/!5470110/

57 http://www.faz.net/aktuell/wirtschaft/unternehmen/google-wird-partner-
der-tu-muenchen-15452421.html (3. 3. 18)

58 max. 1000 von 42 900, siehe Stifterverbands-Broschüre

59 http://unternehmensbericht.boehringer-ingelheim.de/fileadmin/user_up
load/BI_Geschaeftsbericht_2017_DE.pdf (15. 5. 18); http://www.spiegel.
de/wirtschaft/unternehmen/kurt-beck-wird-berater-bei-pharmafirma-
boehringer-ingelheim-a-927185.html (15. 5. 18)

60 https://www.blaetter.de/archiv/jahrgaenge/2016/dezember/gestifte
te-wissenschaft-geforscht-wie-bestellt%20%20 (11. 1. 18); http://www.
mueller-roessner.net/verfassungsbeschwerde-gegen-das-landestrans
parenzgesetz-rheinland-pfalz/ (3. 3. 18); http://www.spiegel.de/leben
undlernen/uni/uni-mainz-muss-vertraege-mit-boehringer-ingelheim-stif
tung-offenlegen-a-1091956.html (3. 3. 18); https://de.wikipedia.org/wiki/
Andreas_Barner (3. 3. 18); http://m.hochschulverband.de/1080.
html?&cHash=b8aef6b361fb321df1cc23a189154e50&id=1080&tx_
ttnews%5Btt_news%5D=264 (3. 3. 18); http://www.uni-mainz.de/
organisation/35_DEU_HTML.php (15. 5. 18); https://www.boehringer-
ingelheim-stiftung.de/ueber-uns/organisation.html (15. 5. 18); http://
landesrecht.rlp.de/jportal/portal/t/fod/page/bsrlpprod.psml?pid=
Dokumentanzeige&showdoccase=1&js_peid=Trefferliste&fromdoc
todoc=yes&doc.id=jlr-HSchulGRP2010pG2&doc.part=X&doc.price=
0.0&doc.hl=0#focuspoint (3. 3. 18); http://landesrecht.rlp.de/jportal/
portal/t/ftk/page/bsrlpprod.psml?doc.hl=1&doc.id=jlr-HSchulGRP2010
V9P50&documentnumber=2&numberofresults=3&doctyp=

Norm&showdoccase=1&doc.part=S&paramfromHL=true#focus
point; https://medwatch.de/2018/05/04/boehringer-stiftung-und-
uni-mainz-umstrittene-millionenfoerderung-geht-in-naechste-runde/
(13.7.18); http://www.faz.net/aktuell/rhein-main/uni-mainz-ein-fragwuer-
diges-vetorecht-14249468.html (13. 7. 18)

61   http://www.spiegel.de/politik/ausland/donald-trump-verhaengt-gesund
      heitsnotstand-wegen-drogenkrise-a-1174928.html (14. 1. 18); http://
      www.faz.net/aktuell/politik/trumps-praesidentschaft/wie-weit-geht-
      donald-trumps-kampf-gegen-die-drogenkrise-in-amerika-15267548.
      html?printPagedArticle=true#pageIndex0 (14. 1. 18); https://www.health
      line.com/health/pain-relief/oxycodone-vs-oxycontin (14. 1. 18); https://
      de.wikipedia.org/wiki/Oxycodon (14. 1. 18)

Schaden ohne Verantwortung – Beispiele

1   http://www.tagesschau.de/ausland/klimafluechtlinge-usa-101.html
     (21. 6. 18)
2   http://isledejeancharles.la.gov/sites/default/files/public/IDJC_Phase1_Fi
     nal.pdf (23. 2. 18); https://www.nytimes.com/2016/05/03/us/resettling-
     the-first-american-climate-refugees.html?emc=edit_th_20160503&nl=
     todaysheadlines&nlid=48308383&_r=0 (23. 2. 18); https://www.
     nytimes.com/interactive/2018/02/24/us/jean-lafitte-floodwaters.
     html?emc=edit_th_180225&nl=todaysheadlines&nlid=483083830225
     (25. 2. 18); http://www.dw.com/de/isle-de-jean-charles-untergang-einer-
     insel/a-19239211 (23. 2. 18); http://www.nytimes.com/2016/09/04/
     science/flooding-of-coast-caused-by-global-warming-has-already-begun.
     html?emc=edit_th_20160904&nl=todaysheadlines&nlid=48308383&_
     r=0 (23. 2. 18))
3   https://www.umweltbundesamt.de/themen/klima-energie/klimafolgen-
     anpassung/folgen-des-klimawandels#textpart-1 (22. 2. 18); https://www.
     umweltbundesamt.de/themen/klima-energie/klimafolgen-anpassung/fol
     gen-des-klimawandels/klimafolgen-deutschland#strap-15396 (22. 2. 18);
     http://www.spiegel.de/wirtschaft/soziales/klimawandel-regierung-
     warnt-vor-wirtschaftlichen-folgen-a-1105700.html (23. 2. 18); https://
     www.nytimes.com/interactive/2017/climate/what-is-climate-change.
     html (22. 2. 18); https://www.nytimes.com/2017/04/19/magazine/how-a-
     warming-planet-drives-human-migration.html (22. 2. 18); http://www.
     sueddeutsche.de/wissen/klimawandel-ein-teurer-ruelpser-11730126
     (22. 2. 18); http://www.spiegel.de/wissenschaft/natur/klimawandel-alle-
     fakten-zu-ursachen-und-folgen-der-erderwaermung-a-1063650.html
     #sponfakt=5 (24. 2. 18); http://www.spiegel.de/wissenschaft/mensch/sued
     afrika-und-die-duerre-katastrophe-kapstadt-droht-das-wasser-ab
     zustellen-a-1185541.html (24. 2. 18); http://www.spiegel.de/wissen

schaft/mensch/britische-studie-klimawandel-bedroht-die-weltwirt
schaft-a-445410.html (23.2.18); http://www.spiegel.de/fotostrecke/um
welt-die-wahren-krisenherde-des-klimawandels-fotostrecke-153956.html
(24.2.18); http://www.dw.com/de/die-ärmsten-dürfen-nicht-die-zeche-
für-klimawandel-zahlen/a-38342687 (24.2.18)

4 How Large Are Global Energy Subsidies? IMF Working Paper
(WP/15/105) von David Coady u. a., May 2015 (liegt vor als imf-fossile-
kosten.pdf); http://www.imf.org/en/News/Articles/2015/09/28/04/53/
sonew070215a (27.2.18); https://www.imf.org/external/np/fad/subsidies/
pdf/note.pdf (27.2.18); https://www.theguardian.com/environment/2015/
may/18/fossil-fuel-companies-getting-10m-a-minute-in-subsidies-says-imf
?CMP=share_btn_tw (19.5.18); https://www.weforum.org/agenda/2015/
05/how-are-energy-subsidies-calculated/ (27.2.18); http://www.dw.com/
de/gigantische-subventionen-für-fossile-energien/a-18463252 (27.2.18);
https://www.wiwo.de/technologie/green/subventionen-hunderte-milliar
den-dollar-fuer-fossile-energien/13552464.html (27.2.18); http://
www.dw.com/de/es-ist-ein-krieg-gegen-die-energiewende/a-38689603
(27.2.18); http://www.spiegel.de/wissenschaft/mensch/britische-studie-
klimawandel-bedroht-die-weltwirtschaft-a-445410.html (27.2.18)

5 https://www.odi.org/publications/10058-empty-promises-g20-subsidies-
oil-gas-and-coal-production (24.2.18); https://www.odi.org/sites/odi.
org.uk/files/donor_details_2016.pdf; Beyond Austerity: Towards a global
New Deal, Trade and Development Report 2017, UNCTAD; https://
www.odi.org/sites/odi.org.uk/files/odi-assets/publications-opinion-
files/9954.pdf (24.2.18); http://www.dw.com/de/gigantische-subventio
nen-für-fossile-energien/a-18463252 (26.2.18); http://www.dw.com/de/
es-ist-ein-krieg-gegen-die-energiewende/a-38689603 (26.2.18)

6 http://www.spiegel.de/spiegel/print/d-9159155.html (25.2.18)

7 https://blog.greenpeace.de/artikel/klartext-frau-merkel-was-ist-aus-ih
rem-klimaschutzversprechen-geworden (25.2.18); https://www.zdf.de/
politik/wahlen/klartext-merkel-100.html (25.2.18)

8 http://www.spiegel.de/wissenschaft/natur/petersberger-klimadialog-
in-meseberg-deutschland-verfehlt.klimaschutzziele-a.1213613.html
(21.6.18); https://www.tagesschau.de/inland/treibhausgasemissio-
nen-101.html (21.6.18)

9 https://www.swr.de/buffet/leben/un-klimagipfel-paris-2015-eine-lange-
geschichte-der-absichtserklaerungen/-/id=257304/did=16587588/nid=
257304/1hssmrs/index.html (24.2.18); »Der letzte Kredit«, Zeit Nr. 4
vom 18.1.18

10 »Das Naturschauspiel«, Zeit Nr. 45 vom 2.11.17

11 https://www.umweltbundesamt.de/daten/klima/treibhausgas-emissionen-
in-deutschland#textpart-1 (25.2.18)

12 https://de.wikipedia.org/wiki/Kohle/Tabellen_und_Grafiken#Förderung_
nach_Ländern (31.5.18)

13 http://www.zeit.de/zeit-wissen/2018/02/grossbritannien-kohleausstieg-
energie-co2/seite-2 (25. 2. 18); https://www.swr.de/buffet/leben/un-kli
magipfel-paris-2015-eine-lange-geschichte-der-absichtserklaerungen/-/
id=257304/did=16587588/nid=257304/1hssmrs/index.html (24. 2. 18);
http://www.zeit.de/politik/deutschland/2017-11/un-klimakonferenz-ange
la-merkel-rede (25. 2. 18); Merkels Klimabilanz, Greenpeace zieht Bilanz:
Die Klimaschutzpolitik von Bundeskanzlerin Angela Merkel zwischen
2005 und 2017, Greenpeace 2017; »Der letzte Kredit«, Zeit Nr. 4 vom
18. 1. 18; http://www.klimaretter.info/politik/hintergrund/23009-fake-
argumente-gegen-die-energiewende (25. 2. 18); »Das Naturschauspiel«,
Die Zeit Nr. 45 vom 2. 11. 17

14 http://www.spiegel.de/wirtschaft/soziales/kohlekommission-erst-die-jobs-
und-dann-das-klima-a-1208000.html (19. 5. 18); http://www.spiegel.de/
wirtschaft/soziales/kohlekommission-wird-immer-groesser-a-1210213.
html (31. 5. 18)

15 https://www.kontextwochenzeitung.de/wirtschaft/140/offene-tueren-
fuer-kohlelobbyisten-1885.html (25. 2. 18); »Merkels Klimabilanz,
Greenpeace zieht Bilanz: Die Klimaschutzpolitik von Bundeskanzlerin
Angela Merkel zwischen 2005 und 2017«, Greenpeace 2017; http://
www.klimaretter.info/politik/hintergrund/23642-der-klima-schmutzplan
(25. 2. 18); https://www.klimaretter.info/politik/hintergrund/24316-es-
gibt-gewaltigen-druck (25. 2. 18)

16 http://www.rp-online.de/wirtschaft/unternehmen/merkels-maedchen-hil
degard-mueller-geht-zu-rwe-aid-15684921 (25. 2. 18)

17 https://de.wikipedia.org/wiki/Hildegard_Müller (25. 2. 18); https://iam.
innogy.com/ueber-innogy/investor-relations/corporate-governance/vor
stand/hildegard-mueller (25. 2. 18)

18 http://www.daserste.de/information/wirtschaft-boerse/plusminus/sen
dung/plusminus-erdgasfoerderung100.html (25. 2. 18); https://www.
co2online.de/service/klima-orakel/beitrag/methan-ein-problem-fuers-kli
ma-8660/(25. 2. 18)

19 https://www.abgeordnetenwatch.de/blog/2018-02-08/wie-die-gaslobby-
arbeitet (25. 2. 18); https://www.abgeordnetenwatch.de/blog/2018-02-01/
Deutsche-Grosskonzerne-gaben-ueber-40-Mio.-Euro-fuer-Lobbyismus-
aus-allein-in-den-USA (25. 2. 18)

20 https://de.wikipedia.org/wiki/Miguel_Arias_Cañete (26. 2. 18); http://
www.spiegel.de/wirtschaft/soziales/eu-kommission-moeglicher-energie
kommissar-canete-verkauft-oelaktien-a-991896.html (26. 2. 18); https://
lobbypedia.de/wiki/Miguel_Arias_Cañete#cite_note-7 (26. 2. 18); The
Great Gas Lock-in, Industry lobbying behind the EU push for new gas
infrastructure, Corporate Europe Observatory, Oktober 2017; https://
www.boell.de/de/2015/11/30/erdgas-fracking-klimawandel-gas-ist-keine-
loesung-sondern-teil-des-problems (25. 2. 18); https://www.agora-energie
wende.de/de/presse/agoranews/news-detail/news/80-prozent-der-geplan

ten-gasinfrastruktur-in-der-eu-ist-fuer-versorgungssicherheit-unnoetig-milliarden-koennen-eingespart-werden/News/detail/(25.2.18); http://www.europarl.europa.eu/news/de/headlines/economy/20170911STO83502/infografik-gasversorgungssicherheit-in-europa (25.2.18); http://www.europarl.europa.eu/news/de/press-room/20170908IPR83456/sicherstellung-der-gasversorgung-in-der-eu (25.2.18); http://europa.eu/rapid/press-release_IP-16-307_de.htm (25.2.18); https://www.hansjosef-fell.de/content/index.php/dokumente/weitere-themenbereiche/932-deutschland-sollte-sich-vom-erdgas-verabschieden-in-energate-messenger-07-02-2017/file (25.2.18)

21 http://www.spiegel.de/politik/ausland/trump-regierung-usa-erklaeren-austritt-aus-pariser-klimavertrag-a-1161486.html (26.2.18)

22 http://corporate.exxonmobil.de/de-de/unternehmen/über-uns/exxonmobil-kennzahlen/exxonmobil-weltweit-kennzahlen-und-daten?parentId=e9f63645-11b2-4275-af0a-4ed8ef68c8bc (26.2.18)

23 http://www.spiegel.de/politik/ausland/usa-umweltminister-scott-pruitt-will-klima-plan-von-barack-obama-abschaffen-a-1172147.html (26.2.18)

24 https://www.umweltrat.de/DE/SRU/sru_node.html (26.2.18) http://www.diw.de/de/diw_01.c.100376.de/ueber_uns/menschen_am_diw_berlin/mitarbeiter/innen/mitarbeiter/innen.html?id=diw_01.c.10839.de&sprache=de (26.2.18);

25 Claudia Kemfert: Das fossile Imperium schlägt zurück, Murmann Publishers 2017; http://www.klimaretter.info/politik/hintergrund/23009-fake-argumente-gegen-die-energiewende (26.2.18); https://www.capital.de/wirtschaft-politik/energiewende-fossile-energien-kohlekraftwerke-erneuerbare-kemfert-8811?utm_content=buffera1c51&utm_medium=social&utm_source=twitter.com&utm_campaign=buffer (26.2.18); https://www.berliner-zeitung.de/wirtschaft/expertin-im-interview-claudia-kemfert-es-herrscht-krieg-um-die-energie-26781106 (26.2.18); http://www.dw.com/de/es-ist-ein-krieg-gegen-die-energiewende/a-38689603 (26.2.18); http://www.insm.de/insm/Themen/Soziale-Marktwirtschaft/argueliner-11-fakten-zur-energiewende.html#fakt1 (27.2.18)

26 https://www.tni.org/files/zusammenfassung_ein_vertrag_sie_alle_zu_knechten.pdf (18.6.18)

27 The Climate Deception Dossiers, Internal Fossil Fuel Industry Memos Reveal Decades of Corporate Disinformation, von Kathy Mulvey, Seth Shulman u.a., July 2015 Union of Concerned Scientists, download unter: https://www.ucsusa.org/global-warming/fight-misinformation/climate-deception-dossiers-fossil-fuel-industry-memos#.WpRVMq1N5TY; https://www.ucsusa.org/global-warming/fight-misinformation/climate-deception-dossiers-fossil-fuel-industry-memos#sources (27.2.18); https://www.ucsusa.org/news/press_release/fossil-fuel-company-deception-climate-warming-exxon-0511#.WpRVYq1N5T (26.2.18)

28 https://www.nytimes.com/2015/02/22/us/ties-to-corporate-cash-for-cli mate-change-researcher-Wei-Hock-Soon.html (27. 2. 18)

29 Environmental Research Letters: Assessing ExxonMobil's climat change communications (1977–2014), Geoffrey Supran and Naomi Oreskes, August 2017, download unter: http://iopscience.iop.org/article/101088/ 1748-9326/aa815f#erlaa815fs4 (27. 2. 18)

30 http://www.spiegel.de/wissenschaft/natur/studie-exxonmobil-soll- oeffentlichkeit-beim-klimawandel-irregefuehrt-haben-a-1164218.html (27. 2. 18); https://www.nytimes.com/2017/08/22/opinion/exxon-climate- change-.html?mcubz=0 (27. 2. 18)

31 http://www.climatefiles.com (19. 5. 18); http://www.climatefiles.com/ shell/1988-shell-report-greenhouse/(19. 5. 18); http://www.document cloud.org/documents/4411090-Document3.html#document/p4/a415539 (19. 5. 18); »31 Seiten Schocklektüre«, Spiegel 16/2018 = http://www. spiegel.de/spiegel/wie-shell-sein-wissen-ueber-den-klimawandel-geheim- hielt-a-1202889.html (19. 5. 18); https://www.washingtonpost.com/news/ energy-environment/wp/2018/04/05/documents-show-shell-foresaw- climate-change-three-decades-ago-and-knew-how-big-its-own-contribu tion-was/?noredirect=on&utm_term=.43332e617d40 (19. 5. 18); https:// www.ucsusa.org/global-warming/fight-misinformation/climate-decep tion-dossiers-fossil-fuel-industry-memos#.WpRVMq1N5TY (26. 2. 18); http://www.zeit.de/2017/51/fake-news-klimawandel-energiekonzerne- desinformationskampagne (26. 2. 18)

32 Air quality in Europe – 2017 report, EEA Report 13/2017; https://www. eea.europa.eu/de/pressroom/newsreleases/zahlreiche-europaeer-sind-im mer-noch (19. 5. 18); http://www.fr.de/wirtschaft/autoabgase-6000-tote- durch-stickoxide-a-1463302 (19. 5. 18)

33 ADAC motorwelt, 4/2017

34 https://www.destatis.de/DE/PresseService/Presse/Pressemitteilungen/ 2016/12/PD16_451_85.html (19. 5. 18)

35 »Das Naturschauspiel«, Zeit Nr. 45 vom 2. 11. 17

36 http://www.sueddeutsche.de/wirtschaft/neue-abgasregeln-ein-sieg-der- der-autobranche-noch-leid-tun-wird-13740378 (19. 5. 18)

37 https://www.umweltbundesamt.de/presse/pressemitteilungen/klima bilanz-2016-verkehr-kuehle-witterung-lassen (19. 5. 18); http://www. spiegel.de/auto/aktuell/leben-ohne-pkw-interview-mit-dem-buchautoren- bernhard-knierim-a-1204912.html (17. 5. 18)

38 http://www.spiegel.de/wissenschaft/mensch/jamaika-koalition-macht- endlich-was-fuers-klima-kommentar-a-1172793.html (19. 2. 18); http:// www.spiegel.de/wissenschaft/natur/klima-deutsche-politik-nein-zur- atomkraft-ja-zur-braunkohle-a-1158545.html (19. 2. 18); https://correc tiv.org/recherchen/klima/artikel/2017/09/14/auto-republik-deutschland- der-kurze-draht-nach-berlin/ (19. 2. 18); http://www.spiegel.de/auto/ak- tuell/co2-vorgaben-der-eu-tiefpunkt-der-europaeischen-klimapoli

tik-a-1177011.html (19. 2. 18); http://www.sueddeutsche.de/wirtschaft/
lobbyisten-in-bruessel-ausgerechnet-vw-torpediert-haertere-abgaszie
le-13738874 (19. 2. 18)

39 http://www.nationalgeographic.de/umwelt/2017/11/wissenschaftler-emp
fiehlt-klima-klagen-gegen-unternehmen-und-regierungen (19. 2. 18)

40 https://germanwatch.org/10661 (19. 2. 18); http://www.urgenda.nl/en/
(19. 2. 18); https://uitspraken.rechtspraak.nl/inziendocument?id=
ECLI:NL:RBDHA:2015:7196 (19. 2. 18)

41 https://nltimes.nl/2017/10/10/new-dutch-governments-plans-coming-
years (19. 2. 18)

42 http://www.nationalgeographic.de/umwelt/2017/11/wissenschaftler-
empfiehlt-klima-klagen-gegen-unternehmen-und-regierungen (19. 2. 18);
https://insideclimatenews.org/news/18072017/oil-gas-coal-compa
nies-exxon-shell-sued-coastal-california-city-counties-sea-level-rise
(19. 2. 18)

43 http://zeit.de/wirtschaft/2018-01/klimawandel-new-york-city-entzug-
gelder-oelkonzerne-anklage (11. 1. 18)

44 https://www.nytimes.com/interactive/2017/climate/what-is-climate-
change.html (27. 2. 18); https://insideclimatenews.org/news/18072017/
oil-gas-coal-companies-exxon-shell-sued-coastal-california-city-counties-
sea-level-rise (19. 2. 18)

45 http://www.olg-hamm.nrw.de/behoerde/presse/pressemitteilung_archiv/
archiv/2017_pressearchiv/140-17-Terminergebnis-Landwirt-RWE.pdf
(19. 2. 18)

46 http://www.rwe.com/web/cms/mediablob/de/3688518/data/2957158/7/
rwe/investor-relations/berichte/2016/RWE-Geschaeftsbericht-2016.pdf
(19. 2. 18)

47 http://www.spiegel.de/wissenschaft/mensch/klimaklage-gegen-rwe-ger
manwatch-chef-milke-im-interview-a-1177274.html (19. 2. 18); http://
www.zeit.de/wirtschaft/2018-01/klimaschutz-klimawandel-regierungen-
konzerne-klage (30. 1. 18); http://www.spiegel.de/wirtschaft/soziales/
klimawandel-peruanischer-landwirt-bringt-rwe-vor-gericht-a-1181143.
html (19. 2. 18); http://www.sueddeutsche.de/wirtschaft/klimawandel-
peruanischer-bauer-bringt-rwe-vor-gericht-13772256 (18. 2. 18); http://
www.sueddeutsche.de/wirtschaft/prozess-angst-vor-der-flut-13747262
(18. 2. 18); http://www.zeit.de/wirtschaft/2017-11/klimawandel-rwe-kla
ge-bauer-peru (19. 2. 18); http://www.badische-zeitung.de/wirtschaft-3/
anwaeltin-verheyen-rwe-traegt-mehr-zur-globalen-erwaermung-bei-
als-die-niederlande--145826357.html (19. 2. 18); http://www.rwe.com/
web/cms/de/76904/rwe-power-ag/energietraeger/braunkohle/ (19. 2. 18);
http://www.sueddeutsche.de/wirtschaft/studie-deutsche-kraftwerke-
gehoeren-zu-den-schmutzigsten-in-ganz-europa-12930237 (19. 2. 18);
http://www.rwe.com/web/cms/de/1754836/rwe-generation-se/unterneh
men/braunkohle/ (19. 2. 18); http://www.rwe.com/web/cms/de/354356/

rwe-power-ag/energietraeger/standortkarte/; https://www1.wdr.de/nach
richten/braunkohle-uebersicht-102.html (19. 2. 18)

48 http://www.zeit.de/online/2009/05/island-regierung-ruecktritt (25. 5. 18);
http://www.demokratie-goettingen.de/blog/island-ein-gefuehl-wie-2007
(19. 3. 18)

49 https://thinkprogress.org/iceland-where-bankers-actually-go-to-jail-
for-committing-white-collar-crimes-75557b4b9b87/ (19. 3. 18); http://
panamapapers.sueddeutsche.de/articles/56effdd72f17ab0f205e6387/
(19. 3. 18)

50 »The Rise, the Fall, and the Resurrection of Iceland«, Nber Working
Paper 24 005, Sigridur Benediktsdóttir u. a., Nov. 2017, http://www.nber.
org/papers/w24005

51 https://www.swr.de/-/id=5420532/property=download/nid=660374/
9ja6rc/swr2-wissen-20091105.pdf (19. 3. 18); http://panamapapers.sued
deutsche.de/articles/56effdd72f17ab0f205e6387/ (19. 3. 18)

52 http://www.finance-watch.org/informieren/die-finanzwelt-verstehen/
1230-eigenkapital?lang=de (1. 6. 18)

53 https://gerhardschick.net/2017/03/20/juristische-aufarbeitung-der-finanz
krise-anreize-setzen-fuer-verantwortliches-handeln/ (23. 5. 18)

54 http://www.handelsblatt.com/meinung/kommentare/kommentar-josef-
ackermann-und-der-fluch-der-zahl-25/6145578.html?ticket=ST-176740-
fJRdJfCDPGKWmYKNuEiU-ap1 (1. 6. 18)

55 Reinhart, Carmen M. und Kenneth S. Rogoff, »Recovery from financial
crises: Evidence from 100 episodes«, The American Economic Review
104.5 (2014); IMF Working Paper, Systemic Banking Crises Database:
An Update prepared by Luc Laeven and Fabián Valencia, WP / 12/163,
June 2012

56 »The Bail Out Business, Who profits from bank rescues in the EU?«,
Transnational Institute, Feb. 2017, download unter: https://www.tni.org/
files/publication-downloads/tnibailoutengonline0317.pdf; https://www.
heise.de/tp/features/Das-Geschaeft-mit-Bankenrettungen-3633767.html
(24. 3. 18)

57 »Die Herrschaft der Superreichen«, Harald Schumann in »Blätter für
deutsche und internationale Politik« 12/2016; http://www.handelsblatt.
com/finanzen/maerkte/markt
berichte/microsoft-gruender-bill-gates-erwartet-weitere-finanzkrise-in-
den-usa/21014870.html (25. 3. 18); http://www.sueddeutsche.de/wirt
schaft/staatsgeld-in-der-finanzkrise-heimliche-nutzniesser-der-banken
rettung-11975439 (25. 3. 18); https://www.welt.de/wirtschaft/article
119813280/Deutschland-ist-einer-der-groessten-Verlierer-der-Krise.html
(25. 3. 18); https://www.wallstreet-online.de/nachricht/6322659-kosten-
finanzkrise-deutschland-groessten-krisen-verlierer (25. 3. 18); http://www.
dw.com/de/zehn-jahre-finanzkrise-was-haben-wir-gelernt/a-39528784
(14. 3. 18); http://www.zeit.de/2011/21/Finanzkrise-Kosten-Pro-Contra

(25. 3. 18); http://www.fnp.de/nachrichten/wirtschaft/Die-Ursachen-der-Finanzkrise-und-die-Lehren-daraus;art686,2849752 (25. 3. 18); http://www.handelsblatt.com/my/finanzen/geldpolitik/us-notenbanker-neel-kashkari-fed-mitarbeiter-kaempft-allein-gegen-erneute-finanzkrise/21004544.html (24. 3. 18); http://www.t-online.de/finanzen/boerse/news/id76489224/bankenrettung-kostet-deutsche-steuerzahler-ueber-50-milliarden.html (24. 3. 18); https://www.wiwo.de/politik/deutschland/rwi-studie-kostenfaktor-bankenrettung/8013886-2.html (24. 3. 18); https://www.welt.de/finanzen/article150326421/Rettungsfonds-stuetzt-Banken-noch-mit-15-8-Milliarden.html (24. 3. 18); http://www.sueddeutsche.de/wirtschaft/bankenrettungsfonds-soffin-rechnung-folgt-12782013 (24. 3. 18); https://de.wikipedia.org/wiki/Finanzmarktstabilisierungsfonds (24. 3. 18); http://www.spiegel.de/wirtschaft/soziales/rettungsfonds-soffin-macht-milliardengewinn-mit-bankenrettung-a-938903.html (24. 3. 18); http://www.handelsblatt.com/finanzen/banken-versicherungen/banken-rettungsfonds-gewinn-nur-tropfen-auf-dem-heissen-stein-/19735042.html (24. 3. 18)

58 http://www.taz.de/Oekonom-ueber-Folgen-der-Finanzkrise/%215433047/ (26. 3. 18); http://www.spiegel.de/wirtschaft/soziales/top-oekonomen-warnen-vor-neuer-finanzkrise-a-1126904.html (26. 3. 18)

59 »Des Bankers neue Kleider. Was bei Banken wirklich schiefläuft und was sich ändern muss!, Anat Admati u. Martin Hellwig, Finanzbuchverlag, 2014; https://www.kontextwochenzeitung.de/gesellschaft/361/preisluegen-beenden-4940.html (26. 3. 18); http://www.handelsblatt.com/my/finanzen/geldpolitik/us-notenbanker-neel-kashkari-fed-mitarbeiter-kaempft-allein-gegen-erneute-finanzkrise/21004544.html (26. 3. 18)

60 https://gerhardschick.net/2017/03/20/juristische-aufarbeitung-der-finanzkrise-anreize-setzen-fuer-verantwortliches-handeln/ (23. 5. 18)

61 https://www.abendblatt.de/hamburg/article213450205/Milliarden-versenkt-wie-konnte-das-passieren.html (21. 3. 18); https://daserste.ndr.de/panorama/archiv/2018/hsh498page-2.html (23. 3. 18); http://www.spiegel.de/wirtschaft/unternehmen/hsh-nordbank-steuerzahler-sind-verlierer-gewinner-sind-die-kaeufer-a-1195824.html (21. 3. 18); https://gerhardschick.net/2017/08/17/10-jahre-krise-finanzwende-steht-noch-aus/ (23. 5. 18); https://daserste.ndr.de/panorama/archiv/2017/bankenrettung102page-2.html (21. 3. 18); https://makroskop.eu/2018/03/hsh-nordbank-der-grosse-aufreger-im-norden/ (21. 3. 18); http://www.spiegel.de/wirtschaft/soziales/hsh-nordbank-wird-verkauft-so-teuer-wie-14-elbphilharmonien-a-1195718.html (21. 3. 18); https://www.hsh-nordbank.de/de/editorial/stefan-ermisch-zum-verkauf-der-hsh-nordbank/interview-stefan-ermisch-der-spiegel/(22. 3. 18)

62 Gabor Steingart, Unser Wohlstand und seine Feinde, Knaus Verlag, 2013
63 »Die Herrschaft der Superreichen«, Harald Schumann in »Blätter für deutsche und internationale Politik« 12/2016

64 https://www.ft.com/content/5378959c-aa1d-11de-a3ce-00144feabdc0
(26. 3. 18)
65 https://www.redpepper.org.uk/how-empire-struck-back/ (23. 3. 18);
https://www.politico.com/story/2009/04/inside-obamas-bank-ceos-meet
ing-020871 (23. 3. 18); http://www.newsweek.com/why-cant-obama-
bring-wall-street-justice-65009 (23. 3. 18)
66 »Die Herrschaft der Superreichen«, Harald Schumann in »Blätter für
deutsche und internationale Politik« 12/2016; http://www.attac.de/
kampagnen/finanzmarktkrise/neuigkeiten/artikel/news/zu-wenig-zu-
wirkungslos-zu-viel-flickwerk/ (26. 3. 18); http://www.handelsblatt.com/
finanzen/banken-versicherungen/finanz
branche-eu-zieht-entwurf-fuer-trennbanken-gesetz-zurueck/20498838.
html (26. 3. 18)
67 http://www.handelsblatt.com/finanzen/banken-versicherungen/finanz
branche-eu-zieht-entwurf-fuer-trennbanken-gesetz-zurueck/20498838.
html (26. 3. 18); http://www.taz.de/!5458226/ (26. 3. 18); https://mail
chi.mp/finance-watch/summer-2017-newsletter-german-2069557?e=
979a4cba20 (26. 3. 18); https://www.boersen-zeitung.de/index.php?li=
1&artid=2017205008&artsubm=ueberblick&r=Konjunktur%20&%20
Politik (26. 3. 18)
68 »Des Bankers neue Kleider. Was bei Banken wirklich schiefläuft und was
sich ändern muss!, Anat Admati u. Martin Hellwig, Finanzbuchverlag,
2014; https://www.nytimes.com/2018/03/06/us/politics/senate-vote-
bank-regulation-dodd-frank.html?emc=editth180307&nl=todayshead
lines&nlid=483083830307 (26. 3. 18); https://www.redpepper.org.uk/
how-empire-struck-back/ (26. 3. 18); https://www.tni.org/files/publica
tion-downloads/state-of-power-2016.pdf (26. 3. 18); https://www.ny
times.com/2018/01/15/us/politics/democrats-banking-rules.html
(26. 3. 18); https://www.nytimes.com/2017/04/21/business/23gretchen-
morgenson-wells-fargo-elizabeth-warren.html?emc=editth20170423
&nl=todaysheadlines&nlid=48308383 (26. 3. 18); http://www.spiegel.
de/wirtschaft/soziales/us-senat-stimmt-fuer-lockerung-von-obamas-
bankenkontrollgesetz-a-1198202.html (26. 3. 18); https://www.nytimes.
com/2018/05/22/business/congress-passes-dodd-frank-rollback-for-
smaller-banks.html?emc=edit_th_180523&nl=todaysheadlines
&nlid=483083830523; https://www.nytimes.com/2018/05/21/business/
volcker-rule-fed-banks-regulation.html?emc=edit_th_180522&nl=
todaysheadlines&nlid=483083830522
69 https://www.nytimes.com/2017/03/16/business/dealbook/goldman-sachs-
government-jobs.html (26. 3. 18); https://www.nytimes.com/2018/01/18/
business/goldman-sachs-trump.html?emc=editth180119&nl=todayshead
lines&nlid=48308383 (26. 3. 18); https://www.nytimes.com/2002/12/13/
business/the-corridor-from-goldman-to-washington-is-well-traveled.
html (26. 3. 18); https://www.redpepper.org.uk/how-empire-struck-

back/ (26.3.18); The State of Power 2016, Democracy, sovereignty an resistance, Transnational Institute, download: https://www.tni.org/files/publication-downloads/state-of-power-2016.pdf

70   http://www.spiegel.de/wirtschaft/unternehmen/goldman-sachs-verab schiedet-trumps-top-berater-mit-285-millionen-dollar-a-1131767.html (26.3.18)

71   http://www.spiegel.de/wirtschaft/soziales/jose-manuel-barroso-lobbyiert-fuer-goldman-sachs-a-1194344.html (26.3.18)

72   http://www.sueddeutsche.de/wirtschaft/goldman-sachs-finanzministeri um-13912162 (26.3.18); https://www.computerwoche.de/a/mario-monti-beraet-goldman-sachs, 570002 (26.3.18)

73   http://www.taz.de/!5492529/ (26.3.18); http://www.spiegel.de/wirt schaft/soziales/olaf-scholz-holt-goldman-sachs-banker-joerg-kukies-als-staatssekretaer-a-1198802.html (26.3.18); http://www.spiegel.de/wirt schaft/goldman-sachs-mann-joerg-kukies-ist-eine-gute-wahl-fuers-finanz ministerium-a-1199447.html (26.3.18); http://www.spiegel.de/wirtschaft/soziales/goldman-sachs-kritik-am-wechsel-von-joerg-kukies-ins-finanz ministerium-a-1198838.html (26.3.18)

74   https://www.tni.org/files/publication-downloads/state-of-power-2016. pdf (26.3.18); http://www.spiegel.de/wirtschaft/goldman-sachs-mann-joerg-kukies-ist-eine-gute-wahl-fuers-finanzministerium-a-1199447.html (26.3.18)

75   http://www.spiegel.de/spiegel/print/d-31105863.html (25.5.18); https://derstandard.at/1757986/Washington-Post-gibt-einseitige-Berichte-vor-Irak-Krieg-zu (25.5.18)

76   http://www.spiegel.de/international/germany/former-central-bank-head-karl-otto-poehl-bailout-plan-is-all-about-rescuing-banks-and-rich-greeks-a-695245.html

77   »Beenden wir das Rattenrennen! Was kritischer Journalismus heute bedeutet«, Harald Schumann in »Blätter für deutsche und internationale Politik«, 3/2018; http://www.spiegel.de/international/germany/former-central-bank-head-karl-otto-poehl-bailout-plan-is-all about-rescuing-banks-and-rich-greeks-a-695245.html (26.3.18); http://www.spiegel.de/wirtschaft/goldman-sachs-mann-joerg-kukies-ist-eine-gute-wahl-fuers-finanzministerium-a-1199447.html (26.3.18)

78   https://www.nestle.com.br/portalnestle/nestleatevoce/abordo_sobre_pro jeto.aspx (23.1.18); https://www.nytimes.com/interactive/2017/09/16/health/brazil-obesity-nestle.html?emc=edit_th_20170917&nl=todays headlines&nlid=48308383 (23.1.18); https://www.nestle.com/ask-nestle/health-nutrition/answers/addressing-new-york-times-obesity-junk-food-brazil (26.5.18); http://www.businessinsider.de/nestl-expands-brazil-river-barge-2017-9?r=US&IR=T (8.2.18); https://corporativo.nestle.com.br/; Pressemitteilung Nestlé vom 17.6.10; http://guiadaculinaria.com.br/noticia_2405-supermercado_flutuante_da_nestle_amplia_rota_

e_passa_a_atender_24_cidades_na_regiao_norte.htm (3.2.18); https://de.scribd.com/document/34601641/Inovacoes-em-Lojas-Nestle-Ate-Voce-a-Bordo (3.2.18)

79 https://www.nytimes.com/interactive/2017/09/16/health/brazil-obesity-nestle.html (22.1.18)

80 https://www.ncbi.nlm.nih.gov/pubmed/22550697 (21.1.18)

81 https://www.nytimes.com/2018/03/20/world/americas/nafta-food-labels-obesity.html (4.6.18); https://www.nytimes.com/2017/06/12/health/obesity-study-10-percent-globally.html (4.6.18)

82 http://www.who.int/gho/ncd/riskfactors/overweightobesity/obesityadults/en/ (9.2.18); https://www.hsph.harvard.edu/news/press-releases/worldwide-obesity/ (9.2.18)

83 https://www.nytimes.com/interactive/2017/09/16/health/brazil-obesity-nestle.html (22.1.18)

84 https://www.nytimes.com/2018/03/20/world/americas/nafta-food-labels-obesity.html (4.6.18); https://www.nytimes.com/2017/06/12/health/obesity-study-10-percent-globally.html (4.6.18)

85 http://www.nejm.org/doi/full/101056/NEJMoa1614362 (23.1.18); http://www.spiegel.de/gesundheit/schwangerschaft/uebergewicht-124-millionen-kinder-sind-extrem-dick-weltweite-studie-a-1172198.html (22.1.18); http://edition.cnn.com/2017/07/14/health/why-countries-are-obese-culture-exercise-diet/index.html (23.1.18)

86 https://www.hsph.harvard.edu/news/press-releases/childhood-obesity-risk-as-adults/ (9.2.18)

87 http://www.spiegel.de/gesundheit/diagnose/diabetes-bericht-der-who-die-welt-ist-zuckerkrank-a-1085458.html (26.1.18); http://www.who.int/mediacentre/factsheets/fs312/en/ (8.2.18)

88 IDF DIABETES ATLAS, 8th edition 2017

89 https://www.cdc.gov/diabetes/pdfs/data/statistics/national-diabetes-statistics-report.pdf (8.2.18)

90 https://www.nytimes.com/2017/12/11/health/obesity-mexico-nafta.html (9.2.18)

91 Nestle M., Rosenberg T., The whole world is watching. [Soda wars. Sugar tax, US, Mexico]. [Big Food Watch] World Nutrition November-December 2015, 6, 11–12, 811–832. https://www.hsph.harvard.edu/news/press-releases/childhood-obesity-risk-as-adults/ (9.2.18); https://www.nytimes.com/2017/10/15/opinion/soda-tax-chicago-sugar.html?emc=editth20171016&nl=todaysheadlines&nlid=48308383 (25.1.18)

92 Konzernatlas 2017, herausgegeben von Heinrich-Böll-Stiftung, Rosa-Luxemburg-Stiftung, Bund für Umwelt und Naturschutz Deutschland, Oxfam Deutschland, Germanwatch und Le Monde diplomatique

93 http://www.sueddeutsche.de/wirtschaft/agrar-und-lebensmittelindustrie-im-griff-der-konzerne-13327074 (23.1.18); http://www.zeit.de/wirtschaft/2017-01/agrarindustrie-lebensmittel-grosskonzerne-monsanto

(23. 1. 18); http://www.handelsblatt.com/unternehmen/handel-konsum
gueter/nestle-mars-unilever-das-sind-die-groessten-lebensmittelhersteller-
der-welt/19231996.html (23. 1. 18)

94 https://www.nytimes.com/series/obesity-epidemic (23. 1. 18)
95 http://www.who.int/gho/ncd/risk_factors/overweight_obesity/obesity_
    adults/en/ (4. 6. 18)
96 https://www.washingtonpost.com/world/the_americas/once-underfed-
    brazils-poor-have-a-new-problem-obesity/2016/11/23/74c661fa-ab8e-
    11e6-8f19-21a1c65d2043_story.html?utm_term=.fdd74d51b467
    (24. 1. 18); https://www.nytimes.com/interactive/2017/09/16/health/
    brazil-obesity-nestle.html?emc=edit_th_20170917&nl=todaysheadlines
    &nlid=48308383 (24. 1. 18)
97 https://www.nytimes.com/interactive/2017/09/16/health/brazil-obesity-
    nestle.html?emc=edit_th_20170917&nl=todaysheadlines&nlid=
    48308383 (22. 1. 18); https://www.nytimes.com/2017/09/29/learning/
    teaching-with-how-junk-food-is-transforming-brazil.html (22. 1. 18);
    https://www.nytimes.com/video/international-home/100000005148449/
    junk-food-upriver-tbd.html (22. 1. 18)
98 https://www.theguardian.com/world/2015/sep/18/brazilian-supreme-
    court-bans-corporate-donations-political-candidates-parties (24. 1. 18);
    https://www.tobias-tscherrig.ch/nestle-mit-einem-heer-ahnungsloser-ver
    kaeuferinnen/(24. 1. 18)
99 https://www.nytimes.com/interactive/2017/09/16/health/brazil-obesity-
    nestle.html?emc=edit_th_20170917&nl=todaysheadlines&nlid=
    48308383 (24. 1. 18); https://www.thenation.com/article/slow-food-
    nation-2/ (24. 1. 18)
100 http://www.who.int/gho/ncd/risk_factors/overweight_obesity/obesity_
    adults/en/
101 http://www.arofiin.org/News/tid/58/ARoFIIN-Video-Tackling-Obesity-
    in-Malaysia (25. 1. 18); https://www.nst.com.my/news/nation/2017/
    06/246538/malaysians-most-obese-region (25. 1. 18); http://www.arofiin.
    org/Partnerships (25. 1. 18); http://www.arofiin.org/News/tid/59/Tack
    ling-Obesity-in-Malaysia-with-Public-Private-Partnerships (25. 1. 18);
    https://www.nestle.com.au/asset-library/documents/milo%20info
    graphic%20lifting%20lid%20final_v3.pdf (25. 1. 18); https://www.
    ncbi.nlm.nih.gov/pmc/articles/PMC4697324/#__articleidm13999825
    2612016aff-info (25. 1. 18)
102 https://www.ncbi.nlm.nih.gov/pmc/articles/PMC4697324/ (25. 1. 18)
103 http://www.milo.com.my/?q=products/milo-cereal (25. 1. 18)
104 https://www.nytimes.com/2017/12/23/health/obesity-malaysia-nestle.
    html?emc=edit_th_20171223&nl=todaysheadlines&nlid=48308383
    (22. 1. 18); https://www.thestar.com.my/metro/community/2016/03/26/
    own-the-day-with-a-healthy-start-beverage-makers-campaign-promo
    ting-good-breakfast-habits-in-its-fou/ (25. 1. 18)

105 »Von der Vielfalt zum Mangel. Wie Anreicherungsallianzen den Boden
    für Mangelernährung bereiten«, FIAN Österreich 2017, download
    unter: https://fian.at/media/filer_public/3a/47/3a471077-330a-466b-
    a0be-9488c61f8f29/dossier-mangelernahrung-2017.pdf; https://fian.at/
    de/artikel/studie-mangelernaehrung/ (25. 1. 18)
106 https://www.euractiv.de/section/entwicklungspolitik/news/eu-abgeordne
    te-fordern-keine-gvos-in-g8-ernaehrungsstrategie-fuer-afrika/ (26. 2. 18)
107 https://www.gainhealth.org/organization/donors/(4. 2. 18)
108 https://www.new-alliance.org/about (3. 2. 18); http://www.righttofood
    andnutrition.org/files/Watch_2015_Article_1_The%20Corporate%20
    Capture%20of%20Food%20and%20Nutrition%20Governance.pdf;
    »Global governance/politics, climate justice&agrarian/social justice:
    linkages and challenges«; An international colloquium 4–5 February
    2016; Colloquium Paper No. 62, The Corporate Capture of Food
    and Nutrition Governance Revisited: A Threat to Human Rights and
    People's Sovereignty, Flavio Luiz Schieck Valente; International Institute
    of Social Studies (ISS), The Hague, The Netherlands
109 https://www.gainhealth.org/about/global-platforms/sun-business-net
    work/ (4. 2. 18); https://www.new-alliance.org/commitments#commit
    ments_enabling%20actions (4. 2. 18)
110 Draft Report on the New Alliance for Food Security and Nutrition
    (2015/2227 (INI) vom 28. 1. 16; https://www.euractiv.de/section/entwick
    lungspolitik/news/eu-abgeordnete-fordern-keine-gvos-in-g8-ernaeh
    rungsstrategie-fuer-afrika/(26. 2. 18)
111 http://sunbusinessnetwork.org/about/ (3. 2. 18); https://www.gainhealth.
    org/about/global-platforms/business-platform-nutrition-research-bpnr/
    (4. 2. 18)
112 https://www.bayer.de/de/crop-science-division.aspx (4. 2. 18)
113 https://www.gainhealth.org/about/global-platforms/business-platform-
    nutrition-research-bpnr/ (4. 2. 18)
114 https://www.gainhealth.org/about/global-platforms/business-platform-
    nutrition-research-bpnr/ (4. 2. 18); https://www.ots.at/presseaussendung/
    OTS_20130922_OTS0089/presse-hinweis-die-global-alliance-for-im
    proved-nutrition-gain-und-ihre-branchenpartner-praesentieren-auf-ge
    neralversammlung-der-vereinten-nationen-neue-business-plattform-fuer-
    ernaehrungsforschung (4. 2. 18); http://sunbusinessnetwork.org/business-
    commitment/mars-inc/; http://sunbusinessnetwork.org/business-commit
    ment/pepsico-inc/; http://sunbusinessnetwork.org/business-commitment/
    unilever/; http://sunbusinessnetwork.org/business-commitment/basf/;
    https://www.gainhealth.org/about/global-platforms/business-platform-
    nutrition-research-bpnr/(26. 1. 18); https://new-alliance.org/resource/
    increased-private-sector-commitments-support-new-alliance-and-
    grow-africa (26. 1. 18); http://www.ffinetwork.org/about/partners.html
    (5. 2. 18)

115 https://usa.usembassy.de/etexts/gov/biograph/agricult.htm (4.2.18);
http://www.nytimes.com/1994/05/19/us/fda-approves-altered-tomato-
that-will-remain-fresh-longer.html (4.2.18); https://de.wikipedia.org/
wiki/Flavr-Savr-Tomate (4.2.18); https://de.usembassy.gov/de/ann-
veneman/ (4.2.18); https://www.indiatoday.in/opinion/dinesh-c.-sharma/
story/a-sweet-move-from-unicef-to-nestle-129585-2011-03-03 (4.2.18);
https://www.unicef.de/informieren/aktuelles/blog/2017/hungersnot-
was-ist-das/135664 (4.2.18); https://www.unicef.de/action/unicef/
hilfsgueter/8610/12198/mikronaehrstoffpulver/show (4.2.18); https://
www.nestle.com/aboutus/management/boardofdirectors/annveneman
(4.2.18); https://www.nestle.de/medien/medieninformationen/nestle-
generalversammlung (4.2.18); http://www.righttofoodandnutrition.org/
files/Watch_2015_Article_1_The%20Corporate%20Capture%20of%20
Food%20and%20Nutrition%20Governance.pdf (4.2.18)
116 https://www.businesstoday.in/magazine/cover-story/best-indian-ceos-
2014-vinita-bali-britannia-industries-fmcg/story/212746.html (20.6.18)
117 http://www.thehindubusinessline.com/economy/need-to-revamp-midday-
meal-icds-schemes-cii/article9968681.ece (5.2.18)
118 http://cii.in/ResourceDetails.aspx?enc=QzlcS0GphyQdZcXOG1xO6
VX0nnsk+O/zM124YSBhnlISIqg0Ewao20SWLCE68ad1Rkpo
ubt9d2ibkQ3FNph1vA/sSJ5GsFlRxUYLGgfpTcSSxBRRmy45/
YB63eJ4Wvu4r3Uvycne4gDc+XpQN+a7BYltPQlIQkhjqDPaHpeo/
TCLc4sKvH9wzOjmX78k477e (5.2.18)
119 Siehe letzte Fußnote
120 https://www.basf.com/de/company/news-and-media/science-around-us/
microcapsules-against-malnutrition.html (5.2.18)
121 https://www.nestle.com/csv/individuals-families/micronutrient-fortifica
tion (7.2.18)
122 http://sunbusinessnetwork.org (5.2.18)
123 https://www.gainhealth.org/knowledge-centre/knorr/(5.2.18); https://
www.unilever.com/news/news-and-features/Feature-article/2015/knorrs-
green-food-steps-to-improve-health-and-livelihoods.html (5.2.18);
https://www.nestle.com/csv/case-studies/allcasestudies/micronutrient-
fortification-maggi-bouillons-cote-divoire (4.6.18)
124 https://www.unilever-ewa.com/news/news-and-features/2015/royco-
fuata-flava-kenyas-first-competitive-reality-cooking-show.html (5.2.18);
https://www.unilever-ewa.com/news/press-releases/2015/student-wins-
royco-cooking-competition.html (5.2.18); https://en.wikipedia.org/wiki/
Royco_Fuata_Flava (5.2.18); https://www.unilever-ewa.com/brands/our-
brands/royco.html (5.2.18)
125 https://www.nestle.com/csv/individuals-families/micronutrient-fortifica
tion (7.2.18)
126 https://www.nytimes.com/2018/01/27/world/africa/kenya-obesity-dia
betes.html?emc=edit_th_180128&nl=todaysheadlines&nlid=48308383

(6. 2. 18); https://www.nytimes.com/2017/10/02/health/ghana-kfc-obesity.
html (6. 2. 18)

127 Soda wars. Sugar tax. US, Mexico, The whole world is watching,
Marion Nestle, New York University, und Tina Rosenberg; https://www.
nytimes.com/2017/12/11/health/obesity-mexico-nafta.html?emc=edit_
th_20171212&nl=todaysheadlines&nlid=48308383 (6. 2. 18); https://
de.wikipedia.org/wiki/Vicente_Fox (6. 2. 18)

128 https://www.nytimes.com/2016/10/10/well/eat/coke-and-pepsi-give-mil
lions-to-public-health-then-lobby-against-it.html (7. 2. 18); https://www.
nytimes.com/2017/10/15/opinion/soda-tax-chicago-sugar.html?emc=
editth20171016&nl=todaysheadlines&nlid=48308383 (8. 2. 18); https://
www.washingtonpost.com/news/wonk/wp/2017/07/13/were-losing-mo
re-people-to-the-sweets-than-to-the-streets-why-two-black-pastors-are-
suing-coca-cola/?tid=a_inl&utm_term=.ac7fe62ee00a (7. 2. 18); http://
www.ajpmonline.org/article/S0749-3797(16)30331-2/fulltext (7. 2. 18);
http://www.philly.com/philly/news/pennsylvania/soda-tax-philadelphia-
first-year-20180101.html (8. 2. 18); https://www.nytimes.com/2017/10/15/
opinion/soda-tax-chicago-sugar.html?emc=edit_th_20171016&nl=toda
ysheadlines&nlid=48308383 (7. 2. 18)

129 http://www.bmj.com/content/357/bmj.j1638.full (7. 2. 18)

130 https://medium.com/cokeleak/leaked-coca-colas-worldwide-political-
strategy-to-kill-soda-taxes-9717f361fb04 (8. 2. 18) (liegt ausgedruckt vor)

131 https://docs.google.com/document/d/17eqhnR3JOv9zwW1OLDhjFzly
bJ2Rrq5Hore0yTmN9Kk/edit (8. 2. 18); http://www.coca-colacompany.
com/profiles/amanda-rosseter (8. 2. 18)

132 http://www.coca-colacompany.com/stories/dispensing-happiness-12-in
novative-coca-cola-vending-machines-in-action (7. 2. 18); https://www.
nytimes.com/2017/12/26/health/india-diabetes-junk-food.html (8. 2. 18);
http://www.healthdata.org/news-release/nearly-one-third-world's-
population-obese-or-overweight-new-data-show (8. 2. 18); https://viz
hub.healthdata.org/obesity/ (8. 2. 18); https://www.washingtonpost.com/
news/wonk/wp/2017/10/03/obesity-is-not-an-issue-why-the-in
dian-government-is-courting-foreign-junk-food-makers/?utm_term=.
dcb58ae2db85 (8. 2. 18); https://content.worldobesity.org/site_media/
filer_public/61/6b/616b2bdc-4cea-4073-a3c7-e2ff.7d0afb2d/library
resource_imagesglobal_change_ow__ob_earliest_and_most_recent_
nov_15.pdf (8. 2. 18)

133 http://www.newsweek.com/hillary-clinton-pneumonia-video-zdenek-
gazda-519251 (10. 4. 18)

134 »Die Grosse Gereiztheit, Wege aus der kollektiven Erregung«, Bernhard
Pörksen, Hanser Verlag, 2018; https://www.youtube.com/watch?v=
KwGs2p8lkEc&feature=player_embedded (10. 4. 18); https://www.welt.
de/geschichte/article160307927/Roosevelts-Rollstuhl-Raetsel-geloest.
html (10. 4. 18)

135 http://www.zeit.de/2016/52/fake-news-hersteller-unternehmen-maze
donien/komplettansicht (10. 4. 18); http://www.ardmediathek.de/tv/
Morgenmagazin/moma-Reporter-Das-Geschäft-mit-mazedoni/Das-
Erste/Video?bcastId=435054&documentId=39866534 (10. 4. 18);
https://www.wired.de/collection/life/fake-news-mazedonien-veles-
trump-clinton-wahlkampf (10. 4. 18); http://www.sueddeutsche.de/
kultur/fake-news-die-stadt-der-luegen-13802784?reduced=true
(10. 4. 18)

136 http://www.spiegel.de/politik/ausland/donald-trump-erhielt-470-
000-retweets-von-russischen-bot-accounts-a-1190130.html (10. 4. 18);
http://www.spiegel.de/netzwelt/web/hillary-clinton-und-donald-
trump-lehren-aus-dem-social-media-wahlkampf-a-1120496.html
(10. 4. 18)

137 http://www.spiegel.de/spiegel/a-742430.html (11. 4. 18); https://www.
telegraph.co.uk/technology/twitter/5768159/Twitter-should-win-Nobel-
Peace-Prize-says-former-US-security-adviser.html (11. 4. 18)

138 https://www.derstandard.de/story/2000067262814/trump-geloescht-
nutzer-fordern-friedensnobelpreis-fuer-twitter-mitarbeiter (11. 4. 18)

139 http://www.spiegel.de/spiegel/facebook-skandal-us-rechtsexperte-timwu-
erklaert-regulierungsmoeglichkeiten-a-1200651.html (24. 4. 18)

140 https://www.heise.de/tp/features/Steckt-hinter-der-umstrittenen-Face
book-Studie-auch-das-Pentagon-3366226.html (23. 4. 18); https://www.
swr.de/swr2/programm/sendungen/swr2-forum/diktatur-2-wie-die-
digitalisierung-unsere-freiheit-bedroht/-/id=660214/did=19788388/
nid=660214/1ln6oek/index.html (11. 4. 18); https://www.bloomberg.com/
news/articles/2018-03-06/google-ai-used-by-pentagon-drone-program-
in-rare-military-pilot (23. 4. 18); http://www.spiegel.de/netzwelt/web/ama
zon-experiment-was-der-konzern-mit-jedem-klick-erfaehrt-a-1205079.
html (28. 4. 18)

141 http://www.spiegel.de/kultur/gesellschaft/facebook-mark-zuckerberg-
versteht-nicht-was-seine-erfindung-anrichtet-a-1199616.html (11. 4. 18);
Spiegel 10/2015, S. 26; https://www.youtube.com/watch?v=A2ge
guemeog (11. 4. 18); https://www.swr.de/swr2/programm/sendungen/
swr2-forum/diktatur-2-wie-die-digitalisierung-unsere-freiheit-bedroht/-/
id=660214/did=19788388/nid=660214/1ln6oek/index.html (11. 4. 18);
https://www.youtube.com/watch?v=A2geguemeog (12. 4. 18); http://
www.zeit.de/wirtschaft/2016-07/peter-thiel-donald-trump-republikaner/
seite-2 (11. 4. 18); https://www.heise.de/tp/features/Der-etwas-andere-Phi
lanthrop-3387385.html (11. 4. 18)

142 http://www.faz.net/aktuell/feuilleton/debatten/die-digital-debatte/
klingt-nach-einer-schnapsidee-war-aber-nicht-so-gemeint-watson-for-
president-14242270.html (11. 4. 18); http://watson2016.com (11. 4. 18);
https://www.ibtimes.co.uk/step-aside-trump-ibm-debut-artificially-in
telligent-supercomputer-watson-that-wants-be-us-1542651 (11. 4. 18);

http://www.spiegel.de/wirtschaft/davos-darum-geht-es-beim-weltwirt
schaftsforum-alle-news-im-blog-a-1188486.html (23.4.18); http://www.
spiegel.de/wirtschaft/soziales/davos-george-soros-warnt-vor-untergang-
der-zivilisation-a-1189889.html (23.4.18)

143 https://www.nytimes.com/2017/05/10/technology/techs-frightful-five-
theyve-got-us.html (9.4.18)

144 https://www.ted.com/talks/scott_galloway_how_amazon_apple_face
book_and_google_manipulate_our_emotions (10.4.18); http://www.
spiegel.de/netzwelt/web/facebook-und-google-regulierung-von-digital
konzernen-kolumne-a-1154891.html (13.4.18); http://dogsofthedow.
com/largest-companies-by-market-cap.htm (13.4.18); https://www.
nytimes.com/2017/05/10/technology/techs-frightful-five-theyve-got-us.
html (9.4.18)

145 http://www.faz.net/aktuell/politik/inland/ueberwachung-was-passiert-
mit-den-gesammelten-informationen-15445555.html (23.4.18)

146 https://www.nytimes.com/2018/02/20/magazine/the-case-against-google.
html (23.4.18); https://www.nytimes.com/2016/06/02/technology/why-
the-world-is-drawing-battle-lines-against-american-tech-giants.html
(23.4.18)

147 http://www.sueddeutsche.de/wirtschaft/facebook-google-amazon-fangt-
die-internetgiganten-ein-13822764 (18.1.18); http://www.sueddeutsche.
de/wirtschaft/facebook-google-co-ausser-kontrolle-13813828

148 http://www.spiegel.de/netzwelt/web/facebook-und-google-regulierung-
von-digitalkonzernen-kolumne-a-1154891.html (13.4.18); https://www.
nytimes.com/2016/01/21/technology/techs-frightful-5-will-dominate-
digital-life-for-foreseeable-future.html (12.4.18)

149 http://www.spiegel.de/politik/deutschland/paradise-papers-zur-hoelle-
mit-den-reichen-kolumne-a-1176640.html (23.4.18)

150 https://www.c-span.org/video/?c4688912/senator-al-franken-questions-
facebook-vp-political-ads-purchased-foreign-currency (15.4.18); https://
www.nytimes.com/2017/10/31/us/politics/facebook-twitter-google-
hearings-congress.html?emc=edit_th_20171101&nl=todaysheadlines
&nlid=48308383 (15.4.18)

151 https://www.theguardian.com/technology/2016/nov/10/facebook-fake-
news-election-conspiracy-theories (16.4.18)

152 https://www.theguardian.com/technology/2017/sep/27/mark-zuckerberg-
facebook-2016-election-fake-news (15.4.18)

153 https://www.nytimes.com/2017/10/30/technology/facebook-google-
russia.html (15.4.18)

154 http://www.spiegel.de/netzwelt/web/sascha-lobo-kolumne-was-facebook-
wirklich-ist-a-1202360.html (19.4.18)

155 http://www.spiegel.de/netzwelt/web/sascha-lobo-kolumne-was-facebook-
wirklich-ist-a-1202360.html (16.4.18)

156 http://www.ohchr.org/EN/HRBodies/SP/CountriesMandates/MM/

Pages/SRMyanmar.aspx (16. 4. 18); http://www.bbc.com/news/techno
logy-43385677 (16. 4. 18); https://edition.cnn.com/2018/03/12/asia/myan
mar-rohingya-un-violence-genocide-intl/index.html?no-st=1523438021
(16. 4. 18); https://edition.cnn.com/2018/04/06/asia/myanmar-facebook-
social-media-genocide-intl/index.html (16. 4. 18); https://drive.google.
com/file/d/1Rs02G96Y9w5dpX0Vf1LjWp6B9mp32VY-/view (16. 4. 18);
https://www.reuters.com/article/us-myanmar-rohingya-facebook/u-n-
investigators-cite-facebook-role-in-myanmar-crisis-idUSKCN1GO2PN
(16. 4. 18)

157 https://www.buzzfeed.com/meghara/we-had-to-stop-facebook-when-
anti-muslim-violence-goes-viral?utm_term=.anQlwpoqaQ#.npQO3Em
NAl (16. 4. 18); https://www.nytimes.com/2018/04/21/world/asia/face
book-sri-lanka-riots.html?emc=edit_th_180422&nl=todaysheadlines
&nlid=483083830422 (22. 4. 18)

158 https://www.nytimes.com/2018/04/21/world/asia/facebook-sri-lanka-
riots.html (23. 4. 18)

159 Die große Gereiztheit, Bernhard Pörksen (S. 9 ff.)

160 2017 generierte allein Facebook fast 41 Milliarden durch Werbung –
etwa das Doppelte sämtlicher deutscher Medien, siehe:; http://www.
spiegel.de/netzwelt/web/cambridge-analytica-der-eigentliche-skandal-
liegt-im-system-facebook-kolumne-a-1199122.html (18. 4. 18);
https://www.statista.com/statistics/277229/facebooks-annual-
revenue-and-net-income/ (18. 4. 18); https://de.statista.com/statistik/
daten/studie/180568/umfrage/werbevolumina-in-der-deutschen-
medien--und-unterhaltungsbranche/ (18. 4. 18); https://de.statista.
com/themen/93/werbung/ (18. 4. 18); https://www.republik.ch/2018/
01/13/zuckerbergs-monster (20. 1. 18); http://www.sueddeutsche.de/
digital/social-media-facebook-versorgt-den-stammtisch-mit-crystal-
meth-13824621 (12. 4. 18); http://www.spiegel.de/netzwelt/web/soziale-
medien-und-demokratie-twitter-hat-twitter-nicht-verstanden-kolum
ne-a-1177006.html (19. 4. 18); http://www.spiegel.de/kultur/gesell
schaft/facebook-mark-zuckerberg-versteht-nicht-was-seine-erfindung-
anrichtet-a-1199616.html (19. 4. 18); http://www.spiegel.de/spiegel/
facebook-google-und-co-koennen-wahlen-entscheiden-a-1119927.html
(19. 4. 18)

161 http://www.spiegel.de/wissenschaft/mensch/youtube-facebook-co-se
hend-ins-verderben-kolumne-a-1192615.html (19. 4. 18)

162 »Außer Kontrolle«, Zeit Nr. 7 vom 8. 2. 18; https://www.ted.com/talks/
zeynep_tufekci_we_re_building_a_dystopia_just_to_make_people_click_
on_ads (19. 4. 18)

163 »Antisocial Media: How Facebook disconnets us and undermines
Democraty«, Siva Vaidhyanathan, Oxford University Press, 2018;
https://www.amazon.com/Antisocial-Media-Disconnects-Undermines-
Democracy/dp/0190841168 (19. 4. 18)

164 http://money.cnn.com/2016/06/17/technology/facebook-live-shooting-death/index.html (19. 4. 18)

165 https://www.buzzfeed.com/ryanmac/growth-at-any-cost-top-facebook-executive-defended-data?utm_term=.ciNOzPmR2Z#.txJMq2VaY4 (19. 4. 18); http://www.faz.net/aktuell/wirtschaft/diginomics/facebook-memo-von-andrew-boz-bosworth-15519814.html (19. 4. 18); https://twitter.com/boztank/status/979478961582325760 (19. 4. 18)

166 http://www.spiegel.de/wirtschaft/unternehmen/mark-zuckerberg-facebook-chef-schaltet-zurueck-in-den-angriffsmodus-a-1204845.html (26. 4. 18.)

167 »The Four, The hidden DANN of Amazon, Apple, Facebook, and Google«, Scott Galloway, Portfolio / Penguin, 2017

168 https://www.cnbc.com/video/2017/10/09/nyu-professor-weaponized-social-media-is-a-different-ballgame.html?play=1 (19. 4. 18) (liegt als audio-datei vor: galloway.m4a); https://www.nytimes.com/2017/10/31/us/politics/facebook-twitter-google-hearings-congress.html?emc=edit_th_20171101&nl=todaysheadlines&nlid=48308383 (16. 4. 18)

169 https://www.nytimes.com/2017/09/08/opinion/facebook-wins-democracy-loses.html?emc=edit_th_20170909&nl=todaysheadlines&nlid=48308383 (19. 4. 18); http://www.spiegel.de/spiegel/facebook-skandal-us-rechtsexperte-tim-wu-erklaert-regulierungsmoeglichkeiten-a-1200651.html

170 http://www.spiegel.de/kultur/gesellschaft/facebook-mark-zuckerberg-versteht-nicht-was-seine-erfindung-anrichtet-a-1199616.html (19. 4. 18); »Außer Kontrolle«, Spiegel 13/24. 3. 18; »Asoziale Medien«, Süddeutsche Zeitung Nr. 288 vom 15. 12. 17

171 https://www.nytimes.com/2017/11/19/opinion/facebook-regulation-incentive.html (19. 4. 18)

172 http://www.netzwoche.ch/news/2018-02-02/alphabet-durchbricht-marke-von-100-milliarden-us-dollar-umsatz (20. 4. 18); https://de.statista.com/statistik/daten/studie/74364/umfrage/umsatz-von-google-seit-2002/ (22. 4. 18)

173 https://www.youtube.com/watch?v=4GE1keiV-Hc (20. 4. 18) = 'ZDFinfo; https://www.nytimes.com/2018/04/23/technology/alphabet-google-future.html?emc=edit_th_180424&nl=todaysheadlines&nlid=48308 3830424 (24. 4. 18); https://de.wikipedia.org/wiki/Alphabet_Inc. (24. 4. 18)

174 https://www.googletransparencyproject.org/articles/googles-academic-influence-in-europe (20. 4. 18); https://www.googletransparencyproject.org/articles/google-tops-tech-meetings-french-government (20. 4. 18); https://www.googletransparencyproject.org/articles/investigating-googles-european-revolving-door (20. 4. 18); https://www.googletransparencyproject.org/articles/googles-white-house-meetings (20. 4. 18)

175 http://www.sueddeutsche.de/wirtschaft/unternehmen-das-sind-die-zehn-wertvollsten-unternehmen-der-welt-13056487-9 (20.4.18)

176 https://www.googlewatchblog.de/2016/07/facebook-milliarden-such anfragen-tag/ (20.4.18); https://www.nytimes.com/2018/02/20/magazine/ the-case-against-google.html (20.4.18)

177 http://www.faz.net/aktuell/wirtschaft/grafik-des-tages-die-deutschen-lieben-google-14999842.html (20.4.18)

178 https://en.wikipedia.org/wiki/Don%27t_be_evil (20.4.18); https://www. engadget.com/2015/10/02/alphabet-do-the-right-thing/ (20.4.18)

179 http://europa.eu/rapid/press-release_IP-17-1784_de.htm (21.4.18)

180 http://europa.eu/rapid/press-release_IP-17-1784_de.htm (21.4.18); http:// europa.eu/rapid/press-release_IP-16-2532_de.htm (22.4.18); http://www. spiegel.de/netzwelt/netzpolitik/google-vs-eu-kartellwaechter-folgen-der-rekordstrafe-a-1154698.html (20.4.18)

181 https://www.nytimes.com/2018/02/20/magazine/the-case-against-google. html (20.4.18); http://www.spiegel.de/netzwelt/netzpolitik/google-vs-eu-kommission-eu-verhaengt-rekordstrafe-von-2-42-milliarden-a-115 4605.html (20.4.18); http://www.spiegel.de/netzwelt/gadgets/kom mentar-zum-ftc-kartellverfahren-wie-weit-darf-google-gehen-a-875713. html (22.4.18)

182 https://www.republik.ch/2018/01/13/zuckerbergs-monster (20.1.18); http://www.spiegel.de/netzwelt/web/cambridge-analytica-der-eigentliche-skandal-liegt-im-system-facebook-kolumne-a-1199122.html (22.4.18); https://www.propublica.org/article/facebook-ads-age-discrimination-targeting?utm_source=pardot&utm_medium=email&utm_campaign= majorinvestigations (19.1.18); https://www.propublica.org/article/face book-advertising-discrimination-housing-race-sex-national-origin? utm_source=pardot&utm_medium=email&utm_campaign=majorinves tigations (9.4.18); https://www.propublica.org/article/facebook-enabled-advertisers-to-reach-jew-haters (9.4.18)

183 »Sie sind überall«, Interview mit Felix Stalder, in brandeins Thema Innovation, 07/2017

184 »Angriff der Algorithmen – Wie sie Wahlen manipulieren, Berufschan-cen zerstören und unsere Gesundheit gefährden«; Cathy O'Neil, Hanser Verlag, 07/2017

185 https://www.hkw.de/de/programm/projekte/2017/die_jetztzeit_der_mons ter/teilnehmer_13/participants_felix_stalder.php (22.4.18)

186 »Sie sind überall«, Interview mit Felix Stalder, in brandeins Thema Innovation, 07/2017

187 https://netzpolitik.org/2017/wahlkampf-in-der-grauzone-die-parteien-das-microtargeting-und-die-transparenz/(30.5.18)

188 https://www.zeit.de/wirtschaft/2018-03/plattformkapitalismus-internet plattformen-regulierung-facebook-cambridge-analytica/komplettansicht (1.6.18)

189 »Wir überlassen den Maschinen die Kontrolle, weil sie so großartig sind«, Spiegel 16/2018; http://www.spiegel.de/politik/deutschland/news-islam-niels-hoegel-heiko-maas-markus-soeder-olaf-scholz-mike-tyson-pedro-domingos-a-1202778.html (22. 4. 18)

190 »Totalitarismus ist ein großes Wort«, Zeit Nr. 2 vom 4. 1. 18

191 »Chinas Weg in die IT-Diktatur«, SWR 2 Wissen, 12. 2. 18

192 http://www.faz.net/aktuell/feuilleton/debatten/wenn-it-konzerne-bei-der-verbrechensbekaempfung-helfen-15067885.html (22. 4. 18); www.sueddeutsche.de/digital/datenschutz-wenn-die-google-suche-den-taeter-ueberfuehrt-13947850 (22. 4. 18)

193 http://www.zeit.de/kultur/2018-02/plattform-kapitalismus-google-amazon-facebook-verstaatlichung/komplettansicht (22. 4. 18)

194 http://www.spiegel.de/wirtschaft/unternehmen/google-geschaeftszahlen-datenskandal-bei-facebook-leidet-jetzt-auch-google-a-1204373.html (23. 4. 18)

195 https://transparencyreport.google.com/user-data/overview?hl=de (22. 4. 18); https://transparencyreport.google.com/user-data/overview?hl=de&user_requests_report_period=series:requests, accounts; authority:US&lu=user_requests_report_period (22. 4. 18); http://www.faz.net/aktuell/feuilleton/debatten/wenn-it-konzerne-bei-der-verbrechensbekaempfung-helfen-15067885.html (22. 4. 18); www.sueddeutsche.de/digital/datenschutz-wenn-die-google-suche-den-taeter-ueberfuehrt-13947850 (22. 4. 18); »Digitale Zeugin«, Lisa Blechschmitt in Süddeutsche Zeitung Nr. 90 vom 19. 4. 18

196 http://www.handelsblatt.com/unternehmen/it-medien/google-mutter-alphabet-und-der-raetselhafte-mr-schmidt/20780360-all.html (20. 4. 18)

197 http://www.businessinsider.com/eric-schmidt-we-know-where-you-are-we-know-where-youve-been-we-can-more-or-less-know-what-youre-thinking-about-2010-10?IR=T (20. 4. 18); https://www.googletransparencyproject.org/mission-statement (20. 4. 18); http://www.spiegel.de/fotostrecke/google-zitate-von-eric-schmidt-fotostrecke-63798.html (20. 4. 18)

198 https://www.kcl.ac.uk/artshums/depts/ddh/people/academic/srnicek.aspx (22. 4. 18)

199 Plattform-Kapitalismus, Nick Srnicek, Hamburger Edition HIS Verlagsgesellschaft, 2018

200 »Computer gegen Krebs«, Spiegel 45/2107; »Was macht uns künftig noch einzigartig«, Zeit Nr. 14 vom 28. 3. 18; Spiegel Nr. 16/2018

201 https://static01.nyt.com/files/2018/technology/googleletter.pdf (20. 4. 18); http://www.faz.net/aktuell/wirtschaft/diginomics/google-mitarbeiter-wehren-sich-gegen-militaerprojekt-15527411.html (20. 4. 18); https://motherboard.vice.com/de/article/ywq94g/google-hilft-us-militaer-bei-drohnenoperationen-mitarbeiter-sind-entsetzt (22. 4. 18); http://www.spiegel.de/netzwelt/netzpolitik/google-hilft-dem-pentagon-bei-der-auswertung-

von-drohnenbildern-a-1196843.html (22. 4. 18); http://www.spiegel.de/
netzwelt/web/google-will-drohnen-deal-nicht-verlaengern-a-1210864.
html
202 »Amazon's Stranglehold: How the Company's Tightening Grip Is
Stifling Competition, Eroding Jobs, and Threatening Communities«, Institute for Local Self-Reliance (ILSR), Nov. 2016
203 »Bezos passes Buffett, becomes third-richest person: Forbes,« Jonathan
Stempel, Reuters, 28. Juli 2016
204 https://www.welt.de/wirtschaft/article174273477/Forbes-Liste-Jeff-
Bezos-ist-der-reichste-Mensch-der-Welt.html (23. 4. 18)
205 https://flex.amazon.de/about; auf manchen Amazon-Seiten ist von
64 Euro die Rede, auf anderen von 68 Euro
206 https://www.zeit.de/arbeit/2017-11/amazon-flex-arbeitsbedingungen-
zusteller-bezahlung-tarif-lohn (23. 4. 18); https://www.heise.de/news
ticker/meldung/Private-Fahrer-als-Paketboten-Amazon-Flex-kommt-
nach-Berlin-3887326.html (24. 4. 18); http://www.spiegel.de/wirtschaft/
unternehmen/amazon-sucht-privatleute-als-paketboten-a-1177495.html
(24. 4. 18); https://makroskop.eu/2018/03/jeff-bezos-reichster-auf-kosten-
von-arbeitern-und--steuerzahlern/ (23. 4. 18)
207 http://www.axelspringer.de/presse/Jeff-Bezos-erhaelt-den-Axel-Springer-
Award-2018_31750772.html
208 https://www.jetzt.de/wie-viel-verdient/wie-viel-verdient-ein-amazon-
lagerarbeiter (24. 4. 18); https://www.gehaltsvergleich.com/news/Wie-ist-
das-Amazon-Gehalt (24. 4. 18); https://www.morgenpost.de/wirtschaft/
article214113063/Amazon-Gruender-Bezos-Wir-brauchen-keine-Gewerk
schaften.html (25. 4. 18); https://t3n.de/news/amazon-verdi-demonstrati
on-1067342/ (25. 4. 18); https://t3n.de/news/amazon-jeff-bezos-1067449/
(25. 4. 18); https://www.stern.de/news/amazon-beschaeftigte-protestieren-
am-dienstag-gegen-konzernchef-bezos-7953670.html (24. 4. 18); https://
www.amazon-verdi.de/ (24. 4. 18); https://makroskop.eu/2018/03/jeff-
bezos-reichster-auf-kosten-von-arbeitern-und--steuerzahlern/ (23. 4. 18);
http://www.spiegel.de/wirtschaft/unternehmen/amazon-2000-mitarbei
ter-des-onlinehaendlers-streiken-a-1171013.html (24. 4. 18); http://www.
spiegel.de/wirtschaft/unternehmen/black-friday-und-cyber-monday-
ver-di-ruft-zu-streiks-bei-amazon-auf-a-1180027.html (24. 4. 18); http://
www.verdi.de/presse/pressemitteilungen/++co++3f9cf90a-d124-11e7-
a4b5-525400b665de (23. 4. 18); http://www.verdi.de/presse/pressemit
teilungen/++co++40ba2c8e-46d8-11e8-a1c8-525400940f89 (23. 4. 18);
http://www.verdi.de/presse/pressemitteilungen/++co++259eef70-a511-
11e7-9c8e-525400b665de (23. 4. 18)
209 https://theintercept.com/2018/04/19/amazon-snap-subsidies-warehou
sing-wages/?utm_source=The+Intercept+Newsletter&utm_campaign=
f30114cbc4-EMAIL_CAMPAIGN_2018_04_21&utm_medium=
email&utm_term=0_e00a5122d3-f30114cbc4-131771013 (22. 4. 18);

http://money.cnn.com/2013/07/30/news/companies/amazon-warehouse-workers/index.html (24.4.18)

210 https://www.economist.com/news/united-states/21735020-worlds-lar gest-online-retailer-underpaying-its-employees-what-amazon-does-wages (30.5.18)

211 https://theintercept.com/2018/04/19/amazon-snap-subsidies-warehou sing-wages/?utm_source=The+Intercept+Newsletter&utm_campaign= f30114cbc4-EMAIL_CAMPAIGN_2018_04_21&utm_medium= email&utm_term=0_e00a5122d3-f30114cbc4-131771013 (22.4.18)

212 »Amazon's Stranglehold: How the Company's Tightening Grip Is Stifling Competition, Eroding Jobs, and Threatening Communities«, Institute for Local Self-Reliance (ILSR), Nov. 2016

213 http://www.spiegel.de/wirtschaft/unternehmen/google-geschaeftszahlen-datenskandal-bei-facebook-leidet-jetzt-auch-google-a-1204373.html (24.4.18)

214 http://www.sueddeutsche.de/wirtschaft/amazon-kontrolliert-den-handel-ausgeliefert-13782175 (23.4.18); »Amazon's Stranglehold: How the Company's Tightening Grip Is Stifling Competition, Eroding Jobs, and Threatening Communities«, Institute for Local Self-Reliance (ILSR), Nov. 2016; http://www.handelsblatt.com/unternehmen/handel-konsum gueter/exklusive-zahlen-erfolg-von-amazon-schockt-deutsche-lebens mittelhaendler/21196156.html (24.4.18)

215 https://www.thenation.com/article/amazon-doesnt-just-want-to-domina te-the-market-it-wants-to-become-the-market/ (24.4.18); https://ilsr.org/ amazon-doesnt-just-want-to-dominate-the-market-it-wants-to-become-the-market/(23.4.18)

216 »Die Politik muss Amazon bremsen«, FAS vom 15.10.2017

217 https://www.goodjobsfirst.org/amazon-tracker (27.4.18); http://money.cnn.com/2017/03/29/technology/amazon-sales-tax/index.html (3.6.18)

218 https://www.marketwatch.com/story/amazons-market-cap-falls-behind-microsofts-into-4th-place-2018-03-29 (24.4.18); https://www.goodjobs first.org/news/amazon-close-breaking-wal-mart-record-subsidies (27.4.18); http://money.cnn.com/2018/04/02/news/companies/amazon-stock-trump/index.html (24.4.18)

219 https://www.bizjournals.com/bizjournals/maps/the-amazon-effect (24.4.18); https://theintercept.com/2018/04/19/amazon-snap-subsidies-warehousing-wages/?utm_source=The+Intercept+Newsletter&utm_cam paign=f30114cbc4-EMAIL_CAMPAIGN_2018_04_21&utm_medium= email&utm_term=0_e00a5122d3-f30114cbc4-131771013%20 (22.4.18); »Amazon's Stranglehold: How the Company's Tightening Grip Is Stifling Competition, Eroding Jobs, and Threatening Communities«, Institute for Local Self-Reliance (ILSR), Nov. 2016

220 https://projekte.sueddeutsche.de/paradisepapers/politik/fragen-und-ant worten-zur-sz-recherche-e588052/, https://projekte.sueddeutsche.de/

paradisepapers/wirtschaft/steueroasen-befeuern-ungleichheit-e198908/
(25.4.18); https://projekte.sueddeutsche.de/paradisepapers/wirtschaft/
apple-sucht-ein-land-ohne-regeln-e505734/)

221 https://projekte.sueddeutsche.de/paradisepapers/wirtschaft/steueroasen-befeuern-ungleichheit-e198908/ (25.4.18)

222 https://projekte.sueddeutsche.de/paradisepapers/politik/das-ist-das-leak-e229478/ (25.4.18); https://projekte.sueddeutsche.de/paradisepa pers/politik/fragen-und-antworten-zur-sz-recherche-e588052/ (25.4.18); http://www.spiegel.de/wirtschaft/soziales/paradise-papers-was-sie-ueber-die-paradise-papers-wissen-muessen-a-1177027.html#sponfakt=1 (25.4.18)

223 https://projekte.sueddeutsche.de/paradisepapers/wirtschaft/nike-und-die-niederlande-prellen-den-deutschen-staat-e116625/ (25.4.18)

224 http://www.sueddeutsche.de/wirtschaft/facebook-google-amazon-fangt-die-internetgiganten-ein-13822764 (25.4.18)

225 https://www.nytimes.com/2017/11/06/world/apple-taxes-jersey.html?emc=edit_th_20171107&nl=todaysheadlines&nlid=48308383 (25.4.18)

226 https://projekte.sueddeutsche.de/paradisepapers/wirtschaft/steueroasen-befeuern-ungleichheit-e198908/ (25.4.18); Campact-Mail vom 14.5.; https://projekte.sueddeutsche.de/paradisepapers/politik/das-ist-das-leak-e229478/ (25.4.18); http://www.spiegel.de/wirtschaft/unternehmen/us-konzerne-schaffen-laut-oxfam-billionen-in-steueroasen-a-1142980.html (25.4.18); https://www.welt.de/wirtschaft/article169441495/Warum-die-EU-Amazon-Co-nicht-zu-fassen-bekommt.html (25.4.18); http://www.sueddeutsche.de/wirtschaft/steuervermeidung-facebook-will-in-mehr-laendern-steuern-auf-werbeumsaetze-zahlen-13788520 (18.1.18)

227 https://projekte.sueddeutsche.de/paradisepapers/wirtschaft/steueroasen-befeuern-ungleichheit-e198908/ (25.4.18)

228 https://www.bloomberg.com/news/articles/2018-01-02/google-s-dutch-sandwich-shielded-16-billion-euros-from-tax (25.4.18); https://projekte.sueddeutsche.de/paradisepapers/wirtschaft/steueroasen-befeuern-un gleichheit-e198908/ (25.4.18)

229 https://projekte.sueddeutsche.de/paradisepapers/wirtschaft/steueroasen-befeuern-ungleichheit-e198908/ (25.4.18)

230 https://www.welt.de/wirtschaft/article169441495/Warum-die-EU-Amazon-Co-nicht-zu-fassen-bekommt.html (25.4.18); https://www.zeit.de/2017/42/amazon-apple-eu-steuern-nachzahlungen (25.4.18); http://www.spiegel.de/wirtschaft/unternehmen/apples-rekordverdaechtige-steu ernachzahlung-ist-gleich-doppelt-heuchlerisch-analyse-a-1188542.html (25.4.18)

231 https://projekte.sueddeutsche.de/paradisepapers/wirtschaft/nike-und-die-niederlande-prellen-den-deutschen-staat-e116625/ (25.4.18)

232 https://www.bloomberg.com/news/articles/2018-01-02/google-s-dutch-

sandwich-shielded-16-billion-euros-from-tax (25. 4. 18); http://www.
sueddeutsche.de/wirtschaft/steuern-wie-google-mit-einer-firma-ohne-mit
arbeiter-steuern-spart-13813542 (25. 4. 18); https://www.bloomberg.com/
news/articles/2015-10-13/noonan-plans-6-25-patent-box-tax-as-double-
irish-ends (25. 4. 18); http://www.spiegel.de/wirtschaft/unternehmen/
steuern-eu-finanzminister-wollen-teil-von-googles-umsatz-a-1167148.
html (25. 4. 18)

233 https://www.welt.de/wirtschaft/article169441495/Warum-die-EU-Ama
zon-Co-nicht-zu-fassen-bekommt.html (25. 4. 18); https://makroskop.
eu/2018/03/jeff-bezos-reichster-auf-kosten-von-arbeitern-und--steuer
zahlern/ (23. 4. 18); http://www.faz.net/aktuell/wirtschaft/eu-verkuerzt-
schwarze-liste-von-steueroasen-15401997.html (16. 1. 18); https://www.
zeit.de/wirtschaft/unternehmen/2017-10/europaeische-kommission-ama
zon-steuernachzahlung-strafe (25. 4. 18)

234 https://ec.europa.eu/commission/commissioners/2014-2019/president_
de#timeline (25. 4. 18)

235 https://www.nzz.ch/wirtschaft/apple-setzt-auf-den-dicken-geldbeutel-des-
weihnachtsmanns-ld.1326029 (26. 4. 18); https://de.statista.com/statistik/
daten/studie/155091/umfrage/nettogewinn-von-apple-inc-seit-2005/
(26. 4. 18)

236 http://europa.eu/rapid/press-release_IP-16-2923_de.htm (25. 4. 18)

237 http://europa.eu/rapid/press-release_IP-16-2923_de.htm (25. 4. 18);
https://www.welt.de/wirtschaft/article169441495/Warum-die-EU-Ama
zon-Co-nicht-zu-fassen-bekommt.html (25. 4. 18); http://www.spiegel.de/
wirtschaft/soziales/apple-steuernachzahlung-eu-kommission-bringt-ir
land-vor-gericht-a-1171182.html (26. 4. 18); http://www.faz.net/aktuell/
wirtschaft/netzwirtschaft/apple-steve-jobs/steuerstreit-mit-irland-eu-
kommission-besteht-auf-milliarden-nachzahlung-von-apple-14849444.
html (25. 4. 18); http://www.handelsblatt.com/unternehmen/it-medien/
treuhand-konto-apple-und-irland-einigen-sich-auf-milliarden-rueck
zahlung-im-steuerstreit/21209246.html (25. 4. 18); http://www.spiegel.
de/wirtschaft/unternehmen/apple-reicht-klage-gegen-eu-steuerent
scheidung-ein-a-1135677.html (25. 4. 18); http://www.spiegel.de/wirt
schaft/unternehmen/apple-muss-bis-zu-13-milliarden-euro-steuern-nach
zahlen-a-1110092.html (25. 4. 18); http://www.spiegel.de/wirtschaft/
unternehmen/irland-zieht-13-milliarden-euro-steuern-von-apple-
ein-a-1204605.html (25. 4. 18); https://www.zeit.de/2017/42/amazon-
apple-eu-steuern-nachzahlungen (25. 4. 18)

238 https://projekte.sueddeutsche.de/paradisepapers/wirtschaft/apple-sucht-
ein-land-ohne-regeln-e505734/(25. 4. 18); https://www.golem.de/news/
paradise-papers-apple-verteidigt-umzug-in-steueroase-jersey-1711-131
012.html (27. 4. 18); https://www.nytimes.com/2017/11/06/world/
apple-taxes-jersey.html?emc=edit_th_20171107&nl=todaysheadlines
&nlid=48308383 (25. 4. 18); https://www.independent.co.uk/news/

uk/politics/apple-paradise-papers-tax-jersey-channel-islands-haven-latest-a8040981.html (27. 4. 18)

Haftung als Konsequenz

1 http://www.spiegel.de/spiegel/vw-chef-matthias-mueller-unsere-gehael
   ter-sind-gerechtfertigt-a-1199587.html (28. 4. 18)
2 http://www.spiegel.de/wirtschaft/hypo-real-estate-verfahren-gegen-georg-
   funke-und-markus-fell-wird-eingestellt-a-1170597.html (26. 3. 18); http://
   www.zeit.de/wirtschaft/unternehmen/2017-09/hypo-real-estate-georg-
   funke-prozess-eingestellt-strafzahlung (26. 3. 18); http://www.manager-
   magazin.de/koepfe/hypo-real-estate-georg-funke-und-markus-fell-kom
   men-davon-a-1170603.html (26. 3. 18)
3 https://www.youtube.com/watch?v=g9MUJvPmYEg (15. 2. 18)
4 http://www.handelsblatt.com/my/unternehmen/industrie/der-fall-martin-
   winterkorn-wolfsburger-wahrheiten/19276586-all.html (14. 2. 18);
   https://www.propublica.org/article/how-vw-paid-25-billion-for-diesel
   gate-and-got-off-easy?utmsource=pardot&utmmedium=email&utmcam
   paign=majorinvestigations (14. 2. 18); http://www.spiegel.de/wirtschaft/
   unternehmen/diesel-affaere-volkswagen-daimler-porsche-audi-wem-
   wird-was-vorgeworfen-a-1158739.html (14. 2. 18)
5 http://www.spiegel.de/spiegel/vw-chef-matthias-mueller-unsere-gehael
   ter-sind-gerechtfertigt-a-1199587.html (28. 4. 18)
6 https://www.propublica.org/article/how-vw-paid-25-billion-for-diesel
   gate-and-got-off-easy?utmsource=pardot&utmmedium=email&utmcam
   paign=majorinvestigations (14. 2. 18); https://www.daserste.de/informa
   tion/wirtschaft-boerse/plusminus/sendung/abgasskandal-ausmass-
   strafe-100.html (28. 4. 18); http://www.spiegel.de/spiegel/vw-chef-mat
   thias-mueller-unsere-gehaelter-sind-gerechtfertigt-a-1199587.html
   (28. 4. 18); https://www.zdf.de/dokumentation/zdfzoom/zdfzoom-ge
   heimakte-vw-100.html (14. 2. 18)
7 https://www.propublica.org/article/how-vw-paid-25-billion-for-diesel
   gate-and-got-off-easy?utmsource=pardot&utmmedium=email&utmcam
   paign=majorinvestigations (14. 2. 18); http://www.spiegel.de/wirtschaft/
   unternehmen/volkswagen-dieselaffaere-kostet-vw-weitere-milliar
   den-a-1170495.html (14. 2. 18)
8 http://www.spiegel.de/wirtschaft/unternehmen/vw-abgasskandal-martin-
   winterkorn-in-den-usa-angeklagt-a-1206126.html (4. 5. 18); https://
   www.nytimes.com/2018/05/03/business/volkswagen-ceo-diesel-fraud.
   html?emc=edit_th_180504&nl=todaysheadlines&nlid=483083830504
   (4. 5. 18); http://www.spiegel.de/wirtschaft/unternehmen/martin-winter
   korn-angeklagt-us-justizminister-droht-mit-hohem-preis-a-1206147.
   html (4. 5. 18); »Täuschen und vertuschen«, Spiegel 20/2018; http://

www.spiegel.de/wirtschaft/unternehmen/vw-manager-in-usa-zu-sieben-jahren-haft-verurteilt-a-1182112.html (14.2.18); http://www.fr.de/wirtschaft/audi-und-woechentlich-gruesst-der-staatsanwalt-a-1442519 (15.2.18); http://www.handelsblatt.com/unternehmen/industrie/diesel-affaere-verdaechtigter-audi-techniker-wieder-frei/20599296.html (15.2.18)

9   http://www.handelsblatt.com/my/unternehmen/industrie/der-fall-martin-winterkorn-wolfsburger-wahrheiten/19276586-all.html (14.2.18)

10 https://www.propublica.org/article/how-vw-paid-25-billion-for-diesel gate-and-got-off-easy?utmsource=pardot&utmmedium=email&utmcam paign=majorinvestigations (14.2.18); http://www.spiegel.de/wirtschaft/unternehmen/volkswagen-dieselaffaere-kostet-vw-weitere-milliar den-a-1170495.html (14.2.18)

11 http://www.staatsanwaltschaften.niedersachsen.de/startseite/staats anwaltschaften/braunschweig/presseinformation/vw-muss-bussgeld-zahlen-165610.html (18.6.18); http://www.spiegel.de/wirtschaft/unter nehmen/vw/dieselaffaere-volkswagen-muss-eine-milliarde-bussgeld-zahlen-a-1212807.html (18.6.18); http://www.spiegel.de/wirtschaft/unternehmen/volkswagen-warum-wir-ein-unternehmensstrafrecht-brauchen-gastbeitrag-a-1212897.html (18.6.18); https://www.zeit.de/wirtschaft/2018-06/volkswagen-abgasskandal-bussgeld-deutsch land/seite-2 (18.6.18)

12 http://www.tagesschau.de/wirtschaft/vw-absatz-103.html (14.2.18); http://www.spiegel.de/wirtschaft/unternehmen/volkswagen-erzielt-milli ardengewinn-trotz-dieselkrise-a-1195167.html (2.5.18)

13 http://geschaeftsbericht2016.volkswagenag.com/konzernlagebericht/dieselthematik.html (14.2.18)

14 https://www.propublica.org/article/how-vw-paid-25-billion-for-diesel gate-and-got-off-easy?utmsource=pardot&utmmedium=email&utmcam paign=majorinvestigations(14.2.18); http://www.spiegel.de/wirtschaft/unternehmen/diesel-affaere-volkswagen-daimler-porsche-audi-wem-wird-was-vorgeworfen-a-1158739.html (14.2.18); http://www.faz.net/aktuell/wirtschaft/diesel-affaere/staatsanwaltschaft-ermittelt-gegen-win terkorn-wegen-betrugsverdachts-14769840.html#GEPC;s5 (14.2.18)

15 https://www.propublica.org/article/how-vw-paid-25-billion-for-diesel gate-and-got-off-easy?utmsource=pardot&utmmedium=email&utmcam paign=majorinvestigations(14.2.18)

16 http://www.sueddeutsche.de/wirtschaft/dieselskandal-ex-audi-manager-bot-drei-millionen-um-aus-dem-gefaengnis-zu-kommen-13750496 (15.2.18); https://www.stuttgarter-zeitung.de/inhalt.ermittlungen-zum-abgasskandal-ex-porsche-entwicklungschef-hatz-bleibt-in-haft.d7bbfaa5-ed8e-45a3-827a-f266ce74b064.html (2.5.18); https://www.br.de/nachrichten/bundesregierung-bremst-strafzahlungen-fuer-diesel-manipulation-aus-100.html (28.4.18)

17 https://www.daserste.de/information/wirtschaft-boerse/plusminus/
sendung/abgasskandal-ausmass-strafe-100.html (28. 4. 18); http://www.
ardmediathek.de/tv/REPORT-MAINZ/REPORT-MAINZ-fragt-Prof-
Martin-Führ/Das-Erste/Video?bcastId=310120&documentId=45082614
(2. 5. 18); https://www.presseportal.de/pm/22521/3704860 (2. 5. 18);
http://www.spiegel.de/auto/aktuell/abgasskandal-bmw-gesteht-unregel
maessigkeiten-bei-abgas-software-a-1195136.html (2. 5. 18); http://www.
spiegel.de/wirtschaft/soziales/kraftfahrt-bundesamt-wie-die-aufseher-
den-abgasskandal-moeglich-machten-a-1151932.html (2. 5. 18)

18 https://www.duh.de/presse/pressemitteilungen/pressemitteilung/deutsche-
umwelthilfe-fordert-von-kraftfahrt-bundesamt-festsetzung-von-288-
millionen-euro-bussgeld-geg/(2. 5. 18); https://www.kba.de/DE/Home/
bmw_inhalt.html (2. 5. 18); https://www.zdf.de/politik/frontal-21/typge
nehmigung-fuer-millionen-dieselautos-rechtswidrig-100.html (2. 5. 18);
http://www.spiegel.de/auto/aktuell/abgasskandal-fahrverbote-fuer-diesel
autos-statt-umruestung-endspiel-fuer-die-luftverpester-a-1160126.html
(2. 5. 18)

19 https://www.youtube.com/watch?v=gKILi7PN37A (16. 2. 18) bei
13.50

20 https://www.umweltbundesamt.de/no2-krankheitslasten (17. 5. 18)

21 http://europa.eu/rapid/press-release_IP-18-3450_de.htm (17. 5. 18)
https://ec.europa.eu/germany/news/fahrzeugemissionen-kommission-
eröffnet-vertragsverletzungsverfahren-gegen-7-mitgliedstaaten_de
(17. 5. 18); http://www.spiegel.de/politik/ausland/eu-kommission-ver
klagt-deutschland-wegen-schmutziger-luft-a-1208237.html (17. 5. 18)

22 https://eur-lex.europa.eu/legal-content/DE/TXT/PDF/?uri=CE-
LEX:32007R0715&from=de (17. 5. 18)

23 https://www.daserste.de/information/wirtschaft-boerse/plusminus/
sendung/abgasskandal-ausmass-strafe-100.html (28. 4. 18); https://www.
duh.de/presse/pressemitteilungen/pressemitteilung/deutsche-umwelthilfe-
fordert-von-kraftfahrt-bundesamt-festsetzung-von-288-millionen-euro-
bussgeld-geg/ (2. 5. 18)

24 http://www.spiegel.de/wirtschaft/unternehmen/angela-merkel-auto
industrie-nicht-durch-diesel-konsequenzen-schwaechen-a-1208047.html
(16. 5. 18); http://www.sueddeutsche.de/politik/diesel-skandal-die-politik-
hat-das-vertrauen-der-buerger-verspielt-13975425 (16. 5. 18)

25 http://www.spiegel.de/wirtschaft/unternehmen/diesel-affaere-volks
wagen-daimler-porsche-audi-wem-wird-was-vorgeworfen-a-1158739.
html (14. 2. 18)

26 https://www.volkswagenag.com/presence/medien/documents/
HN7+Chronik_d_k.pdf (16. 2. 18)

27 http://geschaeftsbericht2016.volkswagenag.com/konzernabschluss/
gewinn-und-verlustrechnung.html (14. 2. 18)

28 Kölner Entwurf eines Verbandssanktionengesetzes, Elisa Hoven u. a.,

Köln 2017, download: http://www.jpstrafrecht.jura.uni-koeln.de/sites/
iss_juniorprof/Projekte/Koelner_Entwurf_eines_Verbandssanktionenge
setzes__2017.pdf (16. 2. 18); »Ende der Schonzeit«, Elisa Hoven, Mi-
chael Kubiciel, Zeit Nr. 4 vom 18. 1. 18, download: http://www.zeit.
de/2018/04/korruption-strafrecht-mitarbeiter-firmen-ermittlungspflicht
(15. 2. 18); https://www.lto.de/recht/hintergruende/h/unternehmens
strafrecht-koelner-entwurf-verbandssanktionengesetz-haftung-leitung/
(15. 2. 18)

29 https://www.haufe.de/compliance/recht-politik/prae-groko-plant-
haertere-sanktionen-bei-wirtschaftskriminalitaet_230132_443430.html
(3. 5. 18); https://www.cdu.de/system/tdf/media/dokumente/koalitionsver
trag_2018.pdf?file=1 (S. 126)

30 https://bdi.eu/artikel/news/geplantes-unternehmensstrafrecht-unverhaelt
nismaessig-und-unpraezise/(16. 2. 18); https://bdi.eu/media/themenfelder/
recht/downloads/20140131_BDI-BDA-Stellungnahme__Unternehmens
strafrecht.pdf (17. 2. 18)

31 »Die wütende Klägerin«, Zeit Nr. 17 vom 19. 4. 18; http://www.rp-
online.de/leben/auto/news/abgasskandal-15000-kunden-klagen-gegen-
vw-wie-sind-die-chancen-aid-17185455 (14. 2. 18); http://www.deutsch
landfunkkultur.de/schadenersatzforderungen-gegenueber-deutschen-
autokonzernen.976.de.html?dram:article_id=402403 (15. 2. 18); http://
www.spiegel.de/wirtschaft/unternehmen/volkswagen-6000-schweizeri
sche-diesel-kunden-fordern-schadensersatz-a-1185430.html (14. 2. 18);
http://www.spiegel.de/wirtschaft/unternehmen/volkswagen-dieselaffaere-
die-perfide-logik-des-vw-konzerns-a-1154919.html (14. 2. 18); https://
www.lto.de/recht/hintergruende/h/groko-einigung-koalitionsvertrag-
justiz-staerken-sanktionen-unternehmen-musterfeststellungsklage/
(15. 2. 18); https://www.adac.de/-/media/adac/pdf/jze/rechtssprechungs
uebersicht-vw-abgasskandal-zu-ea189-motoren.pdf?la=de-de (14. 2. 18)

32 »Die wütende Klägerin«, Zeit Nr. 17 vom 19. 4. 18; https://www.myright.
de/abgasskandal/unsere-sammelklage-wie-wir-vw-zwingen-sich-an-
das-gesetz-zu-halten/ (15. 2. 18); https://www.zdf.de/politik/frontal-21/
frontal-21-vom-8-mai-2018-100.html (17. 5. 18); http://www.spiegel.de/
wirtschaft/unternehmen/volkswagen-dieselaffaere-die-perfide-logik-des-
vw-konzerns-a-1154919.html (15. 2. 18); http://www.spiegel.de/wirt
schaft/unternehmen/volkswagen-anwaelte-wollen-vw-in-abgasskandal-
vor-eugh-bringen-a-1154598.html (15. 2. 18); http://www.spiegel.de/
wirtschaft/service/volkswagen-koennen-vw-kunden-demnaechst-sammel
klagen-einreichen-a-1202591.html (17. 5. 18); http://www.spiegel.de/
wirtschaft/soziales/audi-abgasaffaere-erste-musterklage-gegen-audi-ein
gereicht-a-1139113.html (15. 2. 18); https://www.vw-schaden.de/ak
tuelles/vw-skandal-sammelklage-deutschland-vorsicht-vor-den-gefahren
(15. 2. 18)

33 https://www.vw-schaden.de/aktuelles/vw-skandal-sammelklage-

deutschland-vorsicht-vor-den-gefahren (15. 2. 18); zu Sammelklagen in Frankreich, Österreich und der EU: http://www.deutschlandfunk.de/ gemeinsam-stark-sammelklagen-in-europa.724.de.html?dram:article_ id=396518 (15. 2. 18); http://www.deutschlandfunk.de/schadenersatz klagen-wie-sich-dieselkunden-wehren-koennen.694.de.html?dram:ar ticle_id=392657 (15. 2. 18); https://www.stern.de/wirtschaft/news/ sammelklage--warum-gemeinsames-klagen-in-deutschland-ueberfael lig-ist-7647076.html (15. 2. 18); https://www.welt.de/wirtschaft/arti cle167295455/Autobauern-drohen-auch-in-Deutschland-Sammelklagen. html (15. 2. 18); http://www.zeit.de/2017/33/sammelklage-konzerne-kun den-parteien (15. 2. 18); http://www.zeit.de/politik/deutschland/2017-07/ abgasskandal-heiko-maas-fordert-musterklagen (15. 2. 18); http://www. deutschlandfunk.de/verbraucherrechtsexperte-zu-vw-klagen-die-erfolgs aussichten.697.de.html?dram:article_id=394583 (15. 2. 18); http://www. deutschlandfunk.de/zivilrecht-wie-funktionieren-sammelklagen-in-den- usa.697.de.html?dram:article_id=392483 (15. 2. 18)

34 http://www.deutschlandfunkkultur.de/schadenersatzforderungen- gegenueber-deutschen-autokonzernen.976.de.html?dram:article_ id=402403 (15. 2. 18)

35 https://www.lto.de/recht/hintergruende/h/groko-einigung-koalitionsver trag-justiz-staerken-sanktionen-unternehmen-musterfeststellungsklage/ (4. 5. 18)

36 https://www.zeit.de/2018/18/musterfeststellungsklage-dieselautos- manipulation-besitzer-helfen (3. 5. 18); http://www.handelsblatt.com/ politik/deutschland/vw-skandal-justizministerin-barley-rechnet-fest-mit- beschluss-fuer-musterfeststellungsklage/21240722.html (3. 5. 18); http:// www.spiegel.de/wirtschaft/service/volkswagen-koennen-vw-kunden- demnaechst-sammelklagen-einreichen-a-1202591.html (3. 5. 18); https:// www.zdf.de/politik/frontal-21/frontal-21-vom-8-mai-2018-100. html (17. 5. 18); http://www.spiegel.de/wirtschaft/soziales/verbraucher schutz-eu-kommission-will-sammelklagen-ermoeglichen-a-1202381.html (3. 5. 18)

37 https://www.focus.de/auto/news/abgas-skandal/untersuchungsaus schuss-das-geheimnis-der-golden-cars-was-wirklich-im-abgas-skandal- passierte_id_7118623.html (15. 2. 18); https://www.focus.de/auto/news/ abgas-skandal/untersuchungsausschuss-das-geheimnis-der-golden-cars- was-wirklich-im-abgas-skandal-passierte_id_7118623.html (15. 2. 18); http://www.zeit.de/2017/33/sammelklage-konzerne-kunden-parteien (15. 2. 18)

38 https://www.bka.de/DE/UnsereAufgaben/Deliktsbereiche/Organisierte Kriminalitaet/ok.html (28. 4. 18)

39 https://www.bmz.de/de/themen/allgemeine_menschenrechte/deutsche_ entwicklungspolitik/wirtschaft/(6. 3. 18)

40 http://www.attac.de/kampagnen/freihandelsfalle-ttip/hintergrund/

binding-treaty/ (18.2.18); https://info.brot-fuer-die-welt.de/blog/studie-rechtsschutz-unternehmen-verbessern (4.5.18)

41 http://www.spiegel.de/wirtschaft/unternehmen/studie-deutsche-firmen-missachten-menschenrechte-im-ausland-a-1153169.html (18.2.18); https://www.ttip-stoppen.at/hintergrundinformation-un-treaty/ (18.2.18); http://www.spiegel.de/wirtschaft/service/apple-samsung-und-co-kinderarbeit-in-kobaltminen-im-kongo-a-1072704.html (18.2.18); http://www.spiegel.de/wirtschaft/soziales/amnesty-international-autobauer-profitieren-von-kinderarbeit-a-1178100.html (18.2.18); http://www.spiegel.de/lebenundlernen/schule/iphone-x-apple-raeumt-illegale-ueberstunden-chinesischer-schueler-ein-a-1179811.html (18.2.18)

42 https://www.globalcompact.de/wAssets/docs/Menschenrechte/Publikationen/leitprinzipien_fuer_wirtschaft_und_menschenrechte.pdf (18.2.18); https://www.globalcompact.de/de/ueber-uns/dgcn-ungc.php?navid=1243194933573 (18.2.18); https://www.bmz.de/de/themen/allgemeine_menschenrechte/deutsche_entwicklungspolitik/wirtschaft/ (6.3.18); http://www.attac.de/kampagnen/freihandelsfalle-ttip/hinter grund/binding-treaty/ (4.5.18)

43 http://www.attac.de/kampagnen/freihandelsfalle-ttip/hintergrund/bin ding-treaty/ (4.5.18)

44 http://www.attac.de/kampagnen/freihandelsfalle-ttip/hintergrund/bin ding-treaty/ (18.2.18)

45 http://www.stopcorporateimpunity.org/?page_id=8433 (4.5.18); https://www.bmz.de/de/themen/allgemeine_menschenrechte/deutsche_entwick lungspolitik/wirtschaft/(6.3.18)

46 https://rosaluxspba.org/wp-content/uploads/2016/09/un_treaty_online 18.pdf (4.5.18)

47 https://info.brot-fuer-die-welt.de/blog/studie-rechtsschutz-unternehmen-verbessern (4.5.18)

48 https://www.euractiv.com/section/economy-jobs/opinion/un-treaty-nego tiations-a-chance-for-the-eu-to-champion-human-rights/ (4.5.18)

49 http://www.csr-in-deutschland.de/DE/Wirtschaft-Menschenrechte/wirt schaft-menschenrechte.html (5.5.18)

50 https://www.amnesty.de/journal/2017/april/mehr-plan-als-aktion (5.5.18); http://www.ipg-journal.de/schwerpunkt-des-monats/wirtschaft-und-menschenrechte/artikel/detail/pflicht-nicht-kuer-1803/ (5.5.18); https://www.amnesty.de/2016/7/26/deutsche-unternehmen-muessen-men schenrechte-einhalten (5.5.18); https://info.brot-fuer-die-welt.de/blog/un-fordert-staaten-auf-unternehmen-regulieren (5.5.18)

51 https://info.brot-fuer-die-welt.de/blog/nap-wirtschaft-menschenrechte-verabschiedet (5.5.18)

52 http://www.ipg-journal.de/schwerpunkt-des-monats/wirtschaft-und-men schenrechte/artikel/detail/der-nicht-aktions-plan-1781/ (5.5.18); http://www.zeit.de/wirtschaft/2017-02/frankreich-gesetz-globalisierung-men

schenrechte-vorreiter-europa (5.5.18); https://info.brot-fuer-die-welt.de/blog/frankreich-verabschiedet-sorgfaltspflichtengesetz

53 http://www.spiegel.de/politik/deutschland/abgasskandal-und-autokartell-auswuechse-eines-kranken-kapitalismus-kolumne-a-1160687.html (5.5.18)

54 https://www.lto.de/recht/nachrichten/n/lg-dortmund-prozesskostenhilfe-kik-brand-schadensersatz-pakistanisches-recht/ (18.5.18)

55 http://www.spiegel.de/wirtschaft/unternehmen/kik-fuenf-jahre-nach-fabrikbrand-in-pakistan-a-1164256.html (5.5.18); http://www.ipg-journal.de/schwerpunkt-des-monats/wirtschaft-und-menschenrechte/artikel/detail/blue-jeans-blues-1776/ (5.5.18); https://www.amnesty.de/journal/2017/april/mehr-plan-als-aktion (5.5.18)

56 »Der Aufstand«, Spiegel 9/2018; https://www.wiwo.de/unternehmen/handel/keine-aussicht-auf-erfolg-strafanzeigen-gegen-tabak-industrie-in-den-niederlanden-abgewiesen/20995098.html (5.5.18); https://www.reddit.com/r/de/comments/80ogo9/sucht_und_tabakindustrie_was_sie_über_zigaretten/ (5.5.18)

57 »Is Pollution Value-Maximizing? The DuPont Case«, Roy Shapira and Luigi Zingales, September 2017; https://www.infosperber.ch/Gesundheit/Der-Mann-der-DuPont-das-Furchten-lehrte (10.2.18); https://www.nytimes.com/2016/01/10/magazine/the-lawyer-who-became-duponts-worst-nightmare.html?mcubz=1&r=0 (11.2.18); http://www.zeit.de/gesellschaft/zeitgeschehen/2018-01/trinkwasser-chemikalien-bayern-altoetting-ueberland/seite-2 (11.2.18)

58 http://www.handelsblatt.com/my/unternehmen/industrie/fusion-der-chemieriesen-gestartet-es-brodelt-bei-dow-dupont/20270684.html?ticket=ST-2090744-znyUpbeq7eFDubDmyb1E-ap1 (10.2.18); https://www.dow.com/en-us/news/press-releases/dowdupont-merger-success-fully-completed (10.2.18)

59 https://www.umweltbundesamt.de/themen/eu-verbietet-pfoa (11.2.18)

60 https://theintercept.com/2015/08/20/teflon-toxin-dupont-slipped-past-epa/ (12.2.18)

61 https://www.br.de/nachrichten/oberbayern/inhalt/emmertinger-buerger-haben-krebserregende-stoffe-im-blut-100.html (12.2.18); https://www.democracynow.org/2018/1/23/dupontvstheworldchemicalgiant (12.2.18); https://www.delawareonline.com/story/money/2017/04/17/plaintiffs-allege-dupont-spent-more-attorney-than-c-8-tests/100559912/; http://www.robesonian.com/news/107454/17-county-wells-tested-for-genx; http://www.newsobserver.com/news/business/article197854754.html; https://www.northcarolinahealthnews.org/2018/02/02/did-dupont-chemours-genx-taint-food/; http://www.fayobserver.com/news/20180129/netherlands-study-genx-found-in-vegetables-grown-near-dutch-plant

62 https://www.nytimes.com/2016/01/10/magazine/the-lawyer-who-became-duponts-worst-nightmare.html (18.5.18)

63 https://www.prnewswire.com/news-releases/dupont-reaches-global-sett
lement-of-multi-district-pfoa-litigation-300406000.html (12. 2. 18)
64 http://www.dupont.com/corporate-functions/media-center/press-releases/
dupont-reaches-global-settlement-of-multi-district-pfoa-litigation.html
(18. 5. 18)
65 https://link.springer.com/content/pdf/101007/s00506-017-0396-x.pdf
(11. 2. 18) (liegt vor als endo-pfoa.pdf); https://www.heise.de/tp/features/
Perfluortenside-Die-langen-Schatten-der-Vergangenheit-3631695.
html?seite=all (11. 2. 18)
66 https://info.arte.tv/de/niederlande-teflon-unter-verdacht (12. 2. 18)
67 http://www.fayobserver.com/news/20180208/ohio-sues-dupont-over-c8-
contamination-concerns (12. 2. 18)
68 https://diepresse.com/home/ausland/welt/5256403/Niederlaendische-
TeflonfabrikGiftalarm (12. 2. 18); http://www.dutchnews.nl/news/
archives/2017/08/genx-in-zuid-holland-tap-water-does-not-break-legal-
limit-rivm/ (12. 2. 18)
69 »Die volkswirtschaftliche Verantwortung der Banken«, hg. v. Franz
Jäger u. Winfried Stier, Zürich: Rüegger 1999

Was geschehen muss – eine Schlussbemerkung

1 https://www.zeit.de/wirtschaft/2018-03/plattformkapitalismus-internet
plattformen-regulierung-facebook-cambridge-analytica/seite-3 (18. 6. 18)
2 https://www.ecchr.eu/fall/kik-der-preis-der-katastrophen-in-der-textil
industrie-suedasiens/
3 https://www.humanrights.ch/de/menschenrechte-schweiz/aussenpolitik/
aussenwirtschaftspolitik/kovi/konzernverantwortungsinitiative-ueber
sicht; https://www.nzz.ch/schweiz/nationalratskommission-will-keinen-
gegenvorschlag-zur-konzernverantwortungsinitiative-ld.1338119; https://
konzern-initiative.ch/veranstaltungen/
4 http://www.handelsblatt.com/unternehmen/it-medien/max-schrems-
gegen-facebook-eu-richter-kippen-safe-harbor-abkommen/12411928.
html?ticket=ST-678651-OSn6TEOkG0xEaODxAbx4-ap1

Dank

Die Idee zu diesem Buch trage ich seit Jahren mit mir herum. Stefan Scheytt hat mir ermöglicht, sie umzusetzen und diesen Text geschrieben – mit seinem bewundernswerten Talent, auch komplexe Themen und Zusammenhänge spannend und anschaulich darzustellen. Die gemeinsame Arbeit vollzog sich als intensiver Dialog und war ein großes Vergnügen. Ich bin ihm zutiefst dankbar dafür.

Thilo Bode, Berlin 2. 7. 2018